Alemão
Sem Mistério®

Série Sem Mistério

Álgebra Sem Mistério

Cálculo Sem Mistério

Conversação em Alemão Sem Mistério

Conversação em Espanhol Sem Mistério

Conversação em Francês Sem Mistério

Conversação em Italiano Sem Mistério

Espanhol Sem Mistério

Francês Sem Mistério

Geometria Sem Mistério

Gramática Inglesa Sem Mistério

Italiano Sem Mistério

Pré-Álgebra Sem Mistério

Pré-Cálculo Sem Mistério

Química Orgânica Sem Mistério

Química Sem Mistério

Alemão

Sem Mistério®

Tradução da 2ª Edição

Ed Swick

ALTA BOOKS
EDITORA
Rio de Janeiro, 2013

ISBN: 978-85-7608-708-3

Produção Editorial
Editora Alta Books

Gerência Editorial
Anderson Vieira

Supervisão Editorial
Angel Cabeza

Supervisão de Qualidade Editorial
Sergio Luiz de Souza

Supervisão de Texto
Jaciara Lima

Conselho de Qualidade Editorial
Anderson Vieira
Angel Cabeza
Jaciara Lima
Marco Aurélio Silva
Natália Gonçalves
Sergio Luiz de Souza

Editoria de Séries
Claudia Braga
Thiê Alves

Equipe de Design
Bruna Serrano
Iuri Santos

Equipe Editorial
Brenda Ramalho
Cristiane Santos
Daniel Siqueira
Danilo Moura
Evellyn Pacheco
Juliana de Paulo
Juliana Larissa Xavier
Licia Oliveira
Lívia Brazil
Marcelo Vieira
Milena Souza
Paulo Camerino
Vanessa Vieira
Vinicius Damasceno

Tradução
Jeanne Borgeth

Copidesque
Alessandro de Paula

Revisão Técnica
Daphne Azevedo
Bacharel e Licenciada em Letras – Português/Alemão pela UERJ

Revisão Gramatical
Fátima Chaves
Bárbara Azevedo

Diagramação
SBNigri Artes e Textos Ltda

Marketing e Promoção
Daniel Schilklaper
marketing@altabooks.com.br

1ª Edição, 2013

Dados Internacionais de Catalogação na Publicação (CIP)

S976a Swick, Ed.
Alemão sem mistério / Ed Swick. – Rio de Janeiro, RJ : Alta Books, 2013.
428 p. : il. ; 24 cm. + 1 disco sonoro : digital estereo ; 4 ¾ pol. – (Sem Mistério)

Inclui índice e apêndice.
Tradução de: German Desmystified (2. ed.).
ISBN 978-85-7608-708-3

1. Língua alemã - Estudo e ensino. 2. Língua alemã - Gramática. 3. Língua alemã - Autodidatismo. I. Título. II. Série.

CDU 803.0-5
CDD 435

Índice para catálogo sistemático:
1. Língua alemã : Gramática 803.0-5

(Bibliotecária responsável: Sabrina Leal Araujo – CRB 10/1507)

ALTA BOOKS
EDITORA

Rua Viúva Cláudio, 291 – Bairro Industrial do Jacaré
CEP: 20970-031 – Rio de Janeiro – Tels.: 21 3278-8069/8419 Fax: 21 3277-1253
www.altabooks.com.br – e-mail: altabooks@altabooks.com.br
www.facebook.com/altabooks – www.twitter.com/alta_books

Sumário

Introdução

Você decidiu aprender alemão. Ou você quer refrescar suas habilidades em alemão que adquiriu no passado. Ou talvez você esteja num curso de alemão e precisa de alguma ajuda extra com conceitos difíceis. Qualquer que seja seu objetivo para aprender alemão, *Alemão Sem Mistério* o conduzirá eficazmente em seu caminho.

Eliminar o mistério do alemão é um passo importante no processo de aprendizado. Os alunos precisam saber que o estudo do alemão não é um desafio tão imenso quanto tinham pensado.

Como Usar Este Livro

Este livro fornecerá uma abordagem clara e objetiva para entender os conceitos gramaticais do alemão, incluindo explicações descomplicadas de um novo material, vários exemplos que ilustram esse material e numerosos exercícios para praticar o que foi aprendido. Neste livro você também encontrará um vocabulário-chave. Termos do vocabulário são apresentados em pequenas listas e, no contexto, dentro de frases e sentenças de exemplo.

Alemão Sem Mistérios pode ser usado de dois modos. Você pode começar com o Capítulo 1 e trabalhar ao seu modo através dos capítulos, em progressão. Você também pode usar o Quadro de Assuntos e o Índice para localizar áreas específicas do alemão que você quer estudar.

Este livro apresenta dois tipos de prática: oral e escrita. É importante entender que uma forma de prática não é mais importante que a outra. São diferentes na forma, mas funcionam juntas no desenvolvimento das habilidades em alemão. A língua é uma entidade falada e escrita; portanto, a prática oral é obviamente necessária ao aprender uma nova língua, mas a prática escrita fornece tempo para pensar sobre os conceitos gramaticais e o significado do vocabulário. A prática escrita permite que o aluno pondere e analise o que está sendo aprendido e é o modo como registra o conhecimento e avalia o progresso. As duas formas de prática serão importantes para você enquanto progride ao longo deste livro.

Abaixo, uma ilustração de como a prática oral está estruturada neste livro. Não são meras listas de palavras ou de sentenças ao acaso para serem praticadas em voz alta. Em vez disso, as práticas orais contêm paradigmas que ilustram um conceito importante para a língua. Vejamos um exemplo de uma prática oral mostrando paradigmas que ilustram pronomes, usados como objetos diretos.

Pratique dizendo em voz alta a seguinte lista de frases:

Nós os visitamos em março.
Nós a visitamos em março.
Nós o visitamos em março.
Eu te visitei em março
Ela nos visitou em março.
Você me visitou em março.

A prática escrita aparecerá de várias formas. Em alguns casos será pedido que você complete uma frase, inserindo novas palavras. Por exemplo, um exercício com mudança de pronomes de sua forma subjetiva para sua forma objetiva ficaria assim:

> Reescreva a seguinte frase usando as formas corretas dos pronomes dados em parênteses.
>
> Tomas _____ encontrou no teatro.
>
> (eu) *Tomas me encontrou no teatro.*
>
> (ela) *Tomas a encontrou no teatro.*
>
> (ele) *Tomas o encontrou no teatro.*
>
> (nós) *Tomas nos encontrou no teatro.*

Outras formas de prática escrita incluem conjugações de verbos, exercícios de múltipla escolha e a escrita de frases originais.

Ocasionalmente você encontrará quadros neste livro. Eles são usados para enfatizar informações especiais e lembrar-lhe um conceito importante a ser guardado na memória. Por exemplo:

> Em alemão não se escreve em maiúsculas adjetivos referentes a países:
>
> | | |
> |---|---|
> | die **deutsche** Fahne | a bandeira ***alemã*** |
> | der **amerikanische** Tourist | o turista ***americano*** |
> | der **italienische** Wagen | o carro ***italiano*** |

Cada capítulo termina com um Teste Rápido que o ajudará a avaliar seu entendimento do material abrangido. Os Testes Rápidos são com consulta – você deve usar o conteúdo do capítulo como recurso, para encontrar as respostas corretas. Uma boa sugestão é obter uma nota de pelo menos 80% antes de seguir para o próximo capítulo.

Após cada cinco capítulos, você terá um Teste da Parte que terminou de estudar. Há quatro partes no livro e os Testes das Partes são, portanto, Teste da Parte Um, Teste da Parte Dois, Teste da Parte Três e Teste da Parte Quatro. Sugere-se que você responda a esses testes sem consulta para verificar sua compreensão dos conceitos em cada parte. Você deve obter uma nota de pelo menos 75% num Teste da Parte que terminou de estudar antes de seguir para a próxima.

O último teste neste livro é o Teste Final. Ele consiste de questões elaboradas a partir das quatro partes do livro. Este Teste contém 50 questões e uma boa nota no Teste Final deve ser 75% ou acima.

No final do livro há uma sessão de Respostas, que dá as respostas corretas para todos os Testes Rápidos, Testes das Partes e o Teste Final. No caso de questões que requeiram produzir uma frase original como resposta, você verá amostras de respostas para comparação.

Esta edição de *Alemão Sem Mistérios* é acompanhada por uma importante ferramenta – um CD de áudio. O conteúdo deste CD compreende palavras individuais e frases completas. As novas palavras são muitas vezes isoladas para dar clareza e facilidade de pronúncia. Mas o alemão é uma língua de pensamentos completos. Portanto, aprender a pronunciar frases inteiras é essencial e muitas práticas com frases completas estão incluídas no CD. Algumas das frases no CD são de diálogos e outras são encontradas nas Práticas Orais do texto do capítulo. As vozes no CD são de alemães nativos falando naturalmente num ritmo normal.

Se trabalhar com dedicação, mas num ritmo confortável para você, seus esforços resultarão em sucesso e a língua alemã será desmistificada.

Übung macht den Meister. *A prática leva à perfeição.*

Agradecimentos

Com muita gratidão a Stefan Feyen por toda sua ajuda e sugestões.

Parte Um:

Início

capítulo 1

Pronúncia Alemã

Neste capítulo você aprenderá a pronunciar o alfabeto alemão e usar seus caracteres especiais. Você descobrirá os sons das letras individuais e como elas diferem quando combinadas com outras letras.

OBJETIVOS DO CAPÍTULO

Neste capítulo você aprenderá:

- Alfabeto Alemão
- Caracteres Especiais
- Grupos de Consoantes
- Grupos de Vogais
- Algumas Regras Especiais de Pronúncia
- Cognatos Alemães

Alfabeto Alemão

Não há realmente um alfabeto alemão. Os alemães usam o alfabeto latino e acrescentam alguns caracteres próprios para diferenciação. Há apenas quatro caracteres extras em alemão.

Você deve se lembrar de que as letras do alfabeto são meros sinais de possibilidades de pronúncia. Em todas as línguas há nuances do mesmo som e muitas vezes uma letra é usada para todas essas nuances. Às vezes, o nome de uma letra não dá nenhuma dica sobre sua pronúncia e produz um som completamente diferente.

Há várias pronúncias para letras isoladas em alemão. Na maioria delas, a soletração alemã dá consistentemente a informação necessária para pronunciar as palavras com precisão.

A seguir está o alfabeto completo com o nome alemão para cada letra, o som produzido por ela e uma amostra da palavra alemã que usa essa letra com sua pronúncia e significado.

Faixa 1

Letra	Nome	Soa Como	Exemplo de Palavra Alemã (Pronúncia Alemã)	Português
A a	**a**	pata	las (lahss)	*leu*
B b	**beh**	bola	Boot (bote)	*barco*
C c	**tsê**	etc	Cent (tsênt)	*centavo*
D d	**dê**	dado	dann (dann)	*então*
E e	**ê**	esta	Tee (tê)	*chá*
F f	**eff**	família	finden (fin-den)	*encontrar*
G g	**guê**	gostar	geben (guê-ben)	*dar*
H h	**rá**	rápido	Haus (ráus)	*casa*
I i	**iih**	misto	Igel (iih-gel)	*ouriço*
J j	**iott**	ilha	ja (iah)	*sim*
K k	**kah**	casa	kalt (kalt)	*frio*
L l	**ell**	lago	Laus (laus)	*piolho*
M m	**emm**	mãe	Maus (maus)	*rato*
N n	**enn**	nome	nein (nain)	*não*
O o	**ô**	outro	oder (ô-dah)	*ou*
P p	**pê**	página	parken (par-ken)	*estacionar*
Q q	**coo**	quantidade	Quark (kvahrk)	*requeijão*

(Quando pronunciado numa palavra alemã, o som de **k** da letra **q** é seguido pelo som de **v**.)

Letra	Nome	Soa Como	Exemplo de Palavra Alemã (Pronúncia Alemã)	Português
R r	**err**	erro	Ruhm (ruum)	*fama*

(Ver "Algumas Regras Especiais de Pronúncia" neste capítulo, para outras explicações.)

S s	**ess**	**s**adio	Sessel (zes-sel)	*poltrona*

(Em início de palavra, **s** é pronunciado como **z**.)

Tt	**tê**	tia	Teil (tail)	*parte*
Uu	**ú**	um	U-Bahn (ú-bahn)	*metrô*
Vv	**fáu**	força	Volkswagen (fohlks-vah-gen)	*Volkswagen*
Ww	**vê**	viver	Wild (villt)	*selvagem*
Xx	**ikks**	ecstasy	Taxi (tahk-see)	*táxi*
Yy	**yasilon**		physisch (fuez-ish)	*físico*

(Com esta letra, os lábios são pressionados para dizer **u**, mas a voz está dizendo **e**. O resultado é esta vogal especial que soa **ue**. Para mais explicações, ver a explicação para **Ü ü** mais tarde neste capítulo.)

Z z	**tsett**	tsunami	Zelt (tsellt)	*barraca*

Exercício Oral

Faixa 2

Diga cada palavra em voz alta. Veja a pronúncia à direita para verificar sua precisão.

	Alemão	**Português**	**Pronúncia Alemã**
1.	faul	*preguiçoso*	(faul)
2.	Sau	*porco*	(sau)
3.	Mauer	*muro*	(mauah)
4.	Eisen	*ferro*	(ai-zen)
5.	Meister	*mestre*	(maistah)
6.	schnell	*rápido*	(shnell)
7.	stellen	*colocar*	(shtel-len)
8.	sterben	*morrer*	(shterben)
9.	Sitz	*assento*	(zits)
10.	sitzen	*sentar*	(zit-sen)
11.	Spiel	*jogo*	(shpiil)
12.	spielen	*jogar*	(shpiilen)
13.	wiegen	*pesar*	(vii-gen)

14. Wagen	*carro*	(vah-gen)
15. schlagen	*bater*	(shlah-gen)
16. Zeit	*tempo*	(tsaite)
17. Zimmer	*sala*	(tsimmah)
18. Donner	*trovão*	(donah)
19. Tanne	*abeto*	(tane)
20. Tante	*tia*	(tonthe)

Caracteres Especiais

Os três caracteres especiais a seguir no alfabeto alemão têm um umlaut [trema] sobre eles. Esse trema sobre as vogais indica uma subida na pronúncia normal dessas letras.

A primeira letra se parece muito com a letra **E e**, ilustrada anteriormente.

Ä ä **aeh** spät (shp**aeh**t) *tarde*

A letra seguinte não tem um som equivalente em inglês. Parece-se com a vogal **e** como é pronunciada na palavra inglesa *her*. O grupo de letras **er** será usado para sua pronúncia aqui.

Ö ö **oeh** schön (sh**oeh**n) *bonito/a*

A letra a seguir é pronunciada como o som **oo** com os lábios firmemente pressionados, mas a voz está dizendo **ee**. É a mesma pronúncia para a letra **Y y** ilustrada anteriormente.

O grupo de vogais **ue** será usado para sua pronúncia. É semelhante ao **u** francês com em **sud** [sul].

Ü ü **ueh** über (**ueh**bah) *acima*

Vogal com Trema (Umlaut)	Soa	Vogal sem Trema (Umlaut)	Soa
Ä a	**aeh**	**A a**	**a**
Ö ö	**oeh**	**O o**	**ô**
Ü ü	**eu** (como francês)	**U u**	**ú**

A letra a seguir é uma combinação de um **s** e um **z** tratado como letra única. Não tem uma forma maiúscula e é usada no lugar de um duplo **s** (**ss**) após longos sons vocálicos e ditongos.

β **ess-tset** osso weiβ (vaice) *branco*

Compare o uso do β seguindo uma vogal longa e **ss** seguindo uma vogal curta.

Aβ (ahs–ah longo) comeu *passen (pahs-sen–uh curto) adequar-se*

Exercício Oral

Faixa 3

Diga cada palavra em voz alta. Veja a pronúncia à direita para verificar sua precisão.

	Alemão	Português	Pronúncia Alemã
1.	älter	*mais velho*	(el-tah)
2.	fällt	*cai*	(fellt)
3.	löst	*resolve*	(l**oe**hst)
4.	böse	*zangado*	(b**oe**h-ze)
5.	Flüsse	*rios*	(fl**ue**s-eh)
6.	klug	*esperto*	(kluk)
7.	lügen	*mentir*	(l**ue**-gen)
8.	groß	*grande*	(gross)
9.	Grüße	*cumprimentos*	(gr**ue**-seh)
10.	Kasse	*caixa*	(kahs-eh)

Grupos de Consoantes

Os seguintes grupos de letras têm um som diferente de uma consoante simples. Você perceberá que alguns têm um equivalente em inglês.

1. **Ch** tem o som da fricção do ar na parte de trás da garganta, como o som de **ch** da palavra em inglês *loch*. Por exemplo: **ich** significa ***eu*** e sua pronúncia é **iich**. As consoantes em itálico ***ch*** têm esse som.
2. **Chs** no meio de uma palavra é pronunciado como o **x** inglês. Por exemplo, **Sachsen** significa *Saxônia* e é pronunciado **zahksen.**
3. **Ck** é pronunciado como **ck** em inglês. Por exemplo, **schicken** significa *enviar* e é pronunciado **xiken**.
4. Um **g** final é pronunciado como um **k** ou o *ch* gutural (ver nº 1, desta lista). Por exemplo, **klug** significa *esperto* e é pronunciado **kluuk**. A palavra *rei* é **König** e é pronunciada **koeh-nich** ou **koeh nik.**
5. **H** que segue uma vogal no final de uma sílaba não é pronunciado. Por exemplo, **gehen** significa *ir* e é pronunciado **gaê-en**.
6. Com **pf,** tanto o **p** quanto o **f** soa na pronúncia. Por exemplo, **pfiff** significa *assobio* e é pronunciado **pfiff.**
7. **Sch** é como a combinação em inglês *sh*. Por exemplo: **Schule** significa *escola* e é pronunciado **shuu-leh.**
8. Dois grupos de consoantes – **sp** e **st** – acrescentam o som **sh** à sua pronúncia. Por exemplo, **Sport** significa *esporte* e é pronunciado **shport**. **Still** significa *silencioso* e é pronunciado **shtill**.

9. **Th** existe em alemão, mas é pronunciado como um **t.** Por exemplo, o nome alemão **Theater** significa *teatro*, mas é pronunciado **tê-ah-tah.**
10. **Tsch** soa como a combinação em inglês *ch*. Por exemplo, **Tschechien** significa *República Tcheca* e é pronunciado **che*ch*-i-en**.
11. **Tz** é pronunciado da mesma forma em inglês. Por exemplo, **letzte** significa *último* e é pronunciado **letz-teh**.

Exercício Oral

Faixa 4

Diga cada palavra em voz alta. Veja a pronúncia à direita para verificar sua precisão.

	Alemão	Português	Pronúncia Alemã
1.	sprechen	*falar*	(shpre***ch***-en)
2.	Stadt	*cidade*	(shtaht)
3.	setzen	*pôr*	(zet-zen)
4.	schrecken	*assustar*	(shreck-en)
5.	Thema	*assunto*	(tê-ma)
6.	Tisch	*mesa*	(tish)
7.	Käfig	*jaula*	(kaeh-fi***ch***)
8.	sehen	*ver*	(zê-en)
9.	Pförtner	*porteiro*	(pf**e**rt-nah)
10.	sechs	*seis*	(zex)

Combinações de Vogais

Os seguintes grupos de vogais têm um único som mas, em muitos casos, têm um som diferente para cada vogal.

1. **Aa** é pronunciado como um longo **ah**. Por exemplo, **Haar** significa *cabelo* e é pronunciado **hahr.**
2. **Au** é pronunciado junto, como **au.** Por exemplo, **kaufen** significa *comprar* e é pronunciado **kau-fen.**
3. **Äu** é pronunciado **oi.** Por exemplo, **Fräulein** significa *senhorita* e é pronunciado **froi-lain.**
4. **Ee** tem um som **ê** longo. Por exemplo, **Tee** significa *chá* e é pronunciado **têê.**
5. **Ei** é pronunciado **ai**. Por exemplo, **mein** significa *meu, minha* e é pronunciado **maine**.
6. **Eu** também é pronunciado **oi.** Por exemplo, **Freude** significa *alegria* e é pronunciado **froi-deh.**

7. **Ie** é pronunciado **i**. Por exemplo, **sieht** significa *vê* e é pronunciado **zit**.
8. **Oo** tem um som longo de **o**. Por exemplo, **Boot** significa *barco* e é pronunciado **bôot**.

Exercício Oral

Faixa 5

Diga cada palavra em voz alta. Veja a pronúncia à direita para verificar sua precisão.

	Alemão	Português	Pronúncia Alemã
1.	Eule	*coruja*	(oi-leh)
2.	teilen	*partilhar*	(tai-len)
3.	schrieb	*escreveu*	(shriip)
4.	Kaufmann	*negociante*	(kauf-mann)
5.	Seemann	*homem do mar*	(zê-mann)
6.	Säule	*coluna*	(zoi-leh)
7.	fährt	*dirige*	(faehxt)
8.	Saar	*o Saara*	(zahr)
9.	Freundin	*namorada*	(froin-din)
10.	Boote	*barcos*	(bôote)

Algumas Regras Especiais de Pronúncia

O **-e** final numa palavra alemã é pronunciado **eh**. Tenha cuidado para não pronunciá-lo **ah** ou **uh**. Por exemplo, **Tante** significa *tia* e é pronunciado **tahn-teh**. **Beste** significa o *melhor* é pronunciado **bess-teh.**

No mundo de fala alemã da Alemanha, Áustria e Suíça, há dois modos distintos de pronunciar **r.** Um modo é o **r** contínuo como é ouvido em italiano ou russo. O outro é o assim chamado **r** gutural, que é um som produzido perto da parte de trás da língua. Em alemão, o som gutural é usado quando o **r** está localizado no começo de uma palavra. Por exemplo, **rot** significa *vermelho* e é pronunciado **rote**, com um som gutural nitidamente semelhante ao **r** francês. Quando esta letra está no final de uma sílaba ou palavra, particularmente na combinação **er**, ele soa mais como **uh** e não se parece com um **r.** É parecido com um **r** final no inglês britânico. Por exemplo, **Zucker** significa *açúcar* e é pronunciado **tsu-kah.**

Quando um **b** ou um **d** está no final de um prefixo ou uma palavra, eles são pronunciados **p** e **t**, respectivamente. Por exemplo, **starb** significa *morreu* e é pronunciado **shtarhp**. A palavra **abfahren** significa *partir* e é pronunciada **ahp-fahr--en**. O nome **Land** significa *país* e é pronunciado **lant**. A palavra **Kind** significa *criança* e é pronunciada **kint.**

Vogais Curtas e Longas

As vogais tendem a ser pronunciadas curtas antes de uma consoante dobrada e longas antes de consoante simples ou uma consoante precedida de **h**. Vejamos alguns exemplos:

Faixa 6

Alemão	Pronúncia Alemã	Português
lassen	(lahs-sen) longa	*deixar*
lasen	(lah-zen) curta	*leu*
stehlen	(shtê-len) longa	*roubar*
stellen	(shtél-len) curta	*colocar*
gib	(giip) longa	*dar*
Mitte	(mit-teh) curta	*meio*
Hof	(hofe) longa	*corte, quintal*
hoffen	(hó-fen) curta	*esperar*
tun	(tuun) u longo	*fazer*
Suppe	(zu-peh) u curto	*sopa*

A combinação em inglês *oo* pode parecer a mesma em muitas palavras, mas esse grupo de vogais tem duas pronúncias. Por exemplo, *oo* longo (como nas palavras inglesas *moon* e *soon*) e o *oo* curto (como nas palavras inglesas *look* e *shook*). Ao aprender alemão, porém, as pessoas de fala inglesa tendem a usar o som de **oo** longo para todas as palavras que tenham a vogal **u**. Mas os sons **oo** curto e longo devem ser distintos em alemão, também.

Exercício Oral

Faixa 7

Diga cada palavra em voz alta. Veja a pronúncia à direita para verificar sua precisão.

	Alemão	Português	Pronúncia Alemã
1.	stören	*perturbar*	(sto**e**h-ren)
2.	gelacht	*riu*	(geh-lah***ch***t)
3.	Kaffee	*café*	(kah-fê)
4.	Brötchen	*pãozinho*	(broeht-***ch***en)

5. Schlange *cobra* (shlahng-eh)
6. jünger *mais novo* (iuen-gah)
7. floh *fugiu* (floh)
8. Sprüche *ditos* (shpr**ue*ch***-eh)
9. gelb *amarelo* (gelp)
10. Band *fita* (bant)

Cognatos Alemães

Cognatos são palavras idênticas ou muito parecidas em duas línguas. E isso pode ser problemático, porque as pessoas de fala portuguesa às vezes pronunciam o cognato alemão com a pronúncia portuguesa. Aqui estão alguns exemplos de palavras em alemão com suas pronúncias e as equivalentes em português. Observe especialmente a pronúncia alemã.

Alemão	**Pronúncia Alemã**	**Português**
Auto	(au-tô)	*Auto / carro*
Konflikt	(kon-flickt)	*conflito*
minus	(mi-nus)	*menos*
Präsident	(prê-zi-dent)	*presidente*
Problem	(proe-blem)	*problema*
Service	(zer-vise)	*serviço*

Talvez você já tenha percebido que todos os nomes alemães – próprios ou comuns – começam com letra maiúscula. Abaixo, mais alguns exemplos:

Alemão	**Pronúncia Alemã**	**Português**
Name	(nah-meh)	*nome*
Berlin	(ber-lin)	*Berlim*
Kapitalist	(kah-pi-tah-list)	*capitalista*
Amerika	(ah-mer-i-kah)	*América*

Exercício Oral

Faixa 8

Pronuncie as seguintes palavras em alemão em voz alta sem olhar as pronúncias. Então verifique a pronúncia correta na terceira coluna.

	Alemão	Português	Pronúncia Alemã
1.	Pilot	*piloto*	(pi-lôt)
2.	Professor	*professor*	(pro-fes-sor)
3.	attraktiv	*atraente*	(ah-trahk-tif)
4.	komisch	*engraçado*	(ko-mish)
5.	Tür	*porta*	(tuer)
6.	Kanada	*Canadá*	(kah-nah-dah)
7.	halten	*manter*	(hal-ten)
8.	blind	*cego*	(blint)
9.	Dialekt	*dialeto*	(dii-ah-lekt)
10.	Alpen	*Alpes*	(ahl-pen)
11.	Fenster	*janela*	(fenn-stah)
12.	schreiben	*escrever*	(shrai-ben)
13.	Diplomat	*diplomata*	(di-ploh-maht)
14.	laufen	*correr*	(lau-fen)
15.	Bier	*cerveja*	(biah)

TESTE RÁPIDO

Nos espaços em branco, escreva a letra da pronúncia da coluna à direita que seja adequada à palavra em alemão à esquerda. Por exemplo:

	spielen *jogar*		B	A. (frau)
	Frau *mulher*		A	B. (shpii-len)
1.	**Grüße**	*cumprimentos*	______	A. (poe-zii-tsii-oun)
2.	**Position**	*posição*	______	B. (lant)
3.	**Tür**	*porta*	______	C. (tsih-mar)
4.	**Land**	*país*	______	D. (tish)
5.	**sehen**	*ver*	______	E. (shpre***ch***-en)
6.	**Tisch**	*mesa*	______	F. (gr***ue***-seh)
7.	**sprechen**	*falar*	______	G. (kluuk)
8.	**böse**	*zangado*	______	H. (bo**e**h-zeh)
9.	**klug**	*esperto*	______	I. (zêê-en)
10.	**Zimmer**	*sala*	______	J. (t**ue**r)

capítulo 2

Pessoas e Nomes

Neste capítulo você vai aprender nomes em alemão e como os artigos definidos alemães são usados. Além disso, você encontrará a conjugação básica dos verbos. Este capítulo também inclui modos de dizer "oi" e "até logo".

OBJETIVOS DO CAPÍTULO

Neste capítulo você aprenderá:

- Nomes Alemães
- Pessoas
- Artigos Definidos
- Conjugação dos Verbos Alemães
- Lugares
- Cumprimentos

Nomes Alemães

O Brasil é povoado por pessoas de diversas origens e uma delas é a Alemanha. Há quase dois séculos, os alemães vieram para o Brasil com sua cultura, suas tradições e seus nomes. Consequentemente, você pode descobrir que já conhece muitos nomes alemães, principalmente se mora no Sul.

Alguns nomes são considerados tradicionais ou talvez chamados de fora de moda. Mas, como em qualquer idioma, à medida que o tempo passa, os nomes antigos voltam à moda. Abaixo estão alguns:

Für Jungen *[para meninos]*	**Für Mädchen *[para meninas]***
Gerhardt	Luise
Reinhardt	Gretchen
Helmut	Angelika
Werner	Frieda
Heinrich	Waltraud

Na Alemanha, hoje, você encontrará uma variedade de nomes, alguns que vêm de outras culturas e alguns atualmente em moda, mas rapidamente vão perdendo sua popularidade e sendo substituídos por uma nova tendência. Por exemplo:

Für Jungen [para meninos]	**Für Mädchen *[para meninas]***
Erik	Gudrun
Boris	Tanja
Christoph	Natascha
Felix	Angela
Nils	Iris

Exercício Oral

Faixa 9

Pratique dizendo em voz alta a seguinte lista de frases. Então, na última frase, preencha os espaços com seu próprio nome.

Mein Name ist Gerhardt.	*Meu nome é Gerhardt.*
Mein Name ist Frieda.	*Meu nome é Frieda*
Mein Name ist Boris.	*Meu nome é Boris.*
Mein Name ist Tanja.	*Meu nome é Tanja.*
Mein Name ist ___________.	*Meu nome é* ___________.

Perguntar o Nome de Alguém

Quando você pergunta o nome de alguém, você diz:

Was ist Ihr Name? — *Qual é o seu nome?*

É interessante que o alemão tem outro modo de perguntar ou de dar o nome de alguém. O verbo **heiβen** é usado nessas frases. Este verbo significa *ser chamado de*. Quando você o usa numa frase, ele terá a mesma tradução que **Mein Name ist** ________.

Qual é o seu nome?	***Meu nome é Marianne.***
Was ist Ihr Name?	Mein Name ist Marianne.
Wie heiβen Sie?	Ich heiβe Marianne.

Exercício Oral

Faixa 10

Pratique perguntando o nome de alguém e dizendo seu nome.

Wie heiβe Sie?	*Qual é o seu nome?*
Ich heiβe Helmut.	*Meu nome é Helmut.*
Ich heiβe Luise.	*Meu nome é Luise.*
Ich heiβe Werner.	*Meu nome é Werner.*
Ich heiβe Gudrun.	*Meu nome é Gudrun.*
Ich heiβe ____________.	*Meu nome é* ____________.

Observe que, na pergunta **Wie heiβen Sie?**, o verbo termina em **-en**. Na resposta **Ich heiβe,** o verbo termina em **-e.** Esta diferença é importante e será explicada completamente um pouco adiante. Por enquanto, use **heiβen** na pergunta e **heiβe** na resposta.

Formas de Tratamentos em Alemão

Assim como em inglês, os alemães usam uma forma de tratamento com seu último sobrenome em situações formais ou quando dão informações oficiais sobre si mesmos. A palavra para *Sr.* antes do último sobrenome de um homem é **Herr** e a palavra para *Sra.* ou *Srta.* antes do último sobrenome de uma mulher é **Frau**. Há outro tratamento feminino para *Srta.*: **Fräulein**. O alemão tende a se envergonhar quando usam esse tratamento e todas as mulheres, casadas ou solteiras são chamadas de **Frau.** Vamos ver algumas frases de exemplos na seção seguinte de Prática Oral.

Exercício Oral

Faixa 11

Pratique dizendo em voz alta a seguinte lista de frases. No final da série de frases coloque seu último sobrenome.

Wie heiβen Sie, bitte?	*Por favor, qual é o seu nome?*
Ich heiβe Braun. Werner Braun.	*Meu nome é Braun. Verner Braun.*
Guten Tag, Herr Braun.	*Alô, Sr. Braun.*
Ich heiβe Schiller. Tanja Schiller.	*Meu nome é Schiller. Tanja Schiller.*
Guten Tag, Frau Schiller.	*Alô, Sra. Schiller.*
Ich heiβe Schneider. Friedrich Schneider.	*Meu nome é Schneider. Friedrich Schneider.*
Schneider.	*Schneider.*
Guten Tag, Herr Schneider.	*Alô, Sr. Schneider.*
Ich heiβe Keller. Marianne Keller.	*Meu nome é Keller. Marianne Keller.*
Guten Tag, Frau Keller.	*Alô Sra. Keller.*
Ich heiβe ________________.	*Meu nome é________________.*
Guten Tag, (Herr/Frau) __________.	*Alô Sr./Sra.________________.*

Exercício Escrito 1

Usando os nomes em parênteses, escreva os dois modos com que você pode dizer seu nome. Por exemplo:-

(Albert)	Ich heiβe Albert.	Mein Name ist Albert.
1. (Martin)	________________.	________________.
2. (Tina)	________________.	________________.
3. (Herr Schäfer)	________________.	________________.
4. (Frau Kamps)	________________.	________________.
5. (Boris Becker)	________________.	________________.
6. (Maria Schell)	________________.	________________.
7. (Professor Bach)	________________.	________________.
8. (Doktor Berg)	________________.	________________.
9. (Iris)	________________.	________________.
10. (*seu próprio nome*)	________________.	________________.

Pessoas

Já que o português e o alemão não são línguas aparentadas, surpreende que haja muitas palavras em ambos os idiomas que se pareçam entre si. Essas palavras são chamadas cognatos. O português e o alemão compartilham vários cognatos também absorvidos de outras fontes.

Muitos cognatos se referem a pessoas. Por exemplo:

Faixa 12

der Artist	*artista*	der Reporter	*repórter*
der Diplomat	*diplomata*	der Mechaniker	*mecânico*
der Kapitalist	*capitalista*	der Pilot	*piloto*
der Professor	*professor*	der Student	*estudante*

As palavras alemãs nesta lista são usadas somente para descrever homens. A formatação da língua requer gêneros específicos, portanto muitos nomes acrescentam o sufixo **-in** como sinal de que a pessoa descrita é do sexo feminino. Vamos ver alguns nomes femininos ou nomes que se referem a mulheres. Alguns deles terão o sufixo **-in**.

die Artistin	*artista*	die Mutter	*mãe*
die Dame	*senhora*	die Pilotin	*piloto*
die Frau	*mulher*	die Professorin	*professora*
die Kapitalistin	*capitalista*	die Reporterin	*repórter*
die Lehrerin	*professora*	die Sängerin	*cantora*
die Mechanikerin	*mecânica*	die Studentin	*aluna*

Se você sabe que a forma feminina de uma palavra termina em **-in**, simplesmente remova o sufixo e você terá a forma masculina da palavra. Por exemplo:

Feminino	**Masculino**
die Lehrerin	der Lehrer
die Sängerin	der Sänger

Exercício Escrito 2

Mude cada um dos substantivos masculinos para o feminino e inclua o artigo definido.

1. der Diplomat____________________
2. der Student____________________

3. der Artist ______________________________
4. der Kommunist ______________________________
5. der Mechaniker ______________________________
6. der Optimist ______________________________
7. der Pilot ______________________________
8. der Manager ______________________________

Artigos Definidos

Os substantivos femininos usam **die** como artigo definido e nomes masculinos usam **der.** O alemão também tem um terceiro gênero: neutro. O artigo definido para nomes neutros ou objetos inanimados é **das**. Por exemplo, **das Haus** [*a casa*]. Mas muitos nomes alemães são considerados masculinos, femininos ou neutros, embora não estejam se referindo a machos, fêmeas ou objetos inanimados. Por exemplo:

Faixa 13

Masculino		**Feminino**		**Neutro**	
der Wagen	*[carro]*	die Lampe	*[lâmpada]*	das Baby	*[bebê]*
der Schuh	*[sapato]*	die Schule	*[escola]*	das Kind	*[criança]*
der Arm	*[braço]*	die Hand	*[mão]*	das Mädchen	*[garota]*

Este conceito de gênero, embora não seja difícil, é novo para pessoas que começam a entrar em contato com o idioma alemão e requer que elas acostumem-se. Seja paciente e gradualmente isso se automatizará em sua mente. Somente aceite o fato de precisar estar atento às três formas de artigo definido (**der**, **die**, **das**).

Quando você pergunta *quem* é aquele/a, use **wer** (**Wer ist das?**). A resposta sempre começará com **Das ist...** (Aquele/a é...). Exemplos:

Das ist...
der Lehrer.
die Lehrerin.
das Kind.
das Mädchen.
der Professor.
die Mutter.
Erik.
Frau Schneider.

Exercício Oral

Faixa 14

Pratique dizendo em voz alta a seguinte lista de frases.

Wer ist das?	*Quem é aquele?*
Das ist der Lehrer.	*Aquele é o professor.*
Wer ist das?	*Quem é aquela?*
Das ist die Professorin.	*Aquela é a professora.*
Wer ist das?	*Quem é aquele?*
Das ist der Student.	*Aquele é o estudante.*
Wer ist das?	*Quem é aquele?*
Das ist der Pilot.	*Aquele é o piloto.*
Wer ist das?	*Quem é aquela?*
Das ist die Mutter.	*Aquela é a mãe.*
Wer ist das?	*Quem é aquele?*
Das ist der Vater.	*Aquele é o pai.*
Wer ist das?	*Quem é aquele?*
Das ist Professor Schäfer	*Aquele é o professor Schäfer.*
Wer ist das?	*Quem é aquela?*
Das ist Frau Kamps.	*Aquela é a Sra. Kamps.*

Agora pratique dizendo em voz alta essas frases.

Wie heißt der Herr?	*Qual é o nome do senhor?*
Der Herr heißt Schneider. Konrad Schneider.	*O nome do senhor é Schneider. Konrad Schneider.*
Wie heißt die Dame?	*Qual é o nome da senhora?*
Die Dame heißt Bauer. Angela Bauer.	*O nome da senhora é Bauer. Angela Bauer.*
Wie heißt die Studentin?	*Qual é o nome da aluna?*
Die Studentin heißt Tanja.	*O nome da aluna é Tanja.*
Wie heißt der Reporter?	*Qual é o nomedo repórter?*
Der Reporter heißt Herr Bach.	*O nome do repórter é Sr. Bach.*
Wie heißt das Baby?	*Qual é o nome do bebê?*
Das Baby heißt Gudrun.	*O nome do bebê é Gudrun.*
Wei heißt das Kind?	*Qual é o nome da criança?*
Das Kind heißt Felix.	*O nome da criança é Felix.*

Conjugação dos Verbos Alemães

Provavelmente você notou que **heißt** nas frases anteriores parece um pouco diferente do que parecia nos exemplos anteriores (**heiße**). Quando é usado com uma palavra que descreve uma pessoa que não seja quem fala, sua forma é **heißt**. Por exemplo:

Faixa 15

Sie heißen	*Seu nome é*
ich heiße	*Meu nome é*
das Kind heißt	*O nome da criança é*
der Mann heißt	*O nome do homem é*
die Dame heißt	*O nome da senhora é*
der Lehrer heißt	*O nome do professor é*

Esta mudança de terminações em um verbo é chamada de conjugação. Há conjugações em português, mas elas são menos simples na forma que as conjugações alemãs.

Eu fal**o**, tu fal**as**, ele/ela fal**a**, nós fal**amos**, vós fal**ais**, eles/elas fal**am**
Eu and**o**, tu and**as**, ele/ela and**a**, nós and**amos**, vós and**ais**, eles/elas and**am**

Um exemplo de verbo irregular é o verbo **ser.**

Eu sou, tu és, ele/ela é, nós somos, vós sois, eles/elas são

A diferença das terminações em **heißen** é parte da conjugação alemã. As conjugações dos verbos serão explicadas completamente mais tarde neste livro.

Exercício Oral

Faixa 16

Pratique lendo em voz alta as frases abaixo:

Wie heißen Sie?	*Qual é o seu nome?*
Ich heiße Tina.	*Meu nome é Tina.*
Mein Vater heißt Karl.	*O nome do meu pai é Karl.*
Wie heißen Sie?	*Qual é o seu nome?*
Ich heiße Robert.	*Meu nome é Robert.*
Mein Vater heißt Gerhardt.	*O nome do meu pai é Gerhardt.*
Wie heißen Sie?	*Qual é o seu nome?*
Ich heiße Wilhelm.	*Meu nome é Wilhelm.*
Mein Vater heißt Wilhelm.	*O nome do meu pai é Wilhelm.*

Exercício Escrito 3

Escreva uma frase que pergunte o nome de uma pessoa. Então escreva respostas à pergunta com os nomes mostrados entre parênteses. Por exemplo:

(Karl) *Wie heißen Sie?*

Ich heiße Karl.

1. (Angela) ______________________________ ?

______________________________ .

2. (Herr Bauer) ______________________________ ?

______________________________ .

3. (Thomas) ______________________________ ?

______________________________ .

4. (Frau Kamps) ______________________________ ?

______________________________ .

5. (Gudrun Klein) ______________________________ ?

______________________________ .

Lugares

Faixa 17

Muitas cidades e países têm nomes semelhantes em português e em alemão. Vamos ver alguns:

Alemão	Português
Amerika	*América*
Berlin	*Berlim*
Dänemark	*Dinamarca*
England	*Inglaterra*
Hamburg	*Hamburgo*
Hannover	*Hanôver*
Kanada	*Canadá*
Mexiko	*México*
Paris	*Paris*
Polen	*Polônia*
Rom	*Roma*
Warschau	*Varsóvia*

A palavra para alemão é **Deutsch.** A palavra inglesa **Dutch** é uma palavra semelhante, mas se refere à Holanda e não à Alemanha. A palavra para Alemanha é **Deutschland**. E uma cidade alemã que pode não ser reconhecida por sua soletração alemã é **München** (Munique).

As palavras alemãs para duas localizações genéricas são **hier** [aqui] e **da** (ou **dort)** [lá]. Uma frase que dá a localização de uma pessoa é composta por um sujeito, o verbo **ist** e a localidade, normalmente seguida da preposição **in**.

Herr Bauer ist...	in Berlin
	in Mexiko
	in Frankfurt
	in Amerika
	hier
	dort

Agora que você conhece alguns países e cidades, você pode começar a perguntar de onde (**wo**) alguém é.

Exercício Oral

Faixa 18

Pratique lendo em voz alta as frases abaixo:

Wo ist Herr Schneider?	*Onde está o sr. Schneider?*
Herr Schneider ist in Deutschland.	*O sr. Schneider está na Alemanha.*
Wo ist Professor Gelb?	*Onde está o Professor Gelb?*
Professor Gelb ist in Amerika.	*O Professor Gelb está na América.*
Wo ist der Lehrer?	*Onde está o professor?*
Der Lehrer ist in Paris.	*O professor está em Paris.*
Wo ist die Studentin?	*Onde está a aluna?*
Die Studentin ist in Berlin.	*A aluna está em Berlim.*
Wo ist das Kind?	*Onde está a criança?*
Das Kind ist hier.	*A criança está aqui.*
Wo ist der Vater?	*Onde está o pai?*
Der Vater ist da.	*O pai está lá.*
Wo ist die Reporterin?	*Onde está a repórter?*
Die Reporterin ist in Warschau.	*A repórter está em Varsóvia.*
Wo ist Frau Bauer?	*Onde está a Sra. Bauer?*
Frau Bauer ist in Dänemark.	*A sra. Bauer está na Dinamarca.*

Exercício Escrito 4

Use os nomes em parênteses que se referem a uma pessoa para perguntar onde alguém está. Então use o nome que se refere a um lugar para responder à pergunta. Por exemplo:

(Martin / Berlin) *Wo ist Martin?*

Martin ist in Berlin.

1. (das Kind / hier) ______________________________?

______________________________.

2. (mein Vater / dort) ______________________________?

______________________________.

3. (Erik / Deutschland) ______________________________?

______________________________.

4. (Thomas / da) ______________________________?

______________________________.

5. (Iris / München) ______________________________?

______________________________.

Cumprimentos

Agora você conhece três palavras interrogativas: **wer** (*quem*), **wie** (como) e **wo** (*onde*). Na expressão **Wie heiβt der Mann**? Nós traduzimos **wie** como *qual* (*Qual o nome do homem*?). Na verdade, na Alemanha, você está dizendo: ***Como*** o homem é chamado?

A frase **Wie geht's?** (*Como vai você?*) é uma expressão muito comum na Alemanha. Por exemplo:

Guten Tag, Thomas. Wie geht's?	*Alô (olá), Thomas. Como vai você?*
Gut, danke.	*Bem, obrigado.*
Guten Tag, Tanja. Wie geht's?	*Alô, Tanja. Como vai você?*
Gut, danke.	*Bem, obrigada.*
Guten Tag, Felix. Wie geht's?	*Alô, Felix. Como vai você?*
Gut, danke.	*Bem, obrigado.*
Guten Tag, Gudrun. Wie geht's?	*Alô Gudrun. Como vai você?*
Gut, danke	*Bem, obrigada.*

Embora **Guten Tag** signifique literalmente bom dia, também é usado ao longo do dia para dizer alô. Pela manhã, você diz **Guten Morgen** (*bom dia*). No início da noite, você diz **Guten Abend** (*boa noite*). E, no fim da noite, perto de ir dormir, você diz **Gute Nacht** (*boa noite*).

Exercício Oral

Faixa 19

Na seção seguinte você encontrará alguns diálogos comuns entre duas pessoas quando se encontram na rua. Pratique dizendo em voz alta esses breves diálogos.

Guten Tag, Herr Schneider.	*Boa tarde, sr. Schneider.*
Guten Tag, Wilhelm. Wie geht's?	*Alô, Wilhelm. Como vai você?*
Gut, danke.	*Bem, obrigado.*

E mais duas pessoas:

Guten Morgen, Frau Benz.	*Bom dia, sra. Benz.*
Guten Morgen, Karl. Wie geht's?	*Bom dia, Karl. Como vai você?*
Gut, danke.	*Bem, obrigado.*

E mais duas pessoas:

Guten Abend, Doktor Bauer.	*Boa noite, Dr. Bauer.*
Guten Abend, Tina. Wie geht's?	*Boa noite, Tina. Como vai você?*
Gut, danke.	*Bem, obrigada.*

E, na hora de ir dormir você diz:

Gute Nacht, Herr Dorf.	*Boa noite, sr. Dorf.*
Gute Nacht, Nils.	*Boa noite, Nils.*

Exercício Escrito 5

Escreva um cumprimento às pessoas cujos nomes estão entre parênteses. Observe a hora do dia indicada. Para a hora de dormir, escreva a frase apropriada.

1. pela manhã (Onkel Peter) ________________________________.
2. à noitinha (Herr Schneider) ________________________________.
3. à tarde (Frau Keller) ________________________________.
4. à hora de dormir (Martin) ________________________________.

Para dizer *até logo* a alguém, use a frase **Auf Wiedersehen** (*literalmente, até mais vê-lo/la*). Às vezes é dito sem o **auf**: só **Wiedersehen**. E às vezes você ouvirá **Auf Wiederschauen**. Em conversas causais, você pode usar a palavra **Tschüs** (*tchau*).

Exercício Oral

Faixa 20

Pratique dizendo em voz alta esses breves diálogos:

Guten Tag, Frau Bach.	*Alô, sra. Bach.*
Guten Tag, Felix. Wie geht's?	*Alô, Felix. Como vai você?*
Gut, danke.	*Bem, obrigado.*
Auf Wiedersehen, Felix.	*Até logo, Felix.*
Auf Wiedersehen, Frau Bach.	*Até logo, sra. Bach.*

Mais duas pessoas:

Guten Morgen, Helmut.	*Bom dia, Helmut.*
Guten Morgen, Luise. Wie geht's?	*Bom dia, Luise. Como você vai?*
Gut, danke.	*Bem, obrigada.*
Auf Wiederschauen, Luise.	*Até logo, Luise*
Auf Wiederschauen, Helmut.	*Até logo, Helmut.*

Mais duas pessoas:

Guten Abend, Karl.	*Boa noite, Karl.*
Guten Abend, Natascha. Wie geht's?	*Boa noite, Natacha. Como vai você?*
Gut, danke.	*Bem, obrigada.*
Tschüs, Natascha.	*Até logo, Natascha.*
Tschüs, Karl.	*Até logo, Karl.*

Exercício Escrito 6

Cumprimente cada pessoa e pergunte como ele/ela vai. Traduza para o alemão as expressões entre parênteses para formar suas frases. Por exemplo:

(bom dia / Karl) Guten Tag, Karl.

Wie geht's?

1. (bom dia / Helga) ______________________________.

______________________________?

2. (bom dia [manhã] / Thomas)______________________________________.

____?

3. (boa tarde / Tanja) ______________________________________.

____?

4. (bom dia / Herr Bach) ______________________________________.

____?

5. (bom dia [manhã] / Rita)______________________________________.

____?

6. (boa noite / Frau Kamps)______________________________________.

____?

TESTE RÁPIDO

Escreva a forma feminina dos nomes masculinos dados, usando o artigo definido. Por exemplo:

der Professor *die Professorin*

1. der Mechaniker ____________

2. der Leher____________

Usando os nomes dados em parênteses, escreva os dois modos de dizer a alguém o seu nome. Por exemplo:

(Karl) *Mein Name ist Karl.*

Ich heiße Karl.

3. (Werner) ____

____

4. (Tanja) ____

____

Usando o nome em parênteses, pergunte quem alguém é e dê a resposta. Por exemplo:

(Martin) *Wer ist das?*

Das ist Martin.

5. (Tina) ____

____

6. (Herr Keller) ____

____

Use os nomes em parênteses que se referem a uma pessoa para perguntar onde ela está. Então use os nomes que se referem a um lugar para responder às perguntas. Por exemplo:

(der Mann / London) *Wo ist der Mann?*

Der Mann ist in London.

7. (Frau Schneider / Berlin) ______________________________

____

8. (der Lehrer / Deutschland) ______________________________

____

Circule a letra da palavra ou frase que melhor completa cada sentença.

9. Das ______________ heißt Angela.

A. Frau
B. Felix
C. Mädchen
D. Mann.

10. Wie ______________? Gut, danke.

A. wer
B. ist
C. heiβt
D. geht's

capítulo 3

Fazendo Perguntas

Neste capítulo você aprenderá a fazer e responder perguntas, incluindo perguntas que requeiram uma resposta tipo sim ou não. Além disso, você encontrará a função em alemão dos artigos indefinidos e do pronome possessivo **mein**.

OBJETIVOS DO CAPÍTULO

Neste capítulo você aprenderá:

- Perguntas com *Wer*
- Artigos Indefinidos
- Pronome Possessivo *Mein*
- Respostas Tipo Sim ou Não
- *Oder* para Diferenciação
- Perguntas com *Was*
- Perguntas com *Wo*
- Pronome Possessivo *Ihr*
- O Mundo de Fala Alemã

Perguntas com *Wer*

Wer ist das? Você já sabe o que significa esta pergunta: *Quem é aquele?* A resposta sempre será uma pessoa. Vamos encontrar algumas pessoas novas, de modo que você possa começar a formular questões sobre elas.

der Bruder	*irmão*	der Junge	*garoto*
die Schwester	*irmã*	das Mädchen	*garota*
der Freund	*amigo; namorado*	der Onkel	*tio*
die Freundin	*amiga; namorada*	die Tante	*tia*
der Groβvater	*avô*	der Sohn	*filho*
die Groβmutter	*avó*	die Tochter	*filha*

Observe os gêneros dos nomes acima e o uso dos artigos definidos **der**, **die** e **das**. Exceto para **das Mädchen**, os nomes masculinos e femininos concordam com o gênero sexual da pessoa. Lembre que esta nem sempre será a regra.

Artigos Indefinidos

Como em português, o alemão tem artigos indefinidos. Em português, os artigos indefinidos são *um*, *uma*, *uns* e *umas*. Em alemão, eles são **ein** e **eine.** Use **ein** com todos os nomes masculinos e neutros e use **eine** com todos os nomes femininos. Por exemplo:

Faixa 21

der Lehrer	*o professor*	ein Lehrer	*um professor*
das Haus	*a casa*	ein Haus	*uma casa*
die Lehrerin	*a professora*	eine Lehrerin	*uma professora*

Pronome Possessivo *Mein*

As mesmas terminações são usadas com o pronome possessivo **mein** (*meu*). Use **mein** em todos os nomes masculinos e neutros, e use **meine** (*minha*) com todos os femininos.

der Wagen	*o carro*	mein Wagen	*meu carro*
das Kind	*a criança*	mein Kind	*minha criança*
die Lampe	*a lâmpada*	meine Lampe	*minha lâmpada*

Numa resposta à pergunta **Wer ist das?** (*Quem é aquele?*), o artigo definido, artigo indefinido ou o pronome possessivo **mein** podem ser usados.

Wer ist das?	Das ist die Lehrerin.
	Das ist ein Freund.
	Das ist meine Tante.

Exercício Oral

Faixa 22

Pratique perguntando quem alguém é e respondendo cada pergunta em voz alta.

Wer ist das?	*Quem é aquele?*
Das ist ein Freund.	*Aquele é um amigo / namorado.*
Wer ist das?	*Quem é aquela?*
Das ist eine Freundin.	*Aquela é uma amiga / namorada.*
Wer ist das?	*Quem é aquele?*
Das ist mein Bruder.	*Aquele é meu irmão.*
Wer ist das?	*Quem é aquela?*
Das ist meine Schwester.	*Aquela é minha irmã.*
Wer ist das?	*Quem é aquele?*
Das ist mein Onkel.	*Aquele é meu tio.*
Wer ist das?	*Quem é aquela?*
Das ist meine Tante.	*Aquela é minha tia.*
Wer ist das?	*Quem é aquele?*
Das ist mein Groβvater.	*Aquele é meu avô.*
Wer ist das?	*Quem é aquela?*
Das ist meine Tochter.	*Aquela é minha filha.*

Respostas Sim ou Não

Você pode responder a muitas questões com **ja** ou **nein** (*sim* ou *não*). Perceba que as questões que pedem uma resposta **ja** ou **nein** começam com um verbo e este verbo é seguido por um sujeito (**das**). Nos exemplos seguintes, o verbo usado é **ist,** seguido por **das**. Por exemplo:

Ist das ein Professor?	*Aquele é um professor?*
Ja, das ist ein Professor.	*Sim, aquele é um professor.*
Ist das eine Schule?	*Aquela é uma escola?*
Ja, das ist eine Schule.	*Sim, aquela é uma escola.*

Quando você responde negativamente a uma questão usando **nein**, você deve usar o negativo **kein** (*não um, não algum, nada*), que segue o verbo **ist** na frase. Use o padrão abaixo ao responder a pergunta no positivo (**ja**) ou no negativo (**nein**).

Ist das ein________? Ja, das ist ein______________. Nein, das ist kein________.

Por exemplo:

Ist das ein Haus?	*Aquilo é uma casa?*
Nein, das ist kein Haus.	*Não, aquilo não é uma casa.*
Das ist ein Museum.	*Aquilo é um museu.*
Ist das eine Lampe?	*Aquilo é uma lâmpada?*
Nein, das ist keine Lampe.	*Não, aquilo não é uma lâmpada.*
Das ist eine Vase.	*Aquilo é um vaso.*

Porém, se um artigo definido (**der**, **die**, **das**) ou um pronome possessivo preceda um nome que foi negativado, **nicht** é usado em lugar de **kein**.

Ist das der Lehrer?

Ja, das ist der Lehrer.	*Sim, aquele é o professor.*
Nein, das ist nicht der Lehrer.	*Não, aquele não é o professor.*

Ist das Ihr Bruder?

Ja, das ist mein Bruder.	*Sim, aquele é meu irmão*
Nein, das ist nicht mein Bruder.	*Não, aquele não é meu irmão.*

Exercício Escrito 1

Responda a cada pergunta no negativo, usando **nein** e **nicht**. Por exemplo:

Ist der Mann zu Hause? Nein, der Mann ist nicht zu Hause.

1. Ist Werner in der Schweiz? ________________________________.
2. Ist der Junge Ihr Bruder? ________________________________.
3. Ist das Mädchen Ihre Schwester? ________________________________.
4. Ist die Bibliothek hier? ________________________________.
5. Ist der Park weit von hier? ________________________________.

Exercício Oral

Faixa 23

Pratique dizendo cada pergunta e resposta em voz alta.

Ist das der Onkel?	*Aquele é o tio?*
Ja, das ist der Onkel.	*Sim, aquele é o tio.*
Nein, das ist nicht der Onkel. Das ist der Groβvater.	*Não, aquele não é o tio. Aquele é o avô.*
Ist das ein Freund?	*Aquele é o amigo?*
Ja, das ist ein Freund.	*Sim, aquele é um amigo.*
Nein, das ist kein Freund. Das ist mein Bruder.	*Não, aquele não é um amigo. Aquele é meu irmão.*
Ist das die Groβmutter?	*Aquela é a avó?*
Ja, das ist die Groβmutter.	*Sim, aquela é a avó.*
Nein, das ist nicht die Groβmutter. Das ist meine Tante.	*Não, aqula não é a avó. Aquela é minha tia.*
Ist das eine Freundin?	*Aquela é uma amiga?*
Ja, das ist eine Freundin.	*Sim, aquela é uma amiga.*
Nein, das ist keine Freundin. Das ist meine Schwester.	*Não, aquela não é minha amiga. Aquela é minha irmã.*

Oder para Diferenciação

Quando você acrescenta a palavra **oder** (ou) às perguntas, você pode pedir uma diferenciação entre duas pessoas ou coisas.

Ist das eine Schule oder ein Museum?	*Aquela é uma escola ou um museu?*
Das ist ein Museum.	*Aquele é um museu.*
Ist das der Bruder oder der Sohn?	*Aquele é o irmão ou o filho?*
Das ist der Bruder.	*Aquele é o irmão.*
Ist das Gudrun oder Tanja?	*Aquela é Gudrun ou Tanja?*
Das ist Tanja.	*Aquela é Tanja.*
Ist das eine Professorin oder eine Lehrerin?	*Aquela é uma docente ou professora?*
Das ist eine Lehrerin.	*Aquela é uma professora.*

Exercício Escrito 2

Para cada um dos pares de palavras em parênteses, escreva uma pergunta pedindo para diferenciar entre duas pessoas ou coisas. Responda com uma das palavras do par. Por exemplo:

(Karl / Helmut) Ist das Karl oder Helmut?

Das ist Karl.

1. (ein Professor / ein Lehrer)____________________?

   ____________________.

2. (der Vater / der Groβvater)____________________?

   ____________________.

3. (eine Lampe / eine Vase)____________________?

   ____________________.

4. (Frau Bauer / Frau Schäfer)____________________?

   ____________________.

Perguntas com *Was*

Was ist das? (*O que é aquilo?*) Esta questão quer saber *o que* alguma coisa é e, portanto, inquire sobre objetos inanimados. Vamos conhecer alguns objetos, para você poder fazer perguntas com **was** (*o que*).

das Auto	ein Auto	*carro*
das Buch	ein Buch	*livro*
das Gymnasium	ein Gymnasium	*escola secundária*
das Heft	ein Heft	*caderno*
das Sweatshirt	ein Sweatshirt	*agasalho*
der Bleistift	ein Bleistift	*lápis*
der Computer	ein Computer	*computador*
der Fluss	ein Fluss	*rio*
der Kuli	ein Kuli	*caneta esferográfica*
der Park	ein Park	*parque*
die Bibliothek	eine Bibliothek	*biblioteca*
die Stadt	ein Stadt	*cidade*
die Uhr	eine Uhr	*relógio*
die Wohnung	eine Wohnung	*apartamento*
die Zeitung	eine Zeitung	*jornal*

A resposta à pergunta **Was ist das**? (*O que é aquilo?*) seguirá **Das ist...** e pode ser composta de um substantivo modificado por um artigo definido, artigo indefinido ou pelo adjetivo possessivo **mein**, como mostrado abaixo:

Das ist...	der Park.
	die Zeitung.
	ein Sweatshirt.
	eine Uhr.
	mein Kuli.
	meine Wohnung.

Exercício Oral

Faixa 24

Pratique fazendo essas perguntas e dando as respostas em voz alta.

Ist das ein Buch oder ein Heft?	*Aquilo é um livro ou um caderno?*
Das ist ein Buch.	*Aquilo é um livro.*
Ist das eine Bibliothek oder ein Gymnasium?	*Aquilo é uma biblioteca ou uma escola secundária?*
Das ist eine Bibliothek.	*Aquilo é uma biblioteca.*
Was ist das?	*O que é aquilo?*
Das ist mein Computer.	*Aquilo é meu computador.*
Was ist das?	*O que é aquilo?*
Das ist meine Zeitung.	*Aquilo é meu jornal.*
Was ist das?	*O que é aquilo?*
Das ist ein Fluss.	*Aquilo é um rio.*
Was ist das?	*O que é aquilo?*
Das ist eine Uhr.	*Aquilo é um relógio.*
Ist das eine Wohnung?	*Aquilo é um apartamento?*
Ja, das ist eine Wohnung.	*Sim, aquilo é um apartamento.*
Nein, das ist keine Wohnung. Das ist ein Haus.	*Não, aquilo não é um apartamento. Aquilo é uma casa.*
Ist das ein Bleistift?	*Aquilo é um lápis?*
Ja, das ist ein Bleistift.	*Sim, aquilo é um lápis.*
Nein, das ist kein Bleistift. Das ist ein Kuli.	*Não aquilo não é um lápis. Aquilo é uma caneta esferográfica.*
Ist das eine Stadt?	*Aquilo é uma cidade?*
Ja, das ist eine Stadt.	*Sim, aquilo é uma cidade.*

Perguntas com *Wo*

Wo ist...? (*Onde está...?*) Quando lhe perguntam *onde* alguém ou alguma coisa está, você pode responder com uma cidade ou o nome de um país. Ou pode usar a expressão **weit von hier** (*longe daqui*). A sua forma negativa é **nicht weit von hier** (*não muito longe daqui*). Você pode usar **zu Hause** para dizer que está *em casa*. Na forma negativa você dirá **nicht zu Hause** (*não está em casa*). Por exemplo:

Wo ist Herr Weber?	*Onde está o sr. Weber?*
Herr Weber ist in Deutschland.	*O sr. Weber está na Alemanha.*
Wo ist das Gymnasium?	*Onde é a escola secundária?*
Das Gymnasium ist weit von hier.	*A escola secundária está longe daqui.*
Wo ist der Park?	*Onde é o park?*
Der Park ist nicht weit von hier.	*O parque não é longe daqui.*
Wo ist Frau Bach?	*Onde está a sra. Bach?*
Frau Bach ist zu Hause.	*A sra. Bach está em casa.*

A resposta à pergunta **Wo ist...?** (*Onde está...?*) consiste de uma frase que mostra a localização. Muitas frases como essas começam com a preposição **in.**

Die Frau ist...	in Amerika.
	in London.
	zu Hause.
	nicht zu Hause.
	dort.
Mein Haus ist...	in Berlin.
	hier.
	da.
	weit von hier.
	nicht weit von hier.

Exercício Oral

Faixa 25

Pratique fazendo essas perguntas e dando as respostas em voz alta.

Wo ist der Pilot?	*Onde está o piloto?*
Der Pilot ist in Hannover.	*O piloto está em Hanôver.*
Wo ist die Bibliothek?	*Onde fica a biblioteca?*
Die Bibliothek ist weit von hier.	*A biblioteca é longe daqui.*

Wo ist das Museum?	*Onde fica o museu?*
Das Museum ist nicht weit von hier.	*O museu não é longe daqui.*
Wo ist Professor Kamps?	*Onde está o Professor Kamps?*
Professor Kamps ist zu Hause.	*O Professor Kamps está em casa.*
Ist Frau Kamps zu Hause?	*A sra. Kamps está em casa?*
Ja, Frau Kamps ist zu Hause. Nein, Frau Kamps ist in Berlin.	*Sim, a sra. Kamps está em casa. Não, a sra. Kamps está em Berlim.*
Ist Ihre Tante zu Hause?	*Sua tia está em casa?*
Ja, meine Tante ist zu Hause.	*Sim, minha tia está em casa.*
Nein, meine Tante ist nicht zu Hause. Meine Tante ist in Polen.	*Não, minha tia não está em casa. Minha tia está na Polônia.*

Exercício Escrito 3

Escreva uma pergunta indagando sobre a palavra ou frase entre parênteses. Lembre-se de que **Wer ist das?** é usado ao se referir a pessoas. **Was ist das?** se refere a um objeto e **Wo ist____?** é usado ao se referir a um lugar. Por exemplo:

(mein Vater) Wer ist das? ____________________

(das Haus) Was ist das? ____________________

(Berlin) Wo ist Berlin? ____________________

1. (der Pilot) ____________________________________?
2. (mein Bruder) __________________________________?
3. (die Bibliothek) ________________________________?
4. (Tante Ingrid) __________________________________?
5. (München) _____________________________________?

Adjetivo Possessivo *Ihr*

Até agora você só usou o adjetivo possessivo **mein**. Use o adjetivo possessivo **Ihr** para dizer *seu*. Observe que **Ihr** sempre é escrito com **I** maiúsculo. E, como **eine** e **meine**, **Ihr** tem um terminação **-e** para nomes femininos (**Ihre Mutter**).

Masculino	**Feminino**	**Neutro**
der Sohn	die Schwester	das Heft
ein Sohn	eine Schwester	ein Heft

mein Sohn	meine Schwester	mein Heft
Ihr Sohn	Ihre Schwester	Ihr Heft

Vamos ver algumas frases de exemplo com **Ihr**.

Ist das Ihr Wagen oder mein Wagen?	*Aquele é o seu carro ou meu carro?*
Das ist Ihr Wagen.	*Aquele é o seu carro.*
Ist das Ihre Zeitung oder meine Zeitung?	*Aquele é o seu jornal ou o meu jornal?*
Das ist Ihre Zeitung.	*Aquele é o seu jornal.*
Ist das Ihr Heft oder mein Heft?	*Aquele é o seu cadeno ou o meu caderno?*
Das ist Ihr Heft.	*Aquele é o seu caderno.*

Exercício Oral

Faixa 26

Pratique fazendo essas perguntas e dando as respostas em voz alta.

Wo ist Ihr Vater?	*Onde está seu pai?*
Mein Vater ist zu Hause.	*Meu pai está em casa.*
Wo ist Ihre Schwester?	*Onde está sua irmã?*
Meine Schwester ist in Hamburg.	*Minha irmã está em Hamburgo.*
Wo ist Ihre Großmutter?	*Onde está sua avó?*
Meine Großmutter ist in Rom.	*Minha avó está em Roma.*
Ist Ihr Onkel in Berlin?	*Seu tio está em Berlim?*
Nein, mein Onkel ist nicht in Berlin. Mein Onkel ist in Heidelberg.	*Não, meu tio não está em Berlim. Meu tio está em Heidelberg.*
Ist Ihre Freundin zu Hause?	*Sua namorada está em casa?*
Nein, meine Freundin ist nicht zu Hause. Meine Freundin ist in Amerika.	*Não, minha namorada não está em casa. Minha namorada está na América.*
Ist Ihr Auto hier?	*Seu carro está aqui?*
Nein, mein Auto ist weit von hier.	*Não, meu carro está longe daqui.*

Exercício Escrito 4

Formule a pergunta sobre se alguma coisa ou alguém está aqui com cada uma das palavras em parênteses. Use **Ihr** ou **Ihre** apropriadamente. Por exemplo:

(Haus) *Ist Ihr Haus hier? (Sua casa é aqui?)*

(Lampe) *Ist Ihre Lampe hier? (Sua luminária está aqui?)*

1. (Schwester) ______________________________ ?
2. (Vater) ______________________________ ?
3. (Tante) ______________________________ ?
4. (Wagen) ______________________________ ?
5. (Schule) ______________________________ ?

O Mundo de Fala Alemã

Os três maiores países que usam o alemão como idioma oficial ou um dos idiomas oficiais são:

Deutschland (*Alemanha*) - Österreich (*Áustria*) - die Schweiz (*Suíça*)

Observe que **die Schweiz** é sempre mencionada com o artigo definido. Quando você diz que está na Suíça, o artigo definido muda: **in der Schweiz.** Isto não ocorre em relação à Alemanha e à Áustria: **in Deutschland** e **in Österreich.**

Quando falantes da língua alemã viajam pelos três países de fala alemã, eles se comunicam com pouca dificuldade. Há pronúncias regionais e dialetos locais, mas já que todos aprenderam **Hochdeutsch** (*Alto Alemão*) no sistema educacional, todos dominam a linguagem padrão. Os dialetos são normalmente limitados a uma comunidade ou pequena região.

Se alguém vem da Alemanha, sua nacionalidade é descrita assim:

Der Mann ist Deutscher. — *O homem é alemão.*
Die Frau ist Deutsche. — *A mulher é alemã.*

Se alguém vem da Áustria, você diz:

Mein Onkel ist Österreicher. — *Meu tio é austríaco.*
Meine Tante ist Österreicherin. — *Minha tia é austríaca.*

Se alguém vem da Suíça, você diz:

Der Lehrer ist Schweizer. — *O professor é suíço.*
Die Lehrerin ist Schweizerin. — *A professora é suíça.*

Se alguém vem do Brasil [Brasilien], ele/ela é chamado de **Brasilianischer/ Brasilianischerin**:

Ihr Freund ist Brasilianischer.	*Seu amigo ou namorado é brasileiro?*
Ist Ihre Freundin Brasilianischerin?	*Sua namorada ou amiga é brasileira?*

Exercício Oral

Faixa 27

Pratique fazendo essas perguntas e dando as respostas em voz alta.

Wo ist Ihr Freund?	*Onde está seu amigo?*
Mein Freund ist in der Schweiz.	*Meu amigo está na Suíça.*
Ist Ihr Freund Schweizer?	*Seu amigo é suíço?*
Nein, mein Freund ist kein Schweizer. Mein Freund is Deutscher.	*Não, meu amigo não é suiço. Meu amigo é alemão.*
Wo ist Ihre Lehrerin?	*Onde está sua professora?*
Meine Lehrerin ist in Österreich.	*Minha professora está na Áustria.*
Ist Ihre Lehrerin Österreicherin?	*Sua professora é austríaca?*
Ja, meine Lehrerin ist Österreicherin.	*Sim, minha professora é austríaca.*
Wo ist Ihre Tante?	*Onde está sua tia?*
Meine Tante ist in Bern.	*Minha tia está em Berna.*
Ist Ihre Tante Schweizerin?	*Sua tia é suíça?*
Nein, meine Tante ist keine Schweizerin. Meine Tante ist Deutsche.	*Não, minha tia não é suíça. Minha tia é alemã.*

Exercício Escrito 5

Complete cada frase com uma palavra ou frase apropriada. Por exemplo:

Mein Freund ist *Schweizer.*

1. Ist das ein Museum oder ____________________ ?
2. Wo ist ____________________ ?
3. Der Mann ist mein ____________________ ?
4. ____________________ ist das?
5. Ist die Frau Ihre Mutter oder ____________________ ?

6. Die Dame ist eine ______________________________ .

7. Mein Bruder ist in ______________________________ .

8. ______________________________ ist nicht weit von hier.

9. ______________________________ heiβt Professor Schmidt.

10. Ist das Ihre ______________________________ ?

TESTE RÁPIDO

Escreva cada nome com **ein**, **mein** e **Ihr**. Por exemplo:

das Haus	*ein Haus*	*mein Haus*	*Ihr Haus*
1. der Wagen	________	________	________
2. die Schule	________	________	________
3. das Heft	________	________	________

Escreva duas respostas para cada pergunta, uma com **ja** e a outra com **nein** e **nicht** ou **nein** e **kein**. Por exemplo:

Ist der Mann Deutscher?

Ja, der Mann ist Deutscher.

Nein, der Mann ist kein Deutscher.

4. Ist die Lahrerin in Berlin?

____

____

5. Ist Ihr Vater Amerikaner?

____

____

Usando **wer**, **was**, **wie** ou **wo**, escreva uma pergunta sobre a palavra ou frase em negrito, em cada uma das frases. Por exemplo:

Der Mann heiβt **Helmut**.

Wie Heiβt der Mann?

6. Meine Tante ist in der Schweiz.

____

7. Das ist der Bleistift.

____

8. **Meine Freundin** ist in Deutschland.

____

Circule a letra da palavra ou frase que melhor completa cada frase.

9. **Der ________________ ist mein Freund.**

A. Dame
B. Lehrerin
C. Mädchen
D. Junge

10. **Herr Keller ist ____________.**

A. Österreicher
B. Schule
C. wer
D. kein

capítulo 4

Descrevendo Pessoas e Coisas

Neste capítulo você aprenderá a conjugar os verbos ***sein*** e **heißen**. Além disso, descobrirá o uso dos pronomes alemães e alguns adjetivos úteis. Haverá mais informações para formular perguntas e os primeiros números cardinais serão apresentados.

OBJETIVOS DO CAPÍTULO

Neste capítulo você aprenderá:

- Verbo *Sein*
- Pronomes
- Verbo *Heiβen*
- Alguns adjetivos úteis
- Perguntas com *Wann* e *Warum*
- *Wie geht's?*
- Números Cardinais de Um a Dez

Verbo *Sein*

Um infinitivo é a forma não conjugada de um verbo que expressa a ação do verbo, mas não indica a pessoa (primeira, segunda ou terceira) ou o número (singular ou plural) que realiza a ação. O infinitivo para **sein**, em português, é *ser* ou *estar.*

No Capítulo 2, você conheceu a conjugação na terceira pessoa singular (**ist**) do infinitivo **sein** (*ser* ou *estar*).

Was ist das? *O que é aquilo?* Das ist mein Buch. *Aquele é meu livro.*

Mas, como em português, o alemão tem outras conjugações desse verbo. Em português elas são:

	Singular	**Plural**
Primeira pessoa	Eu sou/estou	Nós somos/estamos
Segunda pessoa	Tu és/estás	Vós sois/estais
Terceira pessoa	Ele/ela é/está	Eles/elas são/estão

Pronomes

Os pronomes alemães caem nas categorias singular e plural, como em português, e de modo semelhante são distintos por serem pronomes da primeira, segunda e terceira pessoa. Vamos ver a conjugação de **sein**, para ver o que acontece com esse verbo quando conjugado com os vários pronomes.

Conjugação do verbo **sein** no tempo presente:

	Singular		**Plural**	
1ª pessoa	ich bin	Eu sou/estou	wir sind	Nós somos/estamos
2ª pessoa	du bist	Tu és/estás (masculino)	ihr seid	Vós sois/estais
	Sie sind	Tu és/estás (feminino)	Sie Sind	Vós sois/estais
3ª pessoa	er ist	Ele é/está	sie sind	Eles são/estão
	sie ist	Ela é/está		Elas são/estão
	es ist	(A coisa) é/está		(As coisas) são/estão

Depois de ver este quadro, sem dúvida você está ciente do uso frequente do pronome *você*. Há muito tempo, o português incluía ***tu*** e ***vossa mercê*** entre as palavras que significam **você**. Hoje, as pessoas de fala portuguesa usam somente o pronome **você**, com exceção de algumas regiões que ainda conservam o **tu** e **vós**, nas formas singular e plural ou, se necessário, num uso mais formal. No alemão é diferente.

O alemão faz distinção entre as pessoas que merecem um relacionamento mais formal (estrangeiros, seu chefe, o funcionário de uma loja, um policial e assim por diante), e as pessoas com quem você tem um relacionamento mais informal (filhos, familiares, amigos).

Quando você fala com mais formalidade com uma pessoa ou um grupo de pessoas, você usa o pronome **Sie**. Por exemplo, ao perguntar o nome de um estrangeiro, você diz:

Wie heiβen Sie? *Qual é o seu nome?* ou *Qual é o nome do senhor?*

Quando você está falando com dois ou mais estrangeiros, você pergunta:

Wie heiβen Sie? *Quais são os seus nomes?*

Não há diferença entre o singular e o plural para **Sie** em alemão.

Mas quando você fala com os filhos, familiares ou amigos, use o pronome **du**. **Du** é singular. Você a usa quando fala com uma pessoa:

Wie heiβt du? *Qual é o seu nome?*

O plural de **du** é **ihr.** Use este pronome quando falar informalmente a duas ou mais pessoas.

Wie heiβt ihr? *Quais são os seus nomes?*

Vejamos alguns exemplos de perguntas e respostas usando **sein** conjugado com as três formas do pronome *você.*

Sind Sie zu Hause? *Você está em casa?*
Ja, ich bin zu Hause. *Sim, eu estou em casa.*

ou

Ja, wir sind zu Hause. *Sim, nós estamos em casa.*
Bist du in Berlin? *Você está em Berlim?*
Nein, ich bin nicht in Berlin. *Não, eu não estou em Berlim.*
Seid ihr in der Schweiz? *Vocês estão na Suíça?*
Ja, wir sind in der Schweiz. *Sim, nós estamos na Suíça.*

Exercício Oral

Faixa 28

Pratique dizendo a seguinte lista de frases em voz alta:

Ich bin Amerikaner *Sou americano.*
Ich bin Amerikanerin. *Sou americana.*
Bist du Deutscher? *Você é alemão?*

Sind Sie Deutsche?	*Você é alemã?*
Wo seid ihr?	*Onde vocês estão?*
Wir sind in Deutschland.	*Estamos na Alemanha.*
Sie sind nicht weit von hier.	*Eles não estão longe daqui.*
Wo ist Ihr Vater?	*Onde esta seu pai?*
Er ist in Hamburg.	*Ele está em Hamburgo.*
Wo ist Ihre Freundin?	*Onde está sua namorada?*
Sie ist in Österreich.	*Ela está na Áustria.*
Wo ist Ihr Heft?	*Onde está seu caderno?*
Es ist zu Hause.	*Ele está em casa.*

Exercício Escrito 1

Dê as formas conjugadas do verbo **sein** com os pronomes e nomes abaixo:

1. ich ____________________
2. sie (*eles*) ____________________
3. du ____________________
4. sie (*ela*) ____________________
5. ihr ____________________
6. Ihr Bruder ____________________
7. die Studentin ____________________
8. er ____________________
9. es ____________________
10. wir ____________________

Verbo Heiβen

Vamos ver a conjugação do verbo *heiβen* no tempo presente. Conforme discutido no capítulo 2, este verbo é usado para dizer qual o nome de uma pessoa. Literalmente significa *ser chamado de*, mas é mais frequentemente traduzido como *o próprio nome*. Por exemplo:

Faixa 29

Ich heiβe Martin.	*Meu nome é Martin.*
ich heiβe	wir heiβen
du heiβt	ihr heiβt

Sie heiβen	Sie heiβen
er, sie, es heiβt	sie heiβen

Observe que o pronome **er**, **sie** e **es** são usados como as contrapartidas *ele*, *ela* e "*a coisa*" para se referir, respectivamente, a uma pessoa masculina, feminina e a um objeto inanimado. Em alemão você também usa **er** com todos os nomes masculinos, **sie** com todos os nomes femininos e **es** com todos os nomes neutros. Por exemplo:

Ist der Wagen neu?	*O carro* (masculino) *é novo?*
Ja, **er** ist neu.	*Sim,* ***ele*** *é novo.*
Ist die Lampe neu?	*A lâmpada* (feminino) *é nova?*
Ja, **sie** ist neu.	*Sim,* ***ela*** *é nova.*
Ist das Kind krank?	*A criança* (neutro) *está doente?*
Ja, **es** ist krank.	*Sim,* ***ele/ela*** *está doente.*

O plural de **er**, **sie** e **es** é **sie** (*eles*). Talvez pareça confuso no início, que **sie** (*ela*, *a coisa*) e **sie** (*eles*) pareçam idênticos. Mas os alemães não têm problemas para distinguir esses dois pronomes. Um é singular e o outro é plural, assim, as conjugações do verbo são diferentes, tornando claro qual pronome está sendo usado.

Além disso, há o pronome **Sie** (*você* formal, singular ou plural). Novamente, não há confusão ao usar este pronome, porque o contexto de uma conversação ou um texto diz como ele está sendo usado.

Exercício Oral

Pratique dizendo em voz alta a seguinte lista de frases:

Ist sie eine Freundin?	*Ela é uma amiga?*
Sind sie in der Schweiz?	*Eles estão na Suíça?*
Sind Sie Deutscher, Herr Bauer?	*Você é alemão, sr. Bauer?*
Sie ist zu Hause.	*Ela está em casa.*
Sie sind in Heidelberg.	*Eles estão em Heidelberg.*
Sie sind der Professor.	*Você é o professor.*
Die Vase? Wo ist sie?	*O vaso? Onde ele está?*
Der Kuli? Wo ist er?	*A esferográfica? Onde ela está?*
Das Buch? Wo ist es?	*O livro? Onde ele está?*

Para evitar qualquer possibilidade de confusão neste livro, o pronome **sie** será identificado também como **sie** s. (singular = *ela*; *a coisa*) ou **sie** pl. (plural = *eles*) sempre que necessário. O pronome **Sie** (*você*) sempre inicia com letra maiúscula e é, portanto, facilmente identificável.

Lembre-se, se você usa um nome singular como sujeito do verbo **sein**, use a forma de conjugação **ist**: **mein Vater ist**, **das Mädchen ist** e assim por diante.

Exercício Escrito 2

Mude as frases em negrito abaixo com os pronomes apropriados: **er**, **sie** *s.*, **es**, ou **sie** *pl.* Por exemplo:

Der Mann *ist mein Freund.* *Er ist mein Freund.*

1. **Mein Wagen** ist hier. ________________.
2. Ist **die Wohnung** da? ________________?
3. **Das Haus** ist weit von hier. ________________.
4. Wo ist **Ihr Kind**? ________________?
5. **Thomas und Karl** sind zu Hause. ________________.
6. Wo ist **meine Mutter**? ________________?

Substitua as palavras pelo pronome apropriado usando **er, sie** *s.*, **es** ou **sie** *pl.*

7. Ihre Tante ________________
8. Ihr Haus ________________
9. mein Bleistift ________________
10. mein Sohn ________________
11. ein Onkel ________________
12. eine Vase ________________
13. ein Mädchen ________________
14. das Wetter ________________
15. Martin und Tanja ________________

Alguns Adjetivos Úteis

Faixa 30

Agora que você aprendeu a conjugar o verbo **sein**, é tempo de acrescentar alguns adjetivos a seu vocabulário. Os adjetivos modificam ou descrevem nomes e são úteis por dizerem como alguém ou alguma coisa se parece. Seguem alguns exemplos:

alt	*velho*	krank	*doente*
gesund	*saudável*	kurz	*curto*
glücklich	*feliz*	lang	*longo*
groβ	*grande, amplo*	neu	*novo*

gut	*bom*	rot	*vermelho*
interessant	*interessante*	schlecht	*ruim*
jung	*jovem*	schwarz	*negro*
klein	*pequeno*	weiβ	*branco*

Ao usar palavras como essas como adjetivos predicados (adjetivos que acompanham o verbo) em alemão, coloque o adjetivo no final da frase. Por exemplo:

Ist Ihr Haus groβ?	*Sua casa é grande?*
Nein, meine Haus ist klein.	*Não, minha casa é pequena.*
Ist der Bleistift kurz oder lang?	*O lápis é curto ou longo?*
Der Bleistift ist kurz.	*O lápis é curto.*

A regra é a mesma quando os adjetivos descrevem pronomes.

Ich bin alt.	*Eu sou velho.*
Du bist jung.	*Você é jovem.*
Er ist krank.	*Ele está doente.*
Sie ist interessant.	*Ela é interessante.*
Es ist neu.	*Ele* (objeto) *é novo.*
Wir sind glücklich.	*Nós somos felizes.*
Ihr seid gesund.	*Você é saudável.*
Sie Sind schön.	*Eles/elas são bonitos/as.*

Exercício Oral

Faixa 31

Pratique dizendo em voz alta a seguinte lista de frases:

Der Lehrer ist gut.	*O instrutor é bom.*
Die Professorin ist interessant.	*A professora é interessante.*
Meine Groβmutter ist alt.	*Minha avó é velha.*
Mein Wagen ist rot.	*Meu carro é vermelho.*
Ist Ihr Haus weiβ?	*Sua casa é branca?*
Sind sie jung?	*Eles são jovens?*
Das Wetter ist schlecht.	*O clima está ruim.*
Der Kuli ist neu.	*A esferográfica é nova.*
Ist das Museum alt?	*O museu é velho?*
Ich bin jung.	*Eu sou jovem.*
Du bist klein, Felix.	*Você é pequeno, Felix.*

Exercício Escrito 3

Reescreva as frases com os adjetivos dados em parênteses.

1. Ist Ihr Vater alt?

   (jung) ____?

   (krank) ____?

   (gesund) ____?

2. Das Buch ist alt.

   (interessant) ____.

   (neu) ____.

   (schwarz) ____.

3. Wir sind alt.

   (klein) ____.

   (groβ) ____.

   (krank) ____.

Exercício Escrito 4

Reescreva as frases preenchendo o primeiro espaço com as palavras entre parênteses e o segundo espaço com seus opostos. Por exemplo:

(alt) Ist er ____*alt*____ oder ____*jung*____?

1. (neu) Ist das Haus ____________ oder ____________?
2. (krank) Ist sie ____________ oder ____________?
3. (schlecht) Ist das Wetter ____________ oder ____________?
4. (kurz) Ist mein Bleistift ____________ oder ____________?
5. (jung) Sind Karl und Max ____________ oder ____________?
6. (groβ) Ist das Museum ____________ oder ____________?
7. (weiβ) Ist Ihr Haus ____________ oder ____________?
8. (gesund) Ist meine Schwester ____________ oder ____________?
9. (lang) Ist der Kuli ____________ oder ____________?
10. (klein) Ist das Kind ____________ oder ____________?

Perguntas com *Wann* e *Warum*

Você aprendeu como formular perguntas com **wer**, **was**, **wie** e **wo**. Outras duas expressões interrogativas úteis são **wann** (*quando*) e **warum** (*por que*). Elas funcionam da mesma forma que as outras expressões interrogativas: uma pergunta começa com a expressão interrogativa e é seguida pelo verbo.

Wer ist das?	***Quem é*** *aquele?*
Was ist das?	***O que é*** *aquilo?*
Wie geht's?	***Como vai*** *você?*
Wo sind Gudrun und Sonja?	***Onde estão*** *Gudrun e Sonja?*
Wann ist die Party?	***Quando é*** *a festa?*
Warum bist du zu Hause?	***Por que*** *você* ***está*** *em casa?*

A resposta a uma pergunta que começa com **wann** será um momento no tempo.

heute	*hoje*	nächste Woche	*próxima semana*
morgen	*amanhã*	am Montag	*na segunda-feira*

Exercício Oral

Pratique dizendo em voz alta a seguinte lista de frases:

Wann ist die Party?	*Quando é a festa?*
Die Party ist heute.	*A festa é hoje.*
Die Party ist morgen.	*A festa é amanhã.*
Die Party ist nächste Woche.	*A festa é na próxima semana.*
Die Party ist am Montag.	*A festa é na 2ªfeira.*
Wann ist das Examen?	*Quando é o exame?*
Das Examen ist heute.	*O exame é hoje.*
Das Examen ist morgen.	*O exame é amanhã.*
Das Examen ist nächste Woche.	*O exame é na próxima semana.*
Das Examen ist am Montag.	*O exame é na segunda-feira.*

A resposta a uma pergunta que começa com **warum** dará uma razão para uma ação e começará com a conjunção **denn** (*porque*). Por exemplo:

Warum ist Erik zu Hause?	*Por que Erik está em casa?*
Erik ist zu Hause, **denn** er ist krank.	*Erik está em casa porque está doente.*

Exercício Escrito 5

Mude cada frase para formular uma pergunta. Use a palavra ou frase em negrito como guia para saber qual expressão interrogativa usar (**wann**, **warum** ou **wer**). Por exemplo:

Mein Professor ist in Mannheim.

Wer ist in Mannheim?

1. Das Examen ist **nächste Woche**.

   ______________________________?

2. **Meine Tochter** ist in der Schweiz.

   ______________________________?

3. Die Party ist **morgen**.

   ______________________________?

4. Thomas und Helga sind in Bonn, **denn sie sind krank**.

   ______________________________?

5. Mein Groβvater ist zu Hause, **denn er ist alt**.

   ______________________________?

6. **Ich** bin morgen in Deutschland.

   ______________________________?

7. Wir sind **am Montag** in Leipzig.

   ______________________________?

8. **Ihr** seid gesund.

   ______________________________?

9. Das Examen ist **heute**.

   ______________________________?

10. Das Kind ist zu Hause, **denn es ist sehr klein**.

    ______________________________?

Exercício Oral

Faixa 32

Pratique dizendo em voz alta a seguinte lista de frases:

Warum ist Iris zu Hause?	*Por que Iris está em casa?*
Iris ist zu Hause, denn sie ist krank.	*Iris está em casa porque está doente.*
Warum bist du zu Hause?	*Por que você está em casa?*
Ich bin zu Hause, denn ich bin krank.	*Eu estou em casa porque estou doente.*
Warum ist er zu Hause?	*Por que ele está em casa?*
Er ist zu Hause, denn er ist krank.	*Ele está em casa, porque está doente.*
Warum ist das Mädchen zu Hause?	*Por que a garota está em casa?*
Das Mädchen ist zu Hause, denn es ist krank.	*A garota está em casa porque está doente.*
Warum sind wir zu Hause?	*Por que estamos em casa?*
Ihr seid zu Hause, denn ihr seid krank.	*Vocês estão em casa porque estão doentes.*
Thomas! Erik! Warum seid ihr zu House?	*Thomas! Erik! Por que vocês estão em casa?*
Wir sind zu Hause, denn wir sind krank.	*Nós estamos em casa porque estamos doentes.*
Warum sind Sie zu Hause, Herr Brenner?	*Por que você está em casa, sr. Brenner?*
Ich bin zu Hause, denn ich bin krank.	*Eu estou em casa porque estou doente.*

Exercício Escrito 6

Escreva uma resposta para cada questão, usando a informação dada entre parênteses. Por exemplo:

(sein krank) Warum ist Martin zu Hause?

Martin ist zu Hause, denn er ist krank.

1. (sein krank) Warum sind Tanja und Maria in Berlin?

____.

2. (nächste Woche) Wann ist das Examen?

____.

3. (sein krank) Warum bist du zu Hause, Erik?

____.

4. (am Montag) Wann ist das Konzert?

____.

Wie geht's?

A expressão **Wie geht's** contém uma contração. O verbo **geht** é seguido por um apóstrofo e a letra **s**. Esse apóstrofo e o **s** são a contração do pronome **es**. Em sua forma completa você diria: **Wie geht es?**

Uma resposta a esta pergunta poderia ser: **Gut, danke**. Mas, se você não está se sentindo bem, você pode dizer: **Schlecht** (*mal*). E você pergunta: **Und Ihnen?** (*E você?*) para perguntar sobre a saúde de alguém. Numa conversação entre duas pessoas, as frases podem se parecer com essas:

Faixa 33

Guten Abend, Herr Meier.	*Boa noite, sr. Meier.*
Guten Abend, Frau Keller. Wie geht's?	*Boa noite, sra. Keller. Como vai?*
Gut, danke. Und Ihnen?	*Bem, obrigada. E você?*
Sehr gut, danke.	*Muito bem, obrigado.*

Ou a conversa poderia parecer com essa:

Guten Morgen, Frau Benz.	*Bom dia, sra. Benz.*
Guten Morgen, Professor Braun. Wie geht's?	*Bom dia, Professor Braun. Como vai?*
Schlecht. Und Ihnen?	*Mal. E você?*
Sehr gut. Danke	*Muito bem. Obrigada.*

Exercício Oral

Pratique dizendo em voz alta a seguinte lista de frases:

Guten Tag, Herr Bauer. Wie geht's?	*Alô, sr. Bauer. Como vai?*
Sehr schlecht.	*Muito mal.*
Nicht schlecht.	*Não muito mal.*
Nicht gut. Und Ihnen?	*Não muito bem. E você?*
Sehr gut. Und Ihnen?	*Muito bem. E você?*

Números Cardinais de Um a Dez

Os números cardinais expressam o valor numérico de um número: um, dois, dez, cem e assim por diante. Em alemão, os dez primeiros números cardinais, incluindo o zero, são:

null	*zero*	sechs	*seis*
eins	*um*	sieben	*sete*
zwei	*dois*	acht	*oito*
drei	*três*	neun	*nove*
vier	*quatro*	zehn	*dez*
fünf	*cinco*		

Nas equações matemáticas, use as seguintes palavras:

+	plus *ou* und	*mais; e*
-	minus *ou* weniger	*menos*
=	ist	*igual a*
?	wie viel	*quanto*

Nas frases eles se parecem assim:

Wie viel ist zwei plus drei?	*Quanto é dois mais três?*
Zwei plus drei ist fünf.	*Dois mais três é igual a cinco.*
Wie viel ist acht und eins?	*Quanto é oito e um?*
Acht und eins ist neun.	*Oito e um é igual a nove.*
Wie viel ist zehn minus vier?	*Quanto é dez menos quatro?*
Zehn minus vier ist sechs.	*Dez menos quatro é igual a seis.*
Wie viel ist sieben weniger fünf?	*Quanto é sete menos cinco?*
Sieben weniger fünf ist zwei.	*Sete menos cinco é igual a dois.*

Exercício Oral

Faixa 34

Pratique dizendo em voz alta a seguinte lista de frases:

Drei plus eins ist vier.	*Três mais um é igual a quatro.*
Acht und zwei ist zehn.	*Oito e dois é igual a dez.*
Neun minus neun ist null.	*Nove menos nove é igual a zero.*
Sechs weniger fünf ist eins.	*Seis menos cinco é igual a um.*
Wie viel ist drei und sieben?	*Quanto é três e sete?*

Agora substitua as seguintes equações por palavras, dizendo-as em voz alta. A versão correta é mostrada à direita.

8 – 7 = 1	Acht weniger (minus) sieben ist eins.
3 + 3 = ?	Wie viel ist drei plus (und) drei?
9 – 5 = 4	Neun weniger (minus) fünf ist vier.
10 + 0 = ?	Wie viel ist zehn plus (und) null?
6 + 1 = 7	Sechs plus (und) eins ist sieben.
4 + 2 = ?	Wie viel ist vier plus (und) zwei?

Exercício Escrito 7

Substitua as seguintes equações por palavras.

1. 4 + 5 = 9 ______________________________ .
2. 8 – 6 = ? ______________________________ ?
3. 10 – 3 = 7 ______________________________ .

TESTE RÁPIDO

Escreva a forma apropriada de **heißen** e **sein** para os sujeitos dados. Por exemplo:

Sie *heißen* *sind*

1. **ich** ____________ ____________
2. **du** ____________ ____________
3. **er** ____________ ____________
4. **wir** ____________ ____________
5. **ihr** ____________ ____________

Nos espaços abaixo, substitua os nomes dados pelos pronomes **er**, **sie** s. ou **es**. Por exemplo:

der Mann *er*

6. **die Schule** ____________

7. **das Mädchen** ____________

8. **der Lehrer** ____________

Circule a letra da palavra ou frase que melhor completa cada sentença.

9. **Warum ____________ Sie heute zu Hause?**

   A. sein

   B. seid

   C. ist

   D. sind.

10. **____________ist die nächste Party?**

    A. Wer.

    B. Denn

    C. Wann

    D. Sehr

capítulo 5

Indicando Posse

Neste capítulo você aprenderá a usar o verbo **haben**, assim como o artigo definido feminino. Além disso, os adjetivos possessivos serão apresentados junto com a negação por meio da palavra **kein**.

OBJETIVOS DO CAPÍTULO

Neste capítulo você aprenderá:

- Verbo *Haben*
- O Artigo Definido *Die*
- Os Adjetivos Possessivos *Dein* e *Euer*
- *Kein*
- Objetos e Utilidades Domésticas

Verbo *Haben*

Outro importante verbo em alemão é o **haben** (*ter*). E, como **sein** e **heißen**, **haben** requer terminações especiais de conjugação com os vários pronomes. Vamos ver como se parecem essas terminações.

A conjugação de **haben** no tempo presente:

ich habe	*eu tenho*	wir haben	*nós temos*
du hast	*tu tens*	ihr habt	*vós tendes*
Sie haben	*você tem*	Sie haben	*vocês têm*
er hat	*ele tem*	sie haben	*eles têm*
sie hat	*ela tem*		
es hat	(a coisa) *tem*		
wer hat	*quem tem?*		
der Mann hat	*o homem tem*		

Exercício Escrito 1

Conjugue o verbo **haben** com os nomes e pronomes dados abaixo:

1. Tina und Benno ____________________
2. sie *s.* ____________________
3. sie *pl.* ____________________
4. ihr ____________________
5. meine Tochter ____________________
6. du ____________________
7. die Fahrkarten ____________________
8. Sie ____________________
9. es ____________________
10. mein Schreibtisch ____________________

Para usar **haben**, deve-se *possuir* alguma coisa. Aqui estão algumas palavras comuns que uma pessoa pode ter:

das Bier	*cerveja*	die CD	*CD*
das Brot	*pão*	die CDs	*CDs*
das Geld	*dinheiro*	die Fahrkarten	*bilhetes* (passagens)

der Fahrplan	*horário, itinerário*	die Milch	*leite*
die Bluse	*blusa*	die Schlüssel	*chaves*

Em frases com **haben**, esses nomes podem se parecer assim:

Haben Sie das Brot?	*Você tem pão?*
Thomas hat das Geld.	*Thomas tem o dinheiro.*
Wir haben eine CD.	*Nós temos um CD.*
Wer hat meine Schlüssel?	*Quem tem minhas chaves?*

Artigo Definido *Die*

Você observará na lista anterior de nomes que as palavras no plural (**die Cds, die Fahrkarten** e **die Schlüssel**) são usadas com o artigo definido **die**. Porém, essas palavras podem não ser nomes femininos. Elas são plural e todos os nomes plurais usam o artigo definido **die** – independente do seu gênero no singular.

Exercício Oral

Faixa 35

Pratique dizendo em voz alta a seguinte lista de frases:

Hast tu das Geld?	*Você tem o dinheiro?*
Ja, ich habe das Geld.	*Sim, eu tenho o dinheiro.*
Habt ihr die Fahrkarten?	*Vocês têm os bilhetes?*
Ja, wir haben die Fahrkarten.	*Sim, nós temos os bilhetes.*
Wer hat das Bier?	*Quem tem a cerveja?*
Mein Vater hat das Bier.	*Meu pai tem a cerveja.*
Sie hat meine Bluse.	*Ela tem minha blusa.*
Haben Sie die Milch?	*Você tem o leite?*
Robert hat den Fahrplan.	*Robert tem o itinerário.*

Você percebeu que **der Fahrplan** mudou para ***den* Fahrplan** na frase de exemplo? Isto ocorre com todos os nomes masculinos quando são usados como objetos diretos, neste caso acompanhando o verbo **haben**. Isto será explicado completamente no Capítulo 8.

Naturalmente, o verbo **haben** pode ser usado com outros nomes que você aprendeu anteriormente e eles podem ser usados com artigos definidos, artigos indefinidos, **mein** ou **Ihr**.

Exercício Escrito 2

Reescreva cada frase, substituindo os nomes pelos que estão entre parênteses.

1. Hast du die Bluse?

   (die CDs)______________________________?

   (das Geld) ______________________________?

   (ein Heft)______________________________?

2. Ich habe die Bluse.

   (die Fahrkarten) ______________________________.

   (der Fahrplan)______________________________.

   (das Brot)______________________________.

Exercício Oral

Pratique dizendo em voz alta a seguinte lista de frases:

Wer hat meine CDs?	*Quem tem meus CDs?*
Haben Sie Ihre Fahrkarten?	*Você tem seus bilhetes?*
Tina hat eine Zeitung.	*Tina tem um jornal.*
Wir haben ein Haus in Berlin.	*Nós temos uma casa em Berlim.*
Was hat das Kind?	*O que a criança tem?*
Es hat ein Sweatshirt.	*Ele/ela (a criança) tem um suéter.*
Herr Benz, Ich habe Ihr Buch.	*Sr. Benz, eu tenho seu livro.*

Exercício Escrito 3

Pergunte à pessoa apresentada entre parênteses o que elas têm. **Was haben Sie?** é usado se o relacionamento for formal. Use **Was hast du?** se for informal no singular. E se o relacionamento for no plural e informal, use **Was habt ihr?**

1. (Tante Gerda) ______________________________?
2. (Bruder) ______________________________?
3. (Vater und Mutter) ______________________________?
4. (Professor Keller) ______________________________?

5. (eine Freundin)____ ?

6. (Frau Schneider)____ ?

Pronomes Possessivos *Dein* e *Euer*

Você já sabe bem que, no alemão, há três formas de você: **du**, **ihr** e **Sie**. No alemão também há três formas do pronome possessivo *seu*. Até agora, você só usou o **Ihr**, que é o "*seu*" formal e se refere ao pronome **Sie** (o *você* formal). Os pronomes **du** e **ihr** têm seus próprios pronomes possessivos.

Pronome (*você*)	**Masculino e Neutro**	**Feminino e Plural**
du	dein	deine
ihr	euer	eure
Sie	Ihr	Ihre

Assim como você deve saber que pronome usar (**du**, **ihr** ou **Sie**), você também deve saber que adjetivo possessivo usar (**dein**, **euer** ou **Ihr**), dependendo do relacionamento que você tem com a pessoa: formal ou informal. Por exemplo:

Formal
Herr Bauer, haben Sie Ihre Fahrkarten? *Sr. Bauer, você tem seus bilhetes?*

Informal-singular
Tanja, hast du dein Heft? *Tanja, você tem seu caderno?*

Informal-plural
Robert und Tina, habt ihr eure Schlüssel? *Robert e Tina, vocês têm suas chaves?*

Exercício Escrito 4

Usando os nomes das pessoas em parênteses, pergunte se essa é sua mesa. Use **dein**, **eure** ou **Ihr**. Por exemplo:

(Herr Bauer) *Herr Bauer, ist das Ihr Schreibtisch?*

1. (Doktor Keller) ____ ?
2. (Tanja)____ ?
3. (Tante Gerda) ____ ?
4. (Albert und Tina) ____ ?
5. (Frau Schäfer) ____ ?

Exercício Oral

Faixa 36

Pratique dizendo em voz alta a seguinte lista de frases:

Hast du dein Sweatshirt?	*Você tem seu suéter?*
Ja, ich habe mein Sweatshirt.	*Sim, eu tenho meu suéter.*
Haben Sie Ihr Buch?	*Você tem seu livro?*
Ja, ich habe mein Buch.	*Sim, eu tenho meu livro.*
Habt ihr eure Fahrkarten?	*Você tem seus bilhetes?*
Nein, Thomas hat die Fahrkarten.	*Não, Thomas tem os bilhetes.*
Wer hat einen Fahrplan?	*Quem tem um itinerário?*
Er hat einen Fahrplan.	*Ele tem um itinerário.*
Wir haben einen Fahrplan.	*Nós temos um itinerário.*
Wer hat eine CD?	*Quem tem um CD?*
Sie hat eine CD.	*Ela tem um CD.*
Sie haben eine CD.	*Eles têm um CD.*

Como você provavelmente observou nas frases anteriores, do mesmo modo que **der Fahrplan** muda para ***den*** **Fahrplan** quando segue **haben**, **ein Fahrplan** muda para **ein*en* Fahrplan.**

Exercício Escrito 5

Dê as formas adequadas de **dein**, **euer** e **Ihr** para os nomes dados. Por exemplo:

Lehrer	dein	euer	Ihr
1. der Tisch	__________	__________	__________
2. die Treppe	__________	__________	__________
3. das Sofa	__________	__________	__________
4. die CDs	__________	__________	__________
5. der Fahrplan	__________	__________	__________

Quando você quer saber *quantos* (*nomes contáveis* ou *incontáveis*) de alguma coisa que alguém tem, você pergunta **wie viel**. É a mesma expressão usada numa equação matemática: ***Wie viel*** **ist zwei plus sieben?** Vamos ver como **wie viel** é usado em frases com o verbo **haben**.

Wie viel Fahrkarten haben Sie?	*Quantos bilhetes você tem?*
Ich habe vier Fahrkarten.	*Eu tenho quatro bilhetes.*

Wie viel CDs hat Marianne? *Quantos CDs Marianne tem?*
Marianne hat zehn CdDs. *Marianne tem dez CDs.*

Você precisa saber que, com o infinitivo em português *ter*, é mais comum formar a pergunta assim: *Você tem seus bilhetes? Quantos livros ele tem?* O alemão formula essas questões com o verbo precedendo o sujeito: ***Haben Sie* Ihre Fahrkarten? Wie viel CDs *hat er*?** Em alemão, o equivalente a um verbo auxiliar nunca é adicionado à pergunta.

É comum usar **wie viele** com nomes no plural. Mas **wie viel** também está correto. Assim, esta forma pode ser usada com nomes tanto no singular quanto no plural.

Wie viele Fahrkarten (plural) *Quantos bilhetes?*
Wie viel Fahrkarten (plural) *Quantos bilhetes?*
Wie viel Geld (singular) *Quanto dinheiro?*

Exercício Oral

Faixa 37

Pratique dizendo em voz alta a seguinte lista de frases:

Wie viel(e) Schlüssel haben Sie? *Quantas chaves você tem?*
Ich habe vier Schlüssel. *Eu tenho quatro chaves.*
Wie viel Geld hat dein Bruder? *Quanto dinheiro seu irmão tem?*
Wie viel(e) Fahrkarten habt ihr? *Quantos bilhetes vocês têm?*
Wir haben drei Fahrkarten. *Nós temos três bilhetes.*
Wie Viel(e) CDs haben wir? *Quantos CDs nós temos?*
Ihr habt neun CDs. *Vocês têm nove CDs.*
Wie viel Brot hat eure Mutter? *Quanto pão sua mãe tem?*
Wie viel Milch hat dein Sohn? *Quanto leite seu filho tem?*
Wie viel Bier hast du? *Quanta cerveja você tem?*

Você pode usar a palavra **viel(e)** sozinha. Significa *muito* (*nomes incontáveis* ou *contáveis*) e responde à pergunta **wie viel.** Use **viel** com nomes no singular e use **viele** com nomes no plural. Por exemplo:

Ich habe viel Geld. *Eu tenho muito dinheiro.*
Sie hat viele CDs. *Ela tem muitos CDs.*

Exercício Escrito 6

Com cada palavra dada entre parênteses, escreva uma pergunta com **wie viel(e)** e uma resposta com **viel(e)**. Siga o padrão do exemplo.

(Brot) Wie viel Brot habt ihr? *Quanto pão você tem?*

Wir haben viel Brot. Temos muito pão.

1. (Milch) ____?

   ____.

2. (CDs) ____?

   ____.

3. (Geld) ____?

   ____.

4. (Fahrkarten) ____?

   ____.

5. (Schlüssel) ____?

   ____.

Kein

Esta é uma palavra que você encontrou no Capítulo 3 que significa *nenhum*, *nem um* ou *nada:* **kein Brot** (*nenhum pão*), **keine Fahrkarten** (*nenhum bilhete*). Ela funciona como **mein** ou **dein** e é uma substituição para **nicht ein** (*nem um*). Mas, diferente de **ein**, **kein** pode ser usada no plural (**keine Schlüssel** – *nenhuma chave*). Como **nicht**, ela é negativa.

Masculino e Neutro	**Feminino e Plural**
dein	deine
mein	meine
kein	keine

Em frases, **kein** se parece com:

Hast du ein Auto?	*Você tem um carro?*
Nein, ich habe kein Auto.	*Não, eu não tenho carro. (Não, eu não tenho nenhum carro)*
Hat Benno eine Schwester?	*Benno tem uma irmã?*
Nein, er hat keine Schwester.	*Não, ele não tem nenhuma irmã.*

Exercício Oral

Pratique dizendo em voz alta a lista de sentenças abaixo:

Habt ihr Geld?	*Vocês têm dinheiro?*
Nein, wir haben kein Geld.	*Não, nós não temos dinheiro.*
Hast du viel Brot?	*Você tem muito pão?*
Nein, ich habe kein Brot.	*Não, não tenho pão algum.*
Haben Sie viele Schlüssel?	*Você tem muitas chaves?*
Nein, ich habe keine Schlüssel.	*Não, não tenho chave alguma.*
Hat dein Bruder viele Fahrkarten?	*Seu irmão tem muitos bilhetes?*
Nein, mein Bruder hat keine Fahrkarten.	*Não, meu irmão não tem bilhetes.*

Exercício Escrito 7

Reescreva as frases, preenchendo os espaços com as formas adequadas das palavras entre parênteses. Lembre-se de que o feminino e o plural vão requerer um terminação **-e**.

1. Wer hat ________ Geld? Quem tem dinheiro?

(mein) ____ ?

(viel) ____ ?

(kein) ____ ?

2. Martin hat ______ Schlüssel. *Martin não tem______chave.*

(euer)____ .

(viel) ____ .

(kein) ____ .

3. Wo ist _________ Freundin? *Onde está______namorada?*

(dein) ____ ?

(Ihr) ____ ?

(euer)____ ?

Exercício Escrito 8

Usando **kein**, escreva uma resposta negativa para cada questão. Lembre-se de dar as terminações adequados para **kein** quando necessário. Por exemplo:

Haben Sie ein Heft? Nein, ich habe kein Heft.

1. Habt ihr Brot? __________.
2. Hat Frau Keller meine Schlüssel? __________.
3. Haben Sie das Geld? __________.
4. Hat das Kind die Milch? __________.
5. Hat deine Schwester die Bluse? __________.
6. Haben Sie viele Zimmer? __________.
7. Hat Robert meine CDs? __________.
8. Hat dein Vater das Bier? __________.

Objetos Domésticos

Numa casa alemã, você encontrará muitos dos mesmos objetos de qualquer casa no mundo inteiro. Alguns deles são:

das Bild	*quadro*	der Teppich	*tapete*
der Boden	*chão*	der Tisch	*mesa*
das Fenster	*janela*	die Treppe	*escada*
der Schreibtisch	*escrivaninha*	die Tür	*porta*
das Sofa	*sofá*	die Zimmer (*pl.*)	*salas* ou *quartos*
der Stuhl	*cadeira*		

Essas palavras podem ser usadas em frases como:

Faixa 38

Ist die Tür groβ oder klein?	*A porta é grande ou pequena?*
Wo ist dein Fenster?	*Onde é sua janela?*
Der Boden ist weiβ.	*O chão é branco.*
Der Tisch und der Stuhl sind dort.	*A mesa e a cadeira estão lá.*
Ist euer Sofa alt?	*Seu sofá é velho?*

Der Teppich ist rot un lang.	*O tapete é vermelho e longo.*
Ist die Treppe kurz?	*A escada é curta?*
Mein Bild ist schlecht.	*Meu retrato é ruim.*
Ist Ihr Schreibtisch neu?	*Sua escrivaninha é nova?*
Wie viele Zimmer habt ihr?	*Quantas salas você tem?*

Exercício Escrito 9

Reescreva as frases, preenchendo os espaços com as palavras entre parênteses. Mude os verbos do singular para o plural ou do plural para o singular, conforme necessário.

1. Wo ist __________ ?

   (das Sofa) ______________________________ ?

   (der Stuhl und der Schreibtisch) ______________________________ ?

2. Die Zimmer haben __________ Fenster.

   (ein) ______________________________ .

   (kein) ______________________________ .

3. __________ ist sehr klein.

   (der Tisch) ______________________________ .

   (die Zimmer)______________________________ .

TESTE RÁPIDO

Preencha cada espaço com a adequada conjugação do verbo **haben**, usando os pronomes sujeitos dados. Por exemplo:

der Mann *hat*

1. **wir** ________ **ich** ________
2. **er** ________ **du** ________

Dê as formas adequadas de **dein**, **euer**, **Ihr** e **kein** para os substantivos dados. Então coloque um X no espaço para identificar o substantivo como singular ou plural. Por exemplo:

					singular	**plural**
Lehrer	*dein*	*euer*	*Ihr*	*kein*	X	
3. der Tisch						
4. die Fahrkarten						
5. die Bluse						

Usando **kein**, escreva uma resposta negativa para cada questão. Dê a terminação adequada para **kein** onde necessário. Por exemplo:

Haben Sie ein Heft? *Nein, ich habe kein Heft.*

6. **Hast du ein Sofa?** ________________
7. **Hat Frau Benz einSchwester?** ________________
8. **Haben Sie ein Bild?** ________________

Circule a letra da palavra ou frase que melhor completa cada frase.

9. **Wie________Geld haben Sie?**

   A. heiβt C. Viel
   B. Dort D. Ihr

10. **Nein, ____________sind nicht hier.**

   A. das Bild
   B. ein Sofa
   C. die Schlüssel
   D. ein Schreibtisch

TESTE DA PARTE UM

1. **No espaço dado, escreva a letra da pronúncia à direita, adequada à palavra alemã à esquerda. Por exemplo.**

spielen	(*jogar*)	B	A. (frau)
Frau	(*mulher*)	A	B. (shpi-len)
Flugzeug		______	**A. (rer shaeh-fah)**
Herr Schäfer		______	**B. (ir zeite)**
Bruder		______	**C. (ir-eh shves-tah)**
ihre Schwester		______	**D. (bru-dah)**
ihr seid		______	**E. (fluk-tsoik)**

2. **Escreva a forma correta de heiβen necessária para cada um dos substantivos sujeitos e pronomes dados.**

ich ______________________________

du ______________________________

Frau Benz ______________________________

wir ______________________________

ihr ______________________________

3. **Escreva a forma correta de sein necessária para cada um dos substantivos sujeitos e pronomes dados.**

ich ______________________________

du ______________________________

Erik ______________________________

ihr ______________________________

Sie ______________________________

Usando as palavras ou frases em negrito, impressas como sinal para a escolha da forma interrogativa, faça perguntas com **wer**, **was**, **wann**, **wo** ou **warum**.

4. Das ist **eine Schule.** ______________________________?

5. Mein Vater ist **in Deutschland.** ______________________________?

6. Er ist zu hause, **denn er ist krank.** ______________________________?

7. **Mein Tante** ist sehr alt. ______________________________?

8. Die Party ist **am Montag.** ______________________________?

Escreva as formas adequadas de **ein**, **Ihr** e **kein** para cada um dos substantivos seguintes.

9. die Bluse ________ ________ ________

10. das Heft ________ ________ ________

Usando **nicht**, responda cada questão no negativo. Por exemplo:

Ist das Ihr Hause? *Nein, das ist nicht mein Haus.*

11. Ist das Fenster klein? ____________________

12. Sind Karl und Gudrun zu Hause? ____________________

Em cada espaço dado, escreva o pronome que seja uma substituição adequada para a frase dada, usando **er**, **sie** *s.*, **es**, ou **sie** *pl.*.

13. der Schreibtisch ____________________

14. die Fahrkarten ____________________

15. das Auto ____________________

16. die Lehrerin ____________________

Reescreva as frases, preenchendo os primeiros espaços com as palavras entre parênteses e os segundos com os opostos. Por exemplo:

(alt) Ist er *alt* oder *jung* ?

17. (groß) Ist die Schule ________ **oder** ________**?**

18. (neu) Ist Ihr Bleistift ________ **oder** ________**?**

Responda a cada questão no negativo usando **kein**. Exemplo:

Haben Sie ein Buch? *Nein, ich habe kein Buch.*

19. Hast du die Schlüssel? ____________________

20. Habt ihr das Brot? ____________________

Circule a letra da palavra ou frase que melhor complete cada frase.

21. Meine Schwester ___________ Marianne.

A. seid	C. Angela.

B. heiβt	D. nicht.

22. Ist ihrVater _____________?

A. zu Hause	C. keine

B. nächste Woche	D. Name

23. Die Schule ist nicht_______________ von heir.

A. alt	C. weit

B. groβ	D. sehr

24. ___________ist Ihre Mutter?

A. Warum	C. Hat

B. Viel	D. Wo

25. Neun weniger sieben ist _______________ .

A. zwei	C. plus

B. nicht	D. fünf

Parte Dois

Usando Verbos

capítulo 6

Ações no Tempo Presente

Neste capítulo você aprenderá a conjugação do verbo **werden** e como o tempo presente em alemão é formado. Além disso, o uso do pronome **es** será descrito e mais números cardinais serão apresentados.

OBJETIVOS DO CAPÍTULO

Neste capítulo você aprenderá:

- Verbo *Werden*
- Pronome *Es*
- Tempo Presente
- Números Cardinais de Onze a Vinte

Verbo *Werden*

O verbo **werden** significa *tornar-se* e tem uma conjugação única que deve ser aprendida logo porque este verbo tem uso de alta frequência. Sua conjugação é assim:

ich werde	*eu me torno*	wir werden	*Nós nos tornamos*
du wirst	*tu te tornas*	ihr werdet	*vós vos tornais*
Sie werden	*você se torna*	Sie werden	*vocês se tornam*
er wird	*ele se torna*	sie werden	*eles se tornam*
sie wird	*ela se torna*		
es wird	*(a coisa) se torna*		
wer wird	*quem se torna*		
was wird	*o que se torna*		

Werden pode ser usado para dizer qual profissão alguém quer seguir – o que alguém quer *se tornar*. Por exemplo:

Mein Bruder wird Professor.	*Meu irmão está se tornando um professor.*
Wird Ihre Tochter Lehrerin?	*Sua filha está se tornando uma professora?*

Exercício Oral

Faixa 39

Pratique dizendo em voz alta a seguinte lista de frases:

Ich werde Krankenschwester.	*Eu estou me tornando uma enfermeira.*
Wirst du Arzt?	*Você está se tornando um médico?*
Er wird Zahnarzt.	*Ele está se tornando um dentista.*
Wird sie auch Ärztin?	*Ela está se tornando uma médica, também?*
Werden Sie Lehrer?	*Você está se tornando um professor?*
Die Kinder werden Fuβballspieler	*As crianças estão se tornando jogadores de futebol.*

Além disso, você pode usar vários adjetivos que dizem como a condição de alguém ou de alguma coisa está mudando. Alguns desses adjetivos são:

böse	*zangado*	kalt	*frio*
dunkel	*escuro*	kühl	*fresco*
glücklich	*feliz*	müde	*cansado*
heiβ	*quente*	spät	*tarde*
hell	*claro*	warm	*morno*

Exercício Escrito 1

As palavras entre parênteses descrevem uma pessoa, uma ocupação e uma segunda pessoa. Escreva uma frase que diga que a primeira pessoa está se tornando aquele profissional. Escreva que a segunda pessoa está também (**auch**) se tornando aquele profissional. Por exemplo:

(Karl / Lehrer / er)

Karl wird Lehrer.

Er wird auch Lehrer.

1. (deine Tochter / Lehrerin / meine Schwester)

   ____.

   ____.

2. (Erik / Zahnarzt / Sie *pl.*)

   ____.

   ____.

3. (die Kinder / Fußballspieler / er)

   ____.

   ____.

Exercício Escrito 2

Para cada afirmação à esquerda, escolha uma afirmação à direita que acompanhe com lógica.

1. Es ist spät _______	a. Guten Morgen.
2. Es wird hell._______	b. Nein, ich bin nicht müde.
3. Ich bin müde._______	c. Ich gehe nach Hause.
4. Der Mann ist sehr krank._______	d. Nein, ich habe kein Geld.
5. Wie alt ist das Mädchen? _______	e. Er wird wieder gesund.
6. Es wird sehr kalt._______	f. Deutsch auch.
7. Wir lernen Spanisch._______	g. Neunzehn Jahre alt.
8. Kaufst du ein Auto? _______	h. Nein, mit dem Zug.
9. Schläfst du? _______	i. Das Wetter ist schlecht.
10. Fährst du mit dem Bus? _______	j. Hier ist ein Bett.

Pronome *Es*

Em inglês há expressões impessoais usadas com o pronome *it* como sujeito (em português, temos *ele* ou *ela*). Nessas expressões uma entidade invisível está fazendo algo acontecer. Essa entidade é o **it**.

It is raining again.	*Está chovendo de novo.*
It got dark early.	*Escureceu cedo.*
It was terribly hot yesterday.	*Ontem estava terrivelmente quente.*

"Quem" causou a chuva, a escuridão e o calor foi *it*. O alemão faz o mesmo com **es** e frequentemente usa **werden** em tais expressões. Vejamos alguns exemplos:

Es wird kalt.	*Está ficando frio.*
Es wird hell.	*Está ficando claro.*
Es wird spät.	*Está ficando tarde.*

Você também pode usar outros sujeitos com o verbo **werden** para dizer que uma pessoa ou coisa está *ficando* (*se tornando*) algo.

Mein Onkel wird böse.	*Meu tio está ficando zangado.*
Ihre Wirtin wird müde.	*Sua senhoria está ficando cansada.*
Thomas und Erik werden glücklich.	*Thomas e Erik estão ficando felizes.*
Der Ofen wird heiß.	*O forno está ficando quente.*

Exercício Oral

Faixa 40

Pratique dizendo em voz alta a seguinte lista de frases:

Wird es wieder kalt?	*Está ficando frio novamente?*
Ja, es wird wieder sehr kalt.	*Sim, está ficando muito frio novamente.*
Wird es wieder heiß?	*Está ficando quente de novo?*
Ja, es wird wieder sehr heiß.	*Sim, está ficando bem quente, novamente.*
Werdet ihr müde, Kinder?	*Vocês estão ficando cansadas, crianças?*
Nein, wir werden nicht müde.	*Não, não estamos ficando cansadas.*
Es wird spät. Es ist zehn Uhr.	*Está ficando tarde. São dez horas.*
Werden Sie krank, Herr Müller?	*Você está ficando doente, sr. Müller?*
Nein, ich werde gesund.	*Não, estou ficando saudável.*
Warum wirst du wieder böse?	*Por que você está ficando zangado de novo?*

Exercício Escrito 3

Complete a frase com cada um dos adjetivos entre parênteses.

Es wird wieder ________________________ .

1. (kalt) ________________________ .
2. (kühl) ________________________ .
3. (hell) ________________________ .
4. (dunkel) ________________________ .
5. (heiß) ________________________ .

Tempo Presente

Você já foi apresentado/a ao tempo presente de quatro verbos: **heißen**, **sein**, **haben** e **werden**.

	heißen	**sein**	**haben**	**werden**
ich	heiße	bin	habe	werde
du	heißt	bist	hast	wirst
er	heißt	ist	hat	wird
wir	heißen	sind	haben	werden
ihr	heißt	seid	habt	werdet
sie	heißen	sind	haben	werden

Talvez você já possa ver o padrão que se desenvolve nessas quatro conjugações. Exceto para **sein** e **werden**, esses verbos têm a mesma terminação específica que ocorre com cada pronome. Em resumo, essas terminais são:

ich	**-e**	wir	**-en**
du	**-st**	ihr	**-t**
er	**-t**	sie	**-en**

(O pronome **er** nesta lista representa as terminações necessários para **sie** *s.* e **es**, assim como para todos os nomes singulares. O pronome **sie** nesta lista é plural e representa **Sie** e todos os nomes plurais.)

A forma básica de um verbo alemão é o infinitivo. Muitos infinitivos em alemão terminam em **-en**. Abaixo, alguns exemplos:

fragen	*perguntar*	lernen	*aprender*
gehen	*ir*	sagen	*dizer*
hören	*ouvir*	schreiben	*escrever*
kaufen	*comprar*	spielen	*jogar*
kommen	*vir*	suchen	*procurar*

Quando você conjuga um verbo no tempo presente, você remove o terminação do infinitivo **-en** e acrescenta as terminações de conjugação conforme ilustrado acima. Por exemplo:

	lernen (lern-)	**schreiben (schreib-)**	**kommen (komm-)**
ich	lerne	schreibe	komme
du	lernst	schreibst	kommst
er	lernt	schreibt	kommt
wir	lernen	schreiben	kommen
ihr	lernt	schreibt	kommt
sie	lernen	schreiben	kommen

Exercício Escrito 4

Conjugue cada um dos seguintes verbos com os sujeitos dados:

	hören	**suchen**	**fragen**
ich	______________	______________	______________
du	______________	______________	______________
er	______________	______________	______________
wir	______________	______________	______________
ihr	______________	______________	______________
sie	______________	______________	______________
Tina	______________	______________	______________

Exercício Oral

Faixa 41

Pratique dizendo em voz alta a seguinte lista de frases:

Lernst du Deutsch?	*Você está aprendendo alemão?*
Ja, ich lerne Deutsch und Spanisch.	*Sim, estou aprendendo alemão e espanhol.*
Was lernt deine Schwester?	*O que sua irmã está aprendendo?*
Meine Schwester lernt auch Deutsch.	*Minha irmã está aprendendo alemão, também.*
Die Kinder schreiben auf Deutsch.	*As crianças escrevem em alemão.*
Wir schreiben auch auf Deutsch.	*Nós estamos escrevendo em alemão, também.*
Wer geht nach Hause?	*Quem está indo para casa?*
Die Kinder gehen nach Hause.	*As crianças estão indo para casa.*

Spielt ihr Fuβball? — *Você joga futebol?*
Ja, wir spielen gut Fuβball. — *Sim, nós jogamos futebol bem.*

Talvez você deva ter observado que a tradução portuguesa de alguns dos exemplos não é palavra por palavra. Isto é devido em parte à complexidade do português. O tempo presente em português tem três formas. O alemão tem uma. Vamos olhar mais de perto para isto.

Um hábito, uma ação frequente:
Eu escrevo em alemão. — Ich schreibe auf Deutsch.

Uma ação em progresso ou incompleta:
Estou escrevendo em alemão. — Ich schreibe auf Deutsch.

Uma declaração enfática:
Eu realmente escrevo em alemão. — Ich schreibe auf Deutsch.

E quando você faz uma pergunta em inglês, você inicia com o verbo auxiliar se for uma ação em progresso ou incompleta. Se a pergunta é relativa a um hábito ou ação frequente, você começa com o verbo auxiliar *to do*. Em português, você sempre começa com o sujeito/pronome. Em alemão ambas as perguntas começam com o verbo principal.

Do you write in German? — Schreibst du auf Deutsch?
Você escreve em alemão?
Are you writing in German? — Schreibst du auf Deutsch?
Você está escrevendo em alemão?

Essas diferenças de tradução ocorrem também em outros tempos verbais.

Usando um Umlaut [trema]

Alguns verbos têm uma irregularidade no tempo presente: eles requerem o acréscimo de um *trema* na segunda pessoa do singular (**du**) e na terceira pessoa do singular (**er**). Isto ocorre, na maioria das vezes, com verbos que têm a vogal **-a-** na primeira sílaba. Abaixo, alguns exemplos com **fahren** (dirigir, viajar), **fallen** (cair), **schlafen** (dormir) e **tragen** (portar, vestir).

Faixa 42

	fahren	**fallen**	**schlafen**	**tragen**
ich	fahre	falle	schlafe	trage
du	f**ä**hrst	f**ä**llst	schl**ä**fst	tr**ä**gst
er	f**ä**hrt	f**ä**llt	schl**ä**ft	tr**ä**gt
wir	fahren	fallen	schlafen	tragen
ihr	fahrt	fallt	schlaft	tragt
sie	fahren	fallen	schlafen	tragen

Identificando Locais

Para dizer que alguém ou algo está em casa, use a expressão **zu Hause**. Use a expressão **nach Hause** para dizer que alguém está indo para casa. Use **wo** para perguntar *onde* é certo local. E use **wohin** para perguntar *onde* alguém está indo.

Wo ist er?	*Onde ele está?*
Er ist zu Hause.	*Ele está em casa.*
Wohin fährt er?	*Para onde ele está indo?*
Er fährt nach Hause.	*Ele está indo para casa.*

Exercício Oral

Faixa 43

Pratique dizendo em voz alta a lista de frases abaixo:

Wohin fahren Sie?	*Para onde você está indo?*
Ich fahre nach Hause.	*Estou indo para casa.*
Wohin fährst du, Hans?	*Para onde você está indo, Hans?*
Ich fahre nach Deutschland.	*Estou indo para a Alemanha.*
Wohin fährt Herr Weber?	*Para onde o sr. Weber está indo?*
Er fährt nach Dortmund.	*Ele está indo para Dortmund.*
Wir fahren nach Heidelberg.	*Estamos indo para Heidelberg.*
Fahrt ihr nach Köln?	*Vocês estão indo para Colônia?*
Sie fahren nach Dänemark.	*Eles estão indo para a Dinamarca.*
Ist Hans müde?	*Hans está cansado?*
Ja, er ist sehr müde und fällt ins Bett.	*Sim, ele está bem cansado e vai cair na cama.*
Sind die Kinder müde?	*As crianças estão cansadas?*
Ja, sie sind sehr müde und fallen ins Bett.	*Sim, elas estão muito cansadas e vão cair na cama.*
Wer schläft im Park?	*Quem está dormindo no parque?*
Ein Freund schläft im Park.	*Um amigo está dormindo no parque.*
Schläfst du im Park?	*Você dorme no parque?*
Nein, ich schlafe zu Hause.	*Não, eu durmo em casa.*
Trägst du einen Hut?	*Você usa um chapéu?*
Nein, ich trage keinen Hut.	*Não, eu não uso um chapéu.*

Exercício Escrito 5

Usando os pronomes ou nomes dados, escreva perguntas que indaguem se alguém está viajando *de ônibus* (**mit dem Bus**) ou *de trem* (**mit dem Zug**). Por exemplo:

(Hans) *Fährt Hans mit dem Bus oder mit dem Zug?*

1. (du) ____?
2. (sie *s.*) ____?
3. (Sie) ____?
4. (Herr Weber) ____?
5. (sie *pl.*) ____?
6. (er) ____?
7. (die Kinder) ____?

Exercício Escrito 6

Responda a cada uma das perguntas abaixo usando o afirmativo **ja**. Por exemplo:

Hast du einen Bruder? *Ja, ich habe einen Bruder.*

1. Schreibt Herr Mann ein Buch? ____.
2. Hört ihr die Musik? ____.
3. Tragen Sie einen Hut? ____.

Agora responda a cada questão na forma afirmativa usando **ja** e na forma negativa usando **nein** e **nicht.** Por exemplo:

Seid ihr zu Hause? *Ja, wir sind zu Hause.*

Nein, wir sind nicht zu Hause.

4. Sind wir in Österreich? ____.

____.

5. Fahren Sie mit dem Bus? ____.

____.

6. Schläft Onkel Peter im Park? ______________________.

______________________.

7. Fallen die Kinder ins Bett? ______________________.

______________________.

8. Kommt ihr nach Hause? ______________________.

______________________.

Números Cardinais de Onze a Vinte

Você já conhece os números de zero a dez. Aqui estão os números de onze a vinte.

elf	*onze*	sechzehn	*dezesseis*
zwölf	*doze*	siebzehn	*dezessete*
dreizehn	*treze*	achtzehn	*dezoito*
vierzehn	*quatorze*	neunzehn	*dezenove*
fünfzehn	*quinze*	zwanzig	*vinte*

Observe que o **-s** final no número **sechs** cai quando se torna **sechzehn.** E o número **sieben** dispensa a segunda sílaba quando se torna **siebzehn**.

Vamos ver esses números em algumas frases de exemplo:

Meine Wirtin hat elf Kinder.	*Minha senhoria tem onze filhos.*
Martin kauft vierzehn Fahrkarten.	*Martin está comprando quatorze bilhetes.*
Mein Bruder ist zwanzig Jahre alt.	*Meu irmão tem vinte anos.*

Exercício Oral

Faixa 44

Pratique dizendo em voz alta a lista de frases abaixo:

Wie viel Kinder habt ihr?	*Quantos filhos vocês têm?*
Wir haben zehn Kinder.	*Nós temos dez filhos.*
Wer hat fünfzehn Kinder?	*Quem tem quinze filhos?*
Herr Benz hat fünfzehn Kinder.	*O sr. Benz tem quinze filhos.*
Kaufen Sie einen Schlüssel?	*Você está comprando uma chave?*
Ich kaufe zwölf Schlüssel.	*Estou comprando doze chaves.*
Wie viel CDs kaufst du?	*Quantos CDs você está comprando?*

Ich kaufe neunzehn CDs.	*Estou comprando dezenove CDs.*
Wie alt bist du?	*Quantos anos você tem?*
Ich bin sechzehn Jahre alt.	*Tenho dezesseis anos.*
Wie alt sind Karl und Tina?	*Quantos anos têm Karl e Tina?*
Karl ist elf Jahre alt und Tina ist siebzehn.	*Karl tem onze anos e Tina dezessete.*
Wie viel ist zwanzig minus sechs?	*Quanto é vinte menos seis?*
Zwang minus sechs ist vierzehn.	*Vinte menos seis é quatorze.*
Wie viel ist dreizehn plus sieben?	*Quanto é treze mais sete?*
Dreizehn plus sieben ist zwanzig.	*Treze mais sete é vinte.*

Exercício Escrito 7

Usando a informação entre parênteses, diga a idade de alguém ou de alguma coisa. Por exemplo:

(die Schule / 10) Die Schule ist zehn Jahre alt.

1. (die Kinder / 13) ______________________________ .

2. (das Museum / 15) ______________________________ .

3. (du / 20) ______________________________ .

TESTE RÁPIDO

1. Escreva a conjugação do tempo presente dos seguintes verbos, usando os sujeitos dados.

	werden	kommen	lernen
ich	________	________	________
du	________	________	________
er	________	________	________
wir	________	________	________
ihr	________	________	________
Sie	________	________	________
Karl und Tina	________	________	________

Neste exercício você verá uma pessoa e uma ocupação, mais uma segunda pessoa e uma segunda ocupação. Escreva uma frase que diga que cada pessoa está assumindo (se tornando) a ocupação seguinte. Por exemplo:

(Hans / Lehrer, ich / Pilot) *Hans wird Lehrer.*
Ich werde Pilot.

2. (meine Schwester / Ärztin, du / Krankenschwester)________________.

________________________________.

3. (Sie / Mechaniker, er / Zahnarzt) ________________.

________________________________.

4. Escreva a conjugação no tempo presente dos seguintes verbos com os sujeitos dados.

	fahren	fallen	schlafen
ich	________	________	________
du	________	________	________
er	________	________	________
wir	________	________	________
ihr	________	________	________
Sie	________	________	________
die Kinder	________	________	________

Responda a cada questão com o número dado entre parênteses. Por exemplo:

Wie viel Kinder haben Sie? (3) *Ich haben drei Kinder.*

5. **Wie viel Schlüsselhast du? (6)** ______________________.

6. **Wie viel Fahrkarten hat Erik? (10)** ______________________.

7. **Wie alt ist Ihr Sohn? (18)** ______________________.

8. **Wie alt ist ihre Tochter? (15)** ______________________.

Circule a letra da palavra ou frase que melhor complete cada frase.

9. **Wirst du** ____________?

   A. heute
   B. Lehrerin
   C. fährst
   D. Kinder

10. **Es** ____________ **sehr kalt.**

   A. wird
   B. nicht
   C. hat
   D. kein

capítulo 7

Irregularidades dos Verbos no Tempo Presente

Neste capítulo você aprenderá as conjugações no tempo presente com irregularidades e como os prefixos inseparáveis funcionam nos verbos. Além disso, aprenderá o vocabulário de cores e títulos.

OBJETIVOS DO CAPÍTULO

Neste capítulo você aprenderá:

- Irregularidades dos Verbos no Tempo Presente
- Prefixos Inseparáveis dos Verbos
- Cores
- Cargos Comuns / Profissionais

Irregularidades dos Verbos no Tempo Presente

Há ainda alguns aspectos únicos do tempo presente em alemão que devem ser discutidos. Você já sabe que algumas conjugações no tempo presente requerem um *umlaut* (trema) sobre a vogal **-a-** na segunda e terceira pessoas do singular (**du fährst, er fährt**). Só um verbo requer um *umlaut* sobre a vogal **-o-**: **stoβen** (socar, bater).

Faixa 45

ich stoβe	wir stoβen
du st**ö**βt	ihr stoβt
er st**ö**βt	sie stoβen

Observe que não há um **-st** terminando na segunda pessoa do singular **du stöβt**. Quando a raiz de um verbo termina com **-s**, **-ss**, **-du stöβt**, **-z**, ou **-tz**, só se acrescenta um **-t**:

heiβen	*chamar-se*	du heiβt	*você se chama*
passen	*ajustar*	du passt	*você ajusta*
reisen	*viajar*	du reist	*você viaja*
reizen	*irritar*	du reizt	*você aborrece*
schützen	*proteger*	du schützt	*você protege*

Alguns verbos no tempo presente têm outro tipo de irregularidade na conjugação da segunda e terceira pessoa do singular. Muitos verbos que têm a vogal **-e-** na raiz muda essa vogal para **-i-** ou **-ie-**. Vamos ver alguns exemplos de verbos que mudam a vogal raiz de **-e-** para **-i-**.

Faixa 45

	essen (*comer*)	**sprechen** (*falar*)	**nehmen** (*tomar*)
ich	esse	spreche	nehme
du	**i**sst	spr**i**chst	n**i**mmst
er	**i**sst	spr**i**cht	n**i**mmt
wir	essen	sprechen	nehmen
ihr	esst	sprecht	nehmt
sie	essen	sprechen	nehmen

Agora vejamos alguns exemplos de verbos que mudam a vogal raiz para **-ie-**.

	lesen (*ler*)	**sehen** (*ver*)	**stehlen** (*roubar*)
ich	lese	sehe	stehle
du	l**ie**st	s**ie**hst	st**ie**hlst

er	l**ie**st	s**ie**ht	st**ie**hlt
wir	lesen	sehen	stehlen
Ihr	lest	seht	stehlt
sie	lesen	sehen	stehlen

Consulte o Apêndice A sobre uma lista completa de verbos irregulares.

Exercício Oral

Faixa 46

Pratique dizendo em voz alta a lista de frases abaixo:

Was nimmst du?	*O que você está tomando?*
Ich nehme eine Tasse Kaffee.	*Estou tomando uma xícara de café.*
Was nimmt Johannes?	*O que Johannes está tomando?*
Er nimmt eine Tasse Tee.	*Ele está tomando uma xícara de chá.*
Was nehmen Sie. Herr Müller?	*O que você está tomando, sr. Müller?*
Ich nehme ein Glas Milch.	*Estou tomando um copo de leite.*
Was essen Sie?	*O que você está comendo?*
Ich esse ein Butterbrot.	*Estou comendo um sanduíche.*
Was isst dein Sohn?	*O que seu filho está comendo?*
Mein Sohn isst Eis.	*Meu filho está tomando sorvete.*
Was liest du, Hans?	*O que você está lendo, Hans?*
Ich lese die Zeitung.	*Estou lendo o jornal.*
Was liest Andrea?	*O que Andrea está lendo?*
Andrea liest einen Brief.	*Andrea está lendo uma carta.*
Wer sieht den Mann?	*Quem vê o homem?*
Wir sehen den Mann.	*Nós vemos o homem.*
Was stiehlt der Mann?	*O que o homem rouba?*
Er stiehlt eine Tasche.	*Ele rouba uma bolsa.*
Der Mann ist ein Dieb.	*O homem é um ladrão.*

Exercício Escrito 1

Escreva a conjugação no tempo presente dos seguintes verbos com os pronomes dados.

	sprechen	**sehen**
ich	________________	________________
du	________________	________________
er	________________	________________

wir	__________	__________
ihr	__________	__________
sie	__________	__________

Há outro aspecto da escrita a ser considerada. Se a raiz de um verbo termina em **-d** ou **-t**, um **-e-** acompanhará a raiz antes de acrescentar as terminações da conjugação para a segunda pessoa do singular e do plural e a terceira pessoa do singular. Por exemplo:

	finden (*encontrar*)	**warten** (*esperar*)
ich	finde	warte
du	find**e**st	wart**e**st
er	find**e**t	wart**e**t
wir	finden	warten
ihr	find**e**t	wart**e**t
sie	finden	warten

Prefixos Inseparáveis dos Verbos

Os prefixos alteram o significado dos verbos. O português faz isto basicamente com verbos derivados do latim: *pressão* – de*pressão*, com*pressão*, su*pressão*, e assim por diante. Mas o alemão usa os prefixos com extensa variedade de verbos. Um tipo de prefixo é o prefixo inseparável – prefixos que não se separam do verbo quando o verbo é conjugado. Esses prefixos são: **be-**, **emp-**, **ent-**, **er-**, **ge-**, **ver-**, e **zer-**.

Por exemplo, **kaufen** significa *comprar*; **verkaufen** significa *vender*. **Suchen** significa *procurar por*; **besuchen** significa *visitar*. A mudança no significado, porém, não afeta a conjugação desses verbos.

	verkaufen	**besuchen**
ich	verkaufe	besuche
du	verkaufst	besuchst
er	verkauft	besucht
wir	verkaufen	besuchen
ihr	verkauft	besucht
sie	verkaufen	besuchen

Aqui estão alguns verbos comumente usados que têm um prefixo inseparável.

bestellen	*pedir* (ordenar comida)	gehören	*pertencer a*
empfinden	*sentir*	verstehen	*entender*
entsetzen	*apavorar*	zerstören	*destruir*
erwarten	*esperar* (expectativa)		

Exercício Oral

Faixa 47

Pratique dizendo em voz alta a lista de frases abaixo:

Sprechen Sie Deutsch?	*Você fala alemão?*
Ja, ich spreche und verstehe Deutsch.	*Sim, eu falo e entendo alemão.*
Sprichst du Arabisch?	*Você fala árabe?*
Nein, ich spreche Italienisch.	*Não, eu falo italiano.*
Wer spricht Russisch?	*Quem fala russo?*
Frau Wolkow spricht Russisch.	*A sra. Wolkow fala russo.*
Was verkaufst du?	*O que você está vendendo?*
Ich verkaufe mein Auto.	*Estou vendendo meu carro.*
Robert kauft es.	*Roberto está comprando-o.*
Was bestellst du?	*O que você está pedindo no menu?*
Ich bestelle ein Glas Bier.	*Estou pedindo um copo de cerveja.*
Mein Freund bestellt eine Tasse Tee.	*Meu amigo está pedindo uma xícara de chá.*
Der Film entsetzt meine Mutter.	*O filme apavorou minha mãe.*
Verstehen Sie die Dame?	*Você entende a senhora?*
Nein, ich verstehe sie nicht.	*Não, eu não a entendo.*

Exercício Escrito 2

Reescreva as seguintes frases, mudando o verbo em negrito para o verbo dado entre parênteses. Observe a mudança no significado das frases.

1. Er **sieht** meine Freundin. (*Ele vê minha namorada.*)

(besuchen) (*visitar*)____.

(erwarten) (*esperar*)____.

(verstehen) (*entender*) ______________________________________.

(finden) (*encontrar*)____.

2. Erik **hat** die Schlüssel. (*Erik tem as chaves*).

(sehen) (*ver*) ____.

(suchen) (*procurar*) ____.

(stehlen) (*roubar*) ____.

(verkaufen) (*vender*) _______________________________________.

Exercício Oral

Faixa 48

Pratique dizendo em voz alta a lista de frases abaixo:

Lernen Sie Deutsch?	*Você está aprendendo alemão?*
Sprechen Sie Deutsch?	*Você fala alemão?*
Verstehen Sie Deutsch?	*Você entende alemão?*
Lesen Sie Deutsch?	*Você lê em alemão?*
Schreiben Sie Deutsch?	*Você escreve em alemão?*
Das Buch gehört Robert.	*O livro pertence a Robert.*
Die CDs gehören Robert.	*Os CDs pertencem a Robert.*
Der Hut gehört Tina.	*O chapéu pertence à Tina.*
Die Schlüssel gehören Tina.	*As chaves pertencem à Tina.*
Was suchst du?	*O que você está procurando?*
Ich suche ein Buch.	*Estou procurando por um livro.*
Was schreibst du?	*O que você está escrevendo?*
Ich schreibe einen Brief.	*Estou escrevendo uma carta.*

Cores

Você já conhece algumas cores: **schwarz**, **weiβ** e **rot**. Aqui estão mais algumas:

braun	*marrom*	grün	*verde*
gelb	*amarelo*	rosa	*rosa*
grau	*cinza*		

Quando você usa uma cor como adjetivo predicado após **sein** ou **werden**, ela não requer uma terminação. Porém, quando uma cor ou qualquer outro adjetivo modificar diretamente muitos substantivos sujeitos no singular, ela requer uma terminação **-e**. A única exceção é **rosa**. Essa cor não demanda mudanças. Os adjetivos que terminam em **-el** também sofrerão uma mudança, tirando o **e**, quando uma terminação for acrescentada: **dunkel – dunkle.** Vejamos alguns exemplos:

Mein Wagen is rot.	*Meu carro é vermelho.*
Der rote Wagen ist neu.	*O carro vermelho é novo.*
Ihre Bluse ist grün.	*A blusa dela é verde.*
Ihre grüne Bluse ist sehr alt.	*A blusa verde dela é muito velha.*
Die Tasse ist gelb.	*A xícara é amarela.*
Die gelbe Tasse ist nicht hier.	*A xícara amarela não está aqui.*
Die Vase ist rosa.	*O vaso é rosa.*
Wo ist die rosa Vase?	*Onde está o vaso rosa?*

Exercício Oral

Faixa 49

Pratique dizendo em voz alta a lista de frases abaixo:

Die braune Jacke ist neu. *A jaqueta marrom é nova.*
Das weiβe Haus ist in Washington. *A Casa Branca fica em Washington.*
Der alte Herr ist mein Vater. *O velho cavalheiro é meu pai.*
Das kleine Glas ist für Tina. *O copinho é da Tina.*
Ist der junge Mann ein Freund? *O jovem é um amigo?*
Ist die rosa Bluse für deine Mutter? *A blusa rosa é para sua mãe?*
Ist der grüne Hut neu oder alt? *O chapéu verde é novo ou velho?*
Das groβe Busch ist ein Wörterbuch. *O livro grande é um dicionário.*

Exercício Escrito 3

Preencha os espaços com os adjetivos dados entre parênteses.

1. (klein) Das ____________________ Mädchen ist meine Tochter.
2. (weiβ) Meine __________________ Bluse ist nicht alt.
3. (dunkel) Es wird sehr __________________________.
4. (jung) Ist Ihr Onkel ______________ oder alt?
5. (neu) Wo ist die ________________ Tasse?
6. (grau) Der ________________________ Hut ist nicht hier.
7. (deutsch) Die _____________________ Frau kauft eine Tasse Kaffee.

Exercício Escrito 4

Veja cada afirmativa à esquerda. Então coloque a letra da afirmativa à direita que se encaixe logicamente. Nem todas as letras serão usadas.

1. Wer stiehlt das Geld?______ a. Er ist elf Jahre alt.
2. Sie kauft eine neue Bluse. ______ b. Ich verstehe sie nicht.
3. Hans sprischt Russisch. ______ c. Der Dieb.
4. Was liest du? ______ d. Nein, sie ist weiβ.
5. Ist der neue BMW rot? ______ e. Ist sie gelb?

6. Sie bestellt eine Tasse Tee. ______	f. Ich nehme ein Butterbrot.
7. Erik nimmt ein Glas Milch. ______	g. Thomas bestellt Bier.
8. Lesen Sie ein Buch? ______	h. Er versteht es auch.
9. Ist die Tasse grau? ______	I. In der Schweiz.
10. Sie spricht Arabisch. ______	j. Ein Buch.
	k. Nein, ich lese eine Zeitung.
	l. Nein, er ist grün.

Cargos Comuns/Profissionais

Muitos títulos são semelhantes em alemão e inglês, como em português. Há títulos comuns de tratamento que se referem a todos e outros títulos que designam a profissão de alguém. Por exemplo:

Títulos Comuns:

Herr Meier — *sr. Meier*
Frau Meier — *sra. Meier, srta. Meier*

Títulos Profissionais:

Doktor Bauer ist Arzt. — *Dr. Bauer é um médico.*
Doktor Marianne ist Ärztin. — *Dra. Marianne é uma médica.*
Doktor Schmidt ist Zahnarzt. — *Dr. Schmidt é um dentista.*
Professor Benz schreibt ein Buch. — *Professor Benz está escrevendo um livro.*

Ao se dirigir a alguém com um título comum (**Herr**, **Frau**), use somente o título e o último sobrenome.

Guten Tag, Herr Schröder. — *Alô, sr. Schroeder.*
Gute Nacht, Frau Kamps. — *Boa noite, sra. Kamps.*

Quando alguém tem um título profissional, use os títulos comum e profissional juntos.

Guten Abend, Herr Doktor. — *Boa noite, doutor.*
Auf Wiedersehen, Frau Doktor. — *Até logo, doutora.*
Guten Tag, Herr Professor. — *Boa tarde, professor.*
Guten Morgen, Frau Professor. — *Bom dia, professora.*

E se um doutor ou professor tem uma esposa, ela, também, pode ser chamada pelo título profissional do esposo.

Wiederschausen, Frau Doktor. — *Até logo, madame (esposa do doutor).*
Wiedersehen, Frau Professor. — *Até logo, madame (esposa do professor).*

Exercício Escrito 5

Complete cada frase preenchendo os espaços com uma palavra ou frase adequada.

1. Meine Mutter liest ______________________.
2. Die Kinder spielen im ______________________.
3. Der alte Mann ______________________ Englisch und Deutsch.
4. Ich habe kein Geld. Ich kann es nicht ______________________.
5. Der Dieb ______________________ meine Tasche.
6. Ist ______________________ heiβ oder kalt?
7. Es ist ______________________ . Wo ist die Lampe?
8. Siehst du ______________________ ?
9. Guten ______________________, Frau Doktor.
10. Der ______________________ Hut ist sehr alt.
11. Ist euer Vater ______________________ ?
12. Ist der neue Wagen braun oder ______________________ ?
13. Ich finde ______________________.
14. Martin ______________________ ein Butterbrot und ein Glas Milch.
15. Die ______________________ gehören Tina.

Exercício Escrito 6

Forme uma pergunta sobre cada frase mudando as palavras ou frases em negrito para **wer**, **was**, **wann**, **wo**, **wohin**, **wie viel**, **wie alt** ou **warum**. Por exemplo:

Martin kauf **ein Heft.**

Was kauft Martin?

1. **Angela** besucht eine Freundin in Berlin.

   ______________________ ?

2. Mein Vater fährt **nach Österreich**.

   ______________________ ?

3. Die Kinder finden **eine alte Uhr**.

____?

4. Sie trägt ein Sweatshirt, **denn es ist sehr kalt**.

____?

5. Meine Tochter ist **zwölf Jahre alt**.

____?

6. Ich gehe **heute** in die Stadt.

____?

7. Zwei Jungen spielen Tennis **im Park**.

____?

8. Der Professor hat **achtzehn** Schlüssel.

____?

9. Er fährt mit dem Bus **nach Hause**.

____?

10. Karin liest **einen Brief**.

____?

11. **Die Kinder** warten im Park.

____?

12. Erik hat **kein** Geld.

____?

13. Sonja versteht **Russisch und Italienisch**.

____?

14. Ich lese das Buch, **denn es ist sehr interessant**.

____?

15. Onkel Heinz trägt **einen Hut**.

____?

TESTE RÁPIDO

1. Escreva a conjugação no tempo presente dos seguintes verbos, usando os pronomes dados.

	sehen	**sprechen**	**verstehen**	**reisen**
ich	________	________	________	________
du	________	________	________	________
er	________	________	________	________
wir	________	________	________	________
ihr	________	________	________	________
Sie	________	________	________	________

Reescreva cada frase abaixo, mudando os verbos em itálico para os verbos dados entre parênteses.

2. Er *findet* einen Brief.

(suchen) ______________________________

(lesen) ______________________________

(sehen) ______________________________

(haben) ______________________________

3. Andrea *sucht* ein Buch.

(kaufen) ______________________________

(verkaufen) ______________________________

(lesen) ______________________________

(stehlen) ______________________________

4. Die Kinder *lernen* Deutsch.

(verstehen) ______________________________

(sprechen) ______________________________

5. Ich *habe* eine Tasse Tee.

(nehmen) ______________________________

(bestellen) ______________________________

Circule a letra da palavra ou frase que melhor completa cada frase.

6. Wo ist das neue ______________?

A. Brief

B. Wörterbuch

C. Fahrkarten

D. Zug

7. Der Tourist ________________ mit dem Zug.

A. fahrt

B. lest

C. liest

D. fährt

8. ______________________ reisen Sie, Herr Bauer?

A. Wohin

B. Sehen

C. Was

D. Kann

9. Angela _____________ eine Tante.

A. besucht

B. siehst

C. bestellen

D. trage

10. Der ________________ Wagen ist sehr alt.

A. klein

B. eine Tasse

C. rote

D. gelb

capítulo 8

Falando sobre Locais

Neste capítulo você aprenderá o uso de três verbos importantes de movimento, assim como a diferença entre **wohnen** e **leben**; **kennen** e **wissen**. Falar sobre o tempo está incluído com o uso das conjunções coordinativas. Junto a alguns verbos especiais e prefixos separáveis, o caso acusativo será apresentado neste capítulo.

OBJETIVOS DO CAPÍTULO

Neste capítulo você aprenderá:

- Verbo *Kommen*
- Sobre o Horário
- Verbos *Gehen* e *Fahren*
- Verbos *Wohnen* e *Leben*
- Ordem das Palavras
- Algumas Conjunções Coordinativas
- Verbos *Wissen* e *Kennen*
- Terminais Infinitivos em *-ieren*
- Prefixos Verbais Separáveis
- Caso Acusativo
- Pronomes Acusativos

Verbo *Kommen*

O verbo **kommen** (*vir*) é um verbo utilizado com muita frequência. No tempo presente este verbo não tem irregularidades.

Faixa 50

ich komme	*eu venho*	wir kommen	*nós viemos*
du kommst	*tu vens*	ihr kommt	*vós vindes*
er kommt	*ele vem*	sie kommen	*eles vêm*

Quando você quer saber de onde alguém vem, pergunte:

Woher kommen Sie?	*De onde vocês vêm?*
Woher kommst du?	*De onde tu vens?*
Woher kommt ihr?	*De onde vindes?*
Woher kommt dieser Mann?	*De onde este homem vem?*
Woher kommt diese Frau?	*De onde esta mulher vem?*

Use a preposição **aus** (*fora*; *de*) para responder à pergunta com o nome de uma cidade, um país ou um continente.

Wir kommen aus Wien.	*Nós viemos de Viena.*
Ich komme aus England.	*Eu sou da Inglaterra.*
Er kommt aus Asien.	*Ele vem da Ásia.*

Exercício Oral

Pratique dizendo em voz alta a lista de frases abaixo.

Woher kommen Sie?	*De onde você é?*
Ich komme aus Amerika.	*Eu sou da América.*
Woher kommt dieser Herr?	*De onde vem este cavalheiro?*
Er kommt aus Schweden.	*Ele vem da Suécia.*
Woher kommt diese Dame?	*De onde vem esta senhora?*
Sie kommt aus Düsseldorf.	*Ela vem de Düsseldorf.*
Kommt der Student aus China?	*O aluno vem da China?*
Nein, er kommt aus Japan.	*Não, ele vem do Japão.*
Kommen diese Leute aus Asien?	*Essas pessoas vêm da Ásia?*
Nein, sie kommen aus Afrika.	*Não, elas vêm da África.*
Nein, sie kommen aus Australien.	*Não, eles vêm da Austrália.*
Nein, sie kommen aus Nordamerika.	*Não, eles vêm da América do Norte.*
Nein, sie kommen aus Südamerika.	*Não, eles vêm da América do Sul.*

O pronome **man** significa *alguém* ou *você* quando se refere a pessoas em geral. É normalmente usado com **kommen**.

Wie kommt man zum Theater?	*Como se (você) chega ao teatro?*
Wie kommt man zum Park?	*Como se (você) chega ao parque?*

Exercício Escrito 1

Reescreva cada frase, mudando o sujeito em negrito para o pronome **man**. Por exemplo:

Verstehen **Sie** das?

Versteht man das?

1. Warum fahrt **ihr** mit der Straβenbahn?

   ______________________________?

2. Wie kommen **deine Eltern** vom Rathaus zum Bahnhof?

   ______________________________?

3. Wisst **ihr**, wohin Gudrun reist?

   ______________________________?

4. Hier sprechen **die Leute** Deutsch.

   ______________________________?

Exercício Oral

Pratique dizendo em voz alta a seguinte lista de frases.

Wie kommt man zum Bahnhof?	*Como se (você) chega à estação de trem?*
Man kommt mit dem Bus zum Bahnhof.	*Chega-se (você chega) à estação de trem por ônibus.*
Wie kommt man zum Rathaus?	*Como você chega à Prefeitura?*
Man kommt mit der Straβenbahn zum Rathaus	*Você chega à Prefeitura de táxi.*
Wie kommt man zur Kunsthalle?	*Como você chega ao museu de arte?*
Man kommt mit dem Bus zur Kunsthalle.	*Você chega ao museu de arte de ônibus.*
Wie kommt man nacht Berlin?	*Como você chega a Berlim?*
Man kommt mit dem Zug nacht Berlin.	*Você chega a Berlim de trem.*

Wie kommt man nach Kanada?	*Como você chega ao Canadá?*
Man kommt mit dem Flugzeug nach Kanada.	*Você chega ao Canadá de avião.*
Kommst du mit dem Auto nach Paris?	*Você está vindo a Paris de carro?*
Ja, ich komme mit dem Auto nach Paris.	*Sim, estou vindo a Paris de carro.*

Exercício Escrito 2

Escreva a conjugação de **kommen** no presente com os seguintes pronomes e substantivos:

ich ____________	wir ____________
du ____________	ihr ____________
er ____________	sie ____________
man ____________	dieser Herr ____________
die Kinder ____________	diese Dame ____________

Exercício Escrito 3

Usando as palavras entre parênteses, responda às questões. Por exemplo:

Woher kommst du? (Bonn) *Ich komme aus Bonn.*

1. Woher kommt Herr Braun? (London)

   ____________________________________.

2. Woher kommt der Amerikaner? (New York)

   ____________________________________.

3. Woher kommt die Österreicherin? (Wien)

   ____________________________________.

4. Woher kommt Frau Benz? (Deutschland)

   ____________________________________.

5. Woher kommt diese Dame? (Italien)

   ____________________________________.

Sobre o Horário

Quando se declara a hora, coloque o número da hora na frente da palavra **Uhr**. Por exemplo, **Es ist drei Uhr** (*são três horas*). Ao falar a que horas algo ocorreu ou ocorrerá, preceda a frase com a preposição **um**. Por exemplo: **Er kommt um drei Uhr nach Hause** (*Ele vem para casa às três horas*).

Há várias frases que podem ser usadas com o verbo **kommen**. Vamos ver algumas delas:

Er kommt spät.	*Ele vem tarde.*
Um sechs Uhr kommt er von der Arbeit.	*Às seis horas ele vem do trabalho.*
Ich komme in einer halben Stunde.	*Eu virei (chegarei) em meia hora.*
Wir kommen in zwei Wochen.	*Nós viremos em duas semanas.*
Wer kommt ins Zimmer?	*Quem está entrando na (vindo à) sala?*
Er kommt in den Himmel.	*Ele está indo para o Céu.*
Er kommt in die Hölle.	*Ele está indo para o Inferno.*

Exercício Oral

Faixa 51

Pratique dizendo em voz alta a lista de frases abaixo.

Kommt er spät zur Party?	*Ele virá à festa tarde?*
Ja, er kommt sehr spät zur Party.	*Sim, ele virá muito tarde à festa.*
Kommt sie immer spät?	*Ela sempre chega tarde?*
Ja, sie kommt immer zu spät.	*Sim, ela sempre chega muito tarde.*
Mein Vater kommt immer um sechs Uhr von der Arbeit.	*Meu pai sempre vem do trabalho às seis horas.*
Um wie viel Uhr kommst du von der Arbeit?	*A que horas você vem do trabalho?*
Ich komme sehr spät von der Arbeit.	*Eu chego do trabalho muito tarde.*
Wann kommen Sie zum Bahnhof?	*Quando você virá à estação de trem?*
Ich komme in eine halben Stunde.	*Eu chegarei em meia hora.*
Martin kommt in einer Stunde.	*Martin chegará em uma hora.*
Wann kommt ihr zur Party?	*Quando vocês virão para a festa?*
Wir kommen um sechs Uhr zur Party.	*Chegaremos à festa às seis horas.*
Wann kommst du nach Hause?	*Quando você chegará em casa?*

Ich komme in zwei Wochen nach Hause.	*Estou chegando em casa em duas semanas.*
Wer kommt nächste Woche?	*Quem estará chegando na próxima semana?*
Tante Gerda kommt nächste Woche.	*Tia Gerda está chegando na próxima semana.*
Kommst du zu Fuβ?	*Você está vindo a pé?*

Verbos *Gehen* e *Fahren*

Tanto **gehen** quanto **fahren** podem ser traduzidos por ir. Porém, **gehen** é mais precisamente ir a pé e **fahen**, viajar ou ser conduzido por alguma forma de transporte (**Bus**, **Zug**, **Straβenbahn** e assim por diante). A língua inglesa não é muito específica ao usar o verbo *ir:*

What time are you going to school? (*A que horas você vai para a escola?*)	(Poderia ser a pé. Poderia ser de ônibus.)
When are you going to Berlin? (*Quando você vai para Berlim?*)	(Poderia ser de trem ou de avião.)

O alemão prefere ser mais específico:

Um wie viel Uhr gehst du zur Schule?	*A que horas você vai para a escola?* (a pé)
Wann fährst du nach Berlin?	*Quando você vai para Berlim?* (por transporte motorizado)

E quando a distância é grande e você vai viajar de avião, você usa o verbo **fliegen** (*voar*).

Wohin fliegt ihr nächste Woche?	*Para onde vocês estão voando (indo) na próxima semana?*
Wir fliegen nächste Woche nach China.	*Voaremos (iremos) para a China na próxima semana.*

Verbos *Wohnen* e *Leben*

O verbo **wohnen** e **leben** podem ser traduzidos como *viver*, mas o primeiro significa *residir em algum lugar* e o último significa *estar vivo*. Vejamos algumas frases de exemplos:

Wo wohnen Sie, Herr Bauer?	*Onde o senhor vive, sr. Bauer?*
Ich wohne in Hamburg.	*Eu vivo em Hamburgo.*
Mein Groβvater lebt noch.	*Meu avô ainda vive.*

Exercício Oral

Pratique dizendo em voz alta a lista de frases abaixo.

Wo wohnen Sie jatzt?	*Onde você reside agora?*
Ich wohne jetzt in Freiburg.	*Eu resido agora em Freiburg.*
Wo wohnt Ihre Tochter?	*Onde sua filha reside?*
Meine Tochter wohnt jetzt in Bonn.	*Minha filha vive agora em Bonn.*
Lebt Ihr Groβvater noch?	*Seu avô ainda vive?*
Ja, er lebt noch, aber er ist sehr alt.	*Sim, ele ainda vive, mas está muito velho.*
Lebt Ihre Groβmutter noch?	*Sua avó ainda vive?*
Nein, sie lebt nicht mehr.	*Não, ela não vive mais.*
Wann gehst du zum Bahnhof?	*Quando você irá para a estação de trem?*
Ich gehe um neun Uhr zum Bahnhof.	*Estou indo para a estação de trem às nove horas.*
Wann fährt er zum Rathaus?	*Quando ele irá à Prefeitura?*
Er fährt morgen zum Rathaus.	*Ele irá à Prefeitura amanhã.*
Fliegt ihr nach Europa?	*Vocês estarão voando para a Europa?*
Ja, wir fliegen nach Europa.	*Sim, estaremos voando para a Europa.*
Von Frankfurt nach München fahren wir mit dem Auto.	*Iremos de carro de Frankfurt a Munique.*
Von Hamburg nach Berlin fahren wir mit dem Zug.	*Iremos de trem de Hamburgo a Berlim.*
Vom Bahnhof zum Rathaus fahren wir mit der Straβenbahn.	*Da estação de trem à Prefeitura iremos de táxi.*
Wohin fahren diese Leute?	*Aonde essas pessoas estão indo?*

Ordem das Palavras

Quando uma palavra ou frase diferente do sujeito inicia uma sentença, o verbo precede o sujeito. Por exemplo:

Wir fahren nach Hamburg. (sujeito seguido pelo verbo)

mas

Heute *fahren wir* nach Hamburg. (verbo seguido pelo sujeito)
Ich fahre mit der Straβenbahn. (sujeito seguido pelo verbo)

mas

Vom Bahnhof zum Rathaus *fahre ich* mit der Straβenbahn.
(verbo seguido pelo sujeito)

Exercício Escrito 4

Reescreva cada frase, começando com a palavra ou frase em parênteses e mudando a ordem das palavras adequadamente. Por exemplo:

Ich gehe zur Schule. (heute) *Heute gehe ich zur Schule.*

1. Die Touristen reisen nach Italien. (morgen) ____________________.
2. Wir sehen viele Kinder. (im Park) ____________________.
3. Ich bestelle ein Glas Bier. (im Restaurant) ____________________.
4. Sie fahren mit dem Auto. (vom Rathaus zur Schule) ____________________.
5. Mein Vater fliegt nach Australien. (heute) ____________________.

Algumas Conjunções Coordenativas

Você já encontrou quatro conjunções importantes: **und** (*e*), **oder** (*ou*), **denn** (*porque*) e **aber** (*mas*). Elas são chamadas conjunções coordenativas, porque combinam duas frases (sentenças) formando uma só.

Karl liest ein Buch **und** Marianne schreibt einen Brief.	*Karl lê um livro* ***e*** *Marianne escreve uma carta.*
Gehen wir zum Rathaus, **oder** gehen wir zum Bahnhof?	*Você vai à Prefeitura,* ***ou*** *estamos indo à estação de trem?*
Er trägt ein Sweatshirt, **denn** es wird sehr kalt.	*Ele está usando um suéter,* ***porque*** *está ficando muito frio.*
Der Mann lebt noch, **aber** er ist sehr alt.	*O homem ainda vive,* ***mas*** *ele é muito idoso.*

OBSERVE: *A conjunção **und** em alemão não requer uma vírgula para separar as duas sentenças como ocorre com as outras conjunções coordenativas.*

Verbos *Wissen* e *Kennen*

Estes dois verbos significam *conhecer*, mas o primeiro expressa *ter conhecimento* e o último, *estar familiarizado com algo*. O verbo **wissen** possui uma conjugação irregular no presente. Vamos comparar as conjugações destes dois verbos.

	wissen	**kennen**
ich	weiß	*kenne*
du	weißt	*kennst*

er	weiβ	*kennt*
wir	wissen	*kennen*
ihr	wisst	*kennt*
sie	wissen	*kennen*

Em frases, esses dois verbos são usados assim:

Wissen Sie, wo Herr Bauer wohnt?	*Você sabe onde reside o sr. Braun?*
Nein, das weiβ ich nicht.	*Não, eu não sei.*
Kennst du Frau Meier?	*Você conhece a sra. Meier?*
Ja, ich kenne sie gut.	*Sim, eu a conheço bem.*

Exercício Oral

Faixa 52

Pratique dizendo em voz alta a lista de frases abaixo.

Weiβt du, wo meine Schlüssel sind?	*Você sabe onde estão minhas chaves?*
Nein, das weiβ ich nicht.	*Não, eu não sei.*
Weiβ man, wer da wohnt?	*Alguém sabe quem vive lá?*
Ich weiβ, wer da wohnt.	*Eu conheço quem vive lá.*
Erik wohnt da. Kennst du Erik?	*Erik reside lá. Você conhece Erik?*
Nein, ich kenne Erik nicht.	*Não, eu não conheço Erik.*
Kennen Sie diese Frau?	*Você conhece esta mulher?*
Ja, ich kenne sie. Das ist Frau Kamps.	*Sim, eu a conheço. É a sra. Kamps.*
Sie wohnt in Bonn, aber Herr Kamps wohnt in Leipzig.	*Ela vive em Bonn, mas o sr. Kamps vive em Leipzig.*

Exercício Escrito 5

Complete as frases preenchendo os espaços com os verbos adequados: **gehen** ou **fahren**, **wohnen** ou **leben**, **wissen** ou **kennen**. Conjugue os verbos adequadamente.

1. Meine Eltern ____________________ jetzt in Freiburg.
2. ____________________ Ihre Groβmutter noch?
3. Wir ____________________ den Mann nicht. Wie heiβt er?
4. Er ____________________ mit dem Zug nach Rom.
5. Herr Benz ____________________ in der Schillerstraβe.
6. Wohin ____________________ du?

7. __________________ Sie, wo Frau Schneider wohnt?

8. Ich ____________________ zum Rathaus. Es ist nicht weit von hier.

9. Warum ________________ ihr zu Fuβ?

10. __________________ Sie meine Eltern nicht?

Infinitivos Terminados em *-ieren*

Há uma grande categoria de verbos que terminam em **-ieren**. Esses verbos tendem a vir de fontes estrangeiras e em muitos casos podemos reconhecer imediatamente os significados de tais verbos. Por exemplo:

arrangieren	*arrumar*	marschieren	*marchar*
diskutieren	*discutir*	organisieren	*organizar*
fotografieren	*fotografar*	probieren	*tentar, provar*
imitieren	*imitar*	spazieren	*girar*
immigrieren	*imigrar*	studieren	*estudar*

Esses verbos são sempre regulares no tempo presente.

	diskutieren	**studieren**
ich	diskutiere	studiere
du	diskutierst	studierst
er	diskutiert	studiert
wir	diskutieren	studieren
ihr	diskutiert	studiert
sie	diskutieren	studieren

Embora você encontre muitos desses verbos, em alemão há alguns que parecem com **-ieren** mas não são. Essa distinção será importante nos próximos capítulos, quando você começará a trabalhar com outros tempos verbais. O presente desses verbos é conjugado da mesma forma, mas é nos vários tempos no passado que os verbos vão diferir dos verbos regulares com **-ieren.** Um verbo alemão assim, que não é um verbo **-ieren** é **verlieren** (*perder*).

ich verliere	wir verlieren
du verlierst	ihr verliert
er verliert	sie verlieren

Exercício Escrito 6

Combine cada sequência de palavras como uma frase, conjugando os verbos adequadamente. Por exemplo:

ich / suchen / mein / Schlüssel *Ich suche meine Schlüssel.*

1. wir / fotografieren / das Rathaus ______________________.
2. Martin / verlieren / das Geld ______________________.
3. ich / studieren / Deutsch / und / Russisch ______________________.
4. die Kinder / probieren / den Pudding ______________________.
5. diese Leute / spazieren / im Park ______________________.

Prefixos Verbais Separáveis

No capítulo 7 você foi apresentado aos prefixos inseparáveis. Há também vários prefixos separáveis derivados de dois grandes grupos de palavras: preposições e advérbios. Aqui estão alguns exemplos de prefixos separáveis: **an-**, **auf-**, **aus-**, **ein-**, **mit-**, **um-**, **vor-**, e **zu-**. Abaixo, alguns exemplos de verbos com esses prefixos separáveis.

ankommen	*chegar*	mitgehen	*ir junto*
aufmachen	*abrir*	umsteigen	*transferir (para outro transporte), baldear*
ausgeben	*gastar*	vorstellen	*apresentar*
einsteigen	*embarcar ou entrar ou subir (transporte)*	zumachen	*fechar*

Há muitos outros prefixos separáveis, mas você pode identificá-los rapidamente pela posição da ênfase no verbo. Se a ênfase está no prefixo (**áufmachen**), o prefixo é separável. Se a ênfase está na raiz do verbo (**besúchen**), o prefixo é inseparável. Quando um verbo com um prefixo separável é conjugado no tempo presente, o prefixo se separa do verbo e é colocado no fim da frase. Por exemplo:

aufmachen *(abrir)*

Ich mache das Fenster **auf.**	*Eu abro a janela.*
Du machst das Fenster **auf.**	*Tu abres a janela.*
Er macht das Fenster **auf.**	*Ele abre a janela.*
Wir machen das Fenster **auf.**	*Nós abrimos a janela.*
Ihr macht das Fenster **auf**.	*Vós abris a janela.*
Sie machen das Fenster **auf**.	*Eles abrem a janela.*
Wer macht das Fenster **auf?**	*Quem está abrindo a janela?*

ausgeben *(gastar)*

Ich gebe zu viel Geld **aus.**	*Eu gasto muito dinheiro.*
Du gibst zu viel Geld **aus.**	*Tu gastas muito dinheiro.*
Er gibt zu viel Geld **aus.**	*Ele gasta muito dinheiro.*
Wir geben zu viel Geld **aus.**	*Nós gastamos muito dinheiro.*
Ihr gebt zu viel Geld **aus.**	*Vós gastais muito dinheiro.*
Sie geben zu viel Geld **aus**	*Eles gastam muito dinheiro.*
Wer gibt zu viel Geld **aus?**	*Quem gasta muito dinheiro?*

Exercício Escrito 7

Escreva a conjugação no tempo presente de cada um dos seguintes verbos:

	ankommen	**einsteigen**	**vorstellen**
ich	______	______	______
du	______	______	______
er	______	______	______
wir	______	______	______
ihr	______	______	______
sie	______	______	______

Caso Acusativo

O sujeito de uma frase em alemão está no caso nominativo. Por exemplo:

Der Mann ist alt.	***O homem*** *é idoso.*
Meine Lampe ist neu.	***Minha lâmpada*** *é nova.*
Wo ist **dein Sweatshirt**?	*Onde está* ***seu suéter****?*
Ihre Kinder haben keine CDs.	***Seus filhos*** *não têm CDs.*

Os objetos diretos estão no caso acusativo. O objeto direto numa frase é a palavra que recebe a ação do verbo. Pergunte *o que* ou *quem* depois do verbo para identificar o objeto direto. Por exemplo:

Eu compro uma blusa nova.	*O que* eu compro? *uma nova blusa* = objeto direto
Eu conheço esta mulher.	*Quem* eu conheço? *esta mulher* = objeto direto

Funciona da mesma forma em alemão:

Ich kaufe eine neue Bluse.	*Was* kaufe ich? **eine neue Bluse** = objeto direto
Ich kenne diese Frau.	*Wen* kenne ich? **diese Frau** = objeto direto

É importante ser capaz de identificar um objeto direto, porque, em alemão, os substantivos masculinos usados como objetos diretos fazem uma diferença declinável. Vamos comparar os casos nominativo e acusativo dos substantivos masculinos.

Nominativo	**Acusativo**
der Mann	den Mann
ein Lehrer	einen Lehrer
kein Freund	keinen Freund
mein Tisch	meinen Tisch
Ihr Wagen	Ihren Wagen

Como você pode ver claramente, o elemento modificador (**der**, **ein**, **kein**, **mein**, **Ihr**) de um substantivo masculino requer uma terminação **-en** quando usado no caso acusativo, isto é, quando é usado com um objeto direto. Agora, compare os substantivos masculinos usados como sujeitos e como objeto direto das frases.

Sujeitos – Caso Nominativo

Mein Lehrer wohnt in Heidelberg. — *Meu professor vive em Heildelberg.*
Wo ist Ihr Wagen? — *Onde está seu carro?*

Objetos Diretos – Caso Acusativo

Kennen Sie meinen Lehrer? — *Você conhece meu professor?*
Ein Freund kauft Ihren Wagen — *Um amigo compra seu carro.*

Mas, com os substantivos femininos, neutros e plurais, não há mudança declinável do caso nominativo para o caso acusativo.

Sujeitos – Caso Nominativo

Meine Tante ist sehr alt. — *Minha tia é muito idosa.*
Wo ist das Heft? — *Onde está o caderno?*
Die Schlüssel sind in der Tasche. — *As chaves estão na bolsa.*

Objetos Diretos – Caso Acusativo

Morgen besuche ich meine Tante. — *Amanhã visitarei minha tia.*
Robert verliert das Heft. — *Robert perde o caderno.*
Iris findet die Schlüssel. — *Iris acha as chaves.*

Exercício Oral

Pratique dizendo em voz alta as seguintes frases:

Kennen Sie meine Eltern? — *Você conhece meus pais?*
Nein, ich kenne sie nicht. — *Não, eu não os conheço.*
Ich stelle meinen Vater un meine Mutter vor. — *Eu lhe apresento meu pai e minha mãe.*
Kennst du den Amerikaner? — *Você conhece o americano?*

Ja, ich kenne den Amerikaner.	*Sim, eu conheço o americano.*
Er wohnt in Cleveland, aber studiert in Hamburg.	*Ele vive em Cleveland, mas está estudando em Hamburgo.*
Ich stelle den Amerikaner vor.	*Eu lhe apresento o americano.*
Wann kommt Herr Schneider an?	*Quando o sr. Schneider vai chegar?*
Ich weiβ nicht. Ich frage meinen Mann.	*Eu não sei. Eu perguntarei ao meu marido.*
Wir steigen in den Bus ein und fahren nach Hause.	*Nós pegamos o ônibus e vamos para casa.*
In der Schillerstraβe steigen wir um.	*Nós nos transferimos* (mudamos) *na rua Schiller.*
Wo steigt ihr ein?	*Onde vocês vão embarcar?*
Wir steigen in der Haupstraβe ein.	*Nós vamos embarcar na rua Principal.*
Wo steigen sie um?	*Onde eles irão se transferir?*
Sie steigen in der Waldstraβe um.	*Eles se transferirão na rua Wald.*
Hans, machst du das Fenster auf?	*Hans, você está abrindo a janela?*
Ja, es ist sehr heiβ heute.	*Sim, está muito quente hoje.*
Wer macht die Tür zu?	*Quem fecha a porta?*
Meine Eltern machen die Tür zu.	*Meus pais fecham a porta.*
Wir gehen zum Bahnhof.	*Estamos indo para a estação de trem.*
Mein Bruder geht mit.	*Meu irmão está indo junto.*

Exercício Escrito 8

Reescreva as frases usando os nomes entre parênteses. Eles serão objetos diretos e vão requerer o caso acusativo.

1. Kennen Sie __________ ?

   (mein Onkel) ______________________________ ?

   (diese Dame) ______________________________ ?

   (der Professor) ______________________________ ?

   (das Mädchen) ______________________________ ?

2. Dieser Mann kauft ____________ .

   (ein Wagen) ______________________________ .

   (mein Haus) ______________________________ .

   (Ihre CDs) ______________________________ .

   (der Teppich) ______________________________ .

Pronomes Acusativos

Assim como os substantivos masculinos mudam no caso acusativo quando são usados como objetos diretos, assim também acontece à maioria dos pronomes. Da mesma forma em português. Por exemplo:

Sujeito: Ele aprende alemão.
Objeto Direto: Você **o** conhece?

Os pronomes em alemão agem da mesma forma:

Pronomes Sujeitos – Caso Nominativo	Pronomes Objeto Direto – Caso Acusativo
ich	mich
du	dich
er	ihn
sie *s.*	sie
es	es
wir	uns
ihr	euch
sie *pl.*	sie
Sie	Sie
wer	wen
was	was

Em frases, eles se parecem assim:

Der Mann kennt mich nicht.	*O homem não me conhece.*
Der Mann kennt dich nicht	*O homem não te conhece.*
Der Mann kennt ihn nicht	*O homem não o conhece.*
Der Mann kennt sie nicht.	*O homem não a conhece.*
Der Mann kennt uns nicht.	*O homem não nos conhece.*
Der Mann kennt euch nicht.	*O homem não vos conhece.*
Der Mann kennt sie nicht.	*O homem não os/as conhece.*
Der Mann kennt Sie nicht.	*O homem não os/as conhece.*
Wen kennt der Mann?	*Quem o homem conhece?*
Was sieht der Mann?	*O que o homem vê?*

Quando você substitui um substantivo por um pronome, ele deve ser do mesmo gênero e caso do nome. Por exemplo:

Eine Frau kommt.	*Uma mulher está vindo.*
Sie kommt.	*Ela está vindo.*
Sehen Sie den Mann?	*Você vê o homem?*
Sehen Sie **ihn**?	*Você o vê?*

Exercício Escrito 9

Reescreva as frases usando os substantivos ou pronomes entre parênteses. Eles serão objetos diretos e requererão o caso acusativo.

1. Wer verkauft _____ ?

   (mein Wagen) ____ ?

   (ein Hut) ____ ?

   (die Fahrkarten) ____ ?

   (das Auto) ____ ?

   (es) ____ ?

2. Kennt ihr____________ ?

   (meine Eltern)____ ?

   der Lehrer) ____ ?

   (die Leute)____ ?

   (mein Freund) ____ ?

   (er) ____ ?

TESTE RÁPIDO

Reescreva cada frase como uma pergunta. Use as frases em negrito como sinais para usar **wo**, **wohin** ou **woher**. Por exemplo:

Er geht nach Hause. *Wohin geht er?*

1. **Meine Eltern sin zu Hause.** ______
2. **Die Touristen gehen zum Bahnhof.** ______
3. **Erik und Tina kommen aus der Schweiz.** ______

Reescreva cada frase com a forma correta das palavras entre parênteses.

4. **Der alte Mann kennt ______ nicht.**
   (mein Vater) ______
   (diese Frau) ______
   (der Lehrer) ______
   (diese Leute) ______
   (er) ______

Dê a forma do caso acusativo de cada palavra entre parênteses.

5. **(die Kinder)** ______
   (ich) ______
   (du) ______
   (mein Freund) ______
   (er) ______
   (sie *s.*) ______
   (ein Hut) ______
   (wir) ______
   (ihr) ______
   (Sie) ______

Nos espaços dados, escreva o pronome que seja a substituição correta para as frases em negrito. Por exemplo:

Karl hat das Buch. ___es___

6. **Siehst du die Lehrerin?** __________

Ich verkaufe meinen Wagen. ______

Kennen Sie meine Eltern? ________

Circule a letra da palavra ou frase que melhor complete cada frase.

7. **Martin ____________ meine Schwester vor.**

A. stellt

B. steigt

C. geht

D. kennt

8. **Um ___________ kommt der nächste Zug?**

A. diese Leute

B. wie viel Uhr

C. spät

D. vom Bahnhof

9. **_____________ besuchen Sie in Heidelberg?**

A. Wir

B. Der alte Professor

C. Wen

D. Ein Amerikaner

10. **Meine Großmutter ____________ den Pudding.**

A. probiert

B. ausgeben

C. fotografieren

D. wohnt

capítulo 9

Falando sobre o Passado

Neste capítulo você aprenderá sobre pronomes possessivos. Além disso, o tempo passado será apresentado, assim como o uso de certas preposições. A formação de plurais também será incluída.

OBJETIVOS DO CAPÍTULO

Neste capítulo você aprenderá:

- Pronomes Possessivos
- Tempo Passado Regular
- Tempo Passado Irregular
- Preposições do Caso Acusativos
- Plurais
- Nomes Neutros

Pronomes Possessivos

Você já encontrou alguns dos pronomes possessivos. Cada pronome possessivo tem um pronome sujeito em contrapartida, do qual é derivado. Eis aqui uma lista completa.

Pronome Sujeito	Pronome Possessivo
ich	mein
du	dein
er	sein
sie *s.*	ihr
es	sein
wir	unser
ihr	euer
sie *pl.*	ihr
Sie	Ihr
wer	wessen

Exceto por **wessen** (*cujo*), no caso acusativo, uma terminação feminina ou masculina é necessária: **mein**, **meine**, **meinen / sein**, **seine**, **seinen / unser**, **unsere**, **unseren** e assim por diante. Nas frases, os pronomes possessivos aparecem do seguinte modo:

Ich verliere mein Buch.	*Eu perco meu livro.*
Du verlierst dein Buch.	*Tu perdes teu livro.*
Er verliert sein Buch.	*Ele perde seu livro.*
Sie verliert ihr Buch.	*Ela perde seu livro.*
Es (Das Kind) verliert sein Buch.	*Ele/Ela (a criança) perde seu livro.*
Wir verlieren unser Buch.	*Nós perdemos nosso livro.*
Ihr verliert euer Buch.	*Vós perdeis vosso livro.*
Sie verlieren ihr Buch.	*Eles perdem seu livro.*
Sie verlieren Ihr Buch.	*Vocês perdem seu livro.*
Wessen Buch verlieren sie?	*Eles perdem o livro de quem?*

Nomes masculinos, femininos e neutros usam **sein**, **ihr** e **sein** (*ele, ela, a coisa*) como seus pronomes possessivos. Todos os nomes no plural usam **ihr** (*seu*).

Der Mann verkauft sein Haus.	*O homem vende sua casa.*
Die Frau verkauft ihren Wagen.	*A mulher vende seu carro.*
Das Mädchen verkauft sein Buch.	*A garota vende seu livro.*
Diese Leute verkaufen ihre Autos.	*Essas pessoas vendem seus carros.*

Exercício Oral

Faixa 53

Pratique dizendo em voz alta a lista de frases abaixo:

Wir diskutieren unser Problem.	*Nós discutimos nosso problema.*
Das ist aber auch mein Problem.	*Mas esse é meu problema, também.*
Der Student macht seine Tür auf.	*O aluno abre sua porta.*
Die Ärztin macht ihr Fenster zu.	*O médico fecha sua janela.*
Wessen Wagen kaufen Sie?	*Você está vendendo o carro de quem?*
Ich kaufen seinen Wagen.	*Eu estou comprando seu carro.*
Wessen Haus kauft ihr?	*Você está comprando a casa de quem?*
Wir kaufen ihr Haus.	*Nós estamos comprando a casa dela.*
Wessen Kleider verkauft ihr?	*Você está vendendo as roupas de quem?*
Wir verkaufen unsere Kleider.	*Nós estamos vendendo nossas roupas.*
Wessen Bücher verkauft der Chef?	*O chefe está vendendo os livros de quem?*
Der Chef verkauft seine Bücher.	*O chefe está vendendo os livros dele.*

Exercício Escrito 1

Responda a cada questão com o pronome possessivo dado entre parênteses. Por exemplo:

Wessen Buch hast du? (mein) Ich habe mein Buch.

1. Wessen Kleider findest du? (sein) ______________________.
2. Wessen Freundin kennst du? (ihr) ______________________.
3. Wessen Wagen kauft ihr? (euer)______________________.
4. Wessen Kind siehst du? (mein) ______________________.
5. Wessen Milch nimmt er? (dein)______________________.
6. Wessen Eltern wohnen in Leipzig? (Ihr) ______________________.
7. Wessen Chef weiß nichts? (unser)______________________.

Exercício Escrito 2

Para cada frase mude o pronome possessivo em negrito para o que está entre parênteses. Por exemplo:

Er findet **sein** Buch.

(ihr) *Er findet ihr Buch.*

1. Ich besuche **meine** Eltern in München.

   (Ihr) ______________________________.

   (euer) ______________________________.

   (unser) ______________________________.

2. Wer findet **ihren** Bleistift.

   (mein) ______________________________?

   (sein) ______________________________?

   (unser) ______________________________?

Tempo Passado Regular

O alemão tem uma formação regular do tempo passado e outra forma irregular. O tempo passado regular acrescenta o sufixo **-te** à raiz do verbo, mais as terminações conjugacionais adequadas.

Para formar o tempo passado regular em alemão, retire a terminação do infinitivo, **-en**, e acrescente as terminações **-te**, **-test**, **-te**, **-ten**, **-tet** e **-ten**. Vamos ver alguns verbos regulares no tempo passado.

	bestellen *(pedir)*	**studieren** *(estudar)*	**lernen** *(aprender)*	**zumachen** *(fechar)*
ich	bestell**te**	studier**te**	lern**te**	mach**te** zu
du	bestell**test**	studier**test**	lern**test**	mach**test** zu
er	bestell**te**	studier**te**	lern**te**	mach**te** zu
wir	bestell**ten**	studier**ten**	lern**ten**	mach**ten** zu
ihr	bestell**tet**	studier**tet**	lern**tet**	mach**tet** zu
sie	bestell**ten**	studier**ten**	lern**ten**	mach**ten** zu

No tempo passado, a primeira pessoa do singular (**ich**) e a terceira pessoa do singular (**er**) sempre terão a mesma terminação. E as regras para usar prefixos separáveis e inseparáveis se aplicam ao tempo passado da mesma forma que ao tempo presente.

Exercício Escrito 3

Conjugue os seguintes verbos no tempo passado.

	fragen	**gehören**	**vorstellen**
ich	______	______	______
du	______	______	______
er	______	______	______
wir	______	______	______
ihr	______	______	______
sie	______	______	______
wer	______	______	______

Exercício Oral

Faixa 54

Pratique dizendo em voz alta a lista de frases abaixo:

Wo lerntest du Deutsch?	*Onde você aprendeu alemão?*
Ich lernte in Berlin Deutsch.	*Aprendi alemão em Berlim.*
Wohntest du in Berlin?	*Você morou em Berlim?*
Ja, ich wohnte zwei Jahre in Berlin.	*Sim, eu morei em Berlim por dois anos.*
Studiertest du in Berlin?	*Você estudou em Berlim?*
Nein, ich studierte an der Universität in Hamburg.	*Não, estudei na Universidade de Hamburgo.*
Wo spieltet ihr Tennis?	*Onde vocês jogaram tênis?*
Wir spielten Tennis im Park.	*Nós jogamos tênis no parque.*
Wo hörtet ihr Radio?	*Onde vocês escutaram o rádio?*
Wir hörten Radio im Wohnzimmer.	*Nós escutamos o rádio na sala.*
Wen fragtest du?	*A quem você perguntou?*
Ich fragte den Chef.	*Eu perguntei ao chefe.*
Warum verkauftest du diese Kleider?	*Por que você vendeu essas roupas?*
Ich verkaufte die Kleider, denn sie sind alt.	*Eu vendi essas roupas, porque elas estavam velhas.*
Wo arbeiteten Sie?	*Onde você trabalhou?*
Ich arbeitete in der Stadt.	*Eu trabalhei na cidade.*

Lembre-se que a raiz de um verbo que termina em **-d** ou **-t** deve receber um **-e-** extra, antes dos terminais conjugacionais, conforme ilustrado em **Ich arbeitete** na frase anterior.

Tempo Passado Irregular

Em alemão, o tempo passado irregular é formado pela mudança de uma vogal e as terminações conjugacionais adequadas são acrescidas ao verbo. Abaixo, alguns verbos irregulares comumente usados, na terceira pessoa do singular (**er**) do tempo passado.

Infinitivo	**Passado**	**Significado**
ausgeben	gab aus	*gastou*
bleiben	blieb	*ficou*
einsteigen	stieg ein	*pegou (transporte)*
essen	aβ	*comeu*
fahren	fuhr	*dirigiu*
finden	fand	*encontrou*
fliegen	flog	*voou*
gehen	ging	*foi (foi embora)*
heiβen	hieβ	*se chamava*
kommen	kam	*veio*
lesen	las	*leu*
schreiben	schrieb	*escreveu*
sehen	sah	*viu*
sprechen	sprach	*falou*
stehlen	stahl	*roubou*
tragen	trug	*portou, vestiu*
verstehen	verstand	*entendeu*

Veja o Apêndice A sobre uma lista completa de verbos irregulares.

Quando conjugados com as várias pessoas, os verbos irregulares acrescentam as terminações **-st**, **-en**, **-t** e **-en** à raiz do passado irregular. Observe que as formas **ich** e **er** não têm acréscimos de terminações.

	verstehen *(entender)*	**gehen** *(ir)*	**ausgeben** *(gastar)*
ich	verstand	ging	gab aus
du	verstandest	gingst	gabst aus
er	verstand	ging	gab aus
wir	verstanden	gingen	gaben aus
ihr	verstandet	gingt	gabt aus
sie	verstanden	gingen	gaben aus

Novamente, tome nota de **du verstandest** e **ihr verstandet** nesta lista para ver como o **-e-** extra é acrescentado quando a raiz do verbo termina em **-d** ou **-t**.

Exercício Escrito 4

Conjugue no tempo passado os seguintes verbos irregulares com os sujeitos dados.

	fahren	**kommen**	**fliegen**
ich	___	___	___
du	___	___	___
er	___	___	___
wir	___	___	___
ihr	___	___	___
sie	___	___	___
dieser Mann	___	___	___

Alguns verbos não produzem apenas a mudança de uma vogal mas também acrescentam os sufixos **-te**, **-test**, **-tet** ou **-ten** no passado irregular. Por exemplo:

	wissen *(saber)*	**kennen** *(conhecer)*	**nennen** *(chamar-se)*
ich	wusste	kannte	nannte
du	wusstest	kanntest	nanntest
er	wusste	kannte	nannte
wir	wussten	kannten	nannten
ihr	wusstet	kanntet	nanntet
sie	wussten	kannten	nannten

Da mesma forma como no presente, o tempo passado em inglês começa, na maioria, com respostas tipo sim ou não, junto com o verbo auxiliar *to do. Did you understand him?* (você o entendeu?) *Did you see your friend?* (você viu seu amigo?) Em alemão, tais perguntas começam com o verbo **Verstandest du ihn? Sahen Sie Ihre Freund?** Em perguntas que começam com formas interrogativas (**wie lange**, **wo**, etc.) o verbo e o sujeito seguem a palavra interrogativa. **Wo wohnten diese Leute?** *Onde essas pessoas viviam?*

Exercício Oral

Pratique lendo em voz alta a lista de frases abaixo.

Wie lange blieben Sie in der Stadt?	*Por quanto tempo você ficou na cidade?*
Ich blieb zwei Tage in der Stadt.	*Eu fiquei na cidade dois dias.*
Wer blieb zu Hause?	*Quem ficou em casa?*
Seine Kinder blieben zu Hause.	*Os filhos dele ficaram em casa.*
Was schrieb der Chef?	*O que o chefe escreveu?*

Der Chef schrieb drei Briefe.	*O chefe escreveu três cartas.*
Wusstet ihr, wo die Leute wohnten?	*Vocês sabiam onde as pessoas moravam?*
Ja, wir wussten, wo sie wohnten.	*Sim, nós sabíamos onde elas moravam.*
Wussten Sie, was Thomas sah?	*Vocês souberam o que Thomas viu?*
Nein, wir wussten nicht, was er sah.	*Não, nós não soubemos o que Thomas viu.*
Kamst du mit dem Flugzeug?	*Você veio de avião?*
Nein, ich kam mit dem Auto.	*Não, eu vim de carro.*
Wohin gingen sie?	*Onde eles foram?*
Sie gingen zum Bahnhof.	*Eles foram para a estação de trem.*
Sie fuhren mit dem Zug nach Bern.	*Eles foram para Berna de trem.*
Kannten Sie diese Leute?	*Você conheceu essas pessoas?*
Ja, ich kannte sie gut.	*Sim, eu os conheci bem.*
Kanntest du unseren Chef?	*Você conheceu nosso chefe?*
Nein, ich kannte ihn nicht.	*Não, eu não o conheci.*

Três verbos importantes precisam ser considerados individualmente por causa do seu extenso papel na língua alemã. Esses verbos são **haben**, **sein** e **werden**. Cada um deles é irregular no tempo presente e, da mesma forma, irregulares no tempo passado. Suas conjugações no tempo passado são:

Faixa 55

	haben *(ter)*	**sein** *(ser / estar)*	**werden** *(tornar-se / ficar)*
ich	hatte	war	wurde
du	hattest	warst	wurdest
er	hatte	war	wurde
wir	hatten	waren	wurden
ihr	hattet	wart	wurdet
sie	hatten	waren	wurden

Exercício Oral

Pratique falando em voz alta a lista de frases abaixo.

Hatten Sie ein Problem?	*Você teve um problema?*
Nein, ich hatte kein Problem.	*Não, eu não tive um problema.*
Was hatten die Leute?	*O que as pessoas tiveram?*
Die Leute hatten viele Fragen.	*As pessoas tiveram um monte de perguntas.*
Wo warst du gestern?	*Onde você estava ontem?*

Ich war gestern in der Stadt.	*Ontem eu estava na cidade.*
Wer war im Restaurant?	*Quem estava no restaurante?*
Mein Chef war im Restaurant.	*Meu chefe estava no restaurante.*
Wann wurde es so kalt?	*Quando o tempo ficou* (se tornou) *tão frio?*
Es wurde gestern so kalt.	*Ontem o tempo ficou* (se tornou) *tão frio.*
Wer wurde die neue Chefin?	*Quem se tornou a nova chefe?*
Frau Benz wurde die neue Chefin.	*A sra. Benz se tornou a nova chefe.*

Exercício Escrito 5

Escreva o passado dos seguintes verbos regulares e irregulares na conjugação da terceira pessoa do singular. (**er**)

essen	________	lesen	________
sagen	________	sprechen	________
bleiben	________	heiβen	________
haben	________	gehen	________
sein	________	warten	________
arbeiten	________	werden	________
finden	________	wissen	________
verstehen	________	ankommen	________

Exercício Escrito 6

Reescreva as seguintes frases colocando-as no tempo passado.

1. Ich komme mit dem Bus.

____.

2. Es wird heute sehr kalt.

____.

3. Warum esst ihr im Wohnzimmer?

____?

4. Meine Tochter studiert an einer Universität in Amerika.

____.

5. Wo steigen wir um?

____?

6. Die Männer zerstören das alte Haus.

____.

7. Wen siehst du im Wohnzimmer?

____?

8. Der Chef diskutiert die Probleme.

____.

9. Ich bin immer krank.

____.

10. Weißt du, wer die Bücher verkauft?

____?

Preposições do Caso Acusativo

O caso acusativo de substantivos e pronomes é usado não apenas com objetos diretos, mas também quando um substantivo ou pronome é o objeto de uma preposição acusativa. As preposições acusativas são assim:

bis	*até; até onde*	ohne	*sem*
durch	*através*	wider	*contra (forma poética antiga)*
für	*para*	um	*em torno*
gegen	*contra*		

As preposições nem sempre são usadas do mesmo modo em todos os idiomas. As definições das preposições ilustradas acima são seus significados gerais. Mas suas traduções podem diferir quando usadas num sentido específico. Por exemplo, **um** significa *em torno*. Porém, quando usar **um** para expressar a que horas algo ocorre, **um** então significa *às*.

um die Ecke	*virando a esquina*	um sechs Uhr	*às seis horas*

A preposição **bis** é usada sozinha com nomes de lugares, palavras que expressam tempo e advérbios. Em outras frases, **bis** é combinada com outra preposição. Por exemplo:

Er reiste bis Leipzig.	*Ele viajou até Leipzig.*
Sie blieb bis Montag hier.	*Ela ficou aqui até segunda-feira.*
Ich war bis gestern Abend da.	*Eu estava lá até ontem à noite.*

mas,

Er blieb bis zu seinem Tod in Bonn.	*Ele ficou em Bonn até sua morte.*
Sie gingen bis zum Rathaus.	*Eles foram até a Prefeitura.*

Exercício Oral

Pratique lendo em voz alta a lista de frases abaixo.

Was hatte Onkel Peter?	*O que o tio Peter tinha?*
Er hatte ein Geschenk für seinen Sohn.	*Ele tinha um presente para seu filho.*
Er hatte ein Geschenk für ihn.	*Ele tinha um presente para ele.*
Er kaufte ein Geschenk für seine Tochter.	*Ele comprou um presente para sua filha.*
Er kaufte ein Geschenk für sie.	*Ele comprou um presente para ela.*
Gegen wen sprach der Chef?	*Contra quem o chefe falou?*
Er sprach gegen diese Leute.	*Ele falou contra essas pessoas.*
Er sprach gegen sie.	*Ele falou contra elas.*
Er sprach auch gegen mich.	*Ele também falou contra mim.*
Wir fuhren durch einen Tunnel.	*Nós dirigimos através do túnel.*
Wir fuhren bis Heidelberg.	*Nós dirigimos até Heidelberg.*
Kamen Sie ohne Ihre Kinder?	*Você veio sem seus filhos?*
Ja, ich kam ohne sie.	*Sim, eu vim sem eles.*
Die Kunsthalle ist um Ecke.	*O museu de arte fica ali virando a esquina.*

Exercício Escrito 7

Reescreva cada frase com as palavras entre parênteses.

1. Ich fand eine neue Lampe für __________ .

   (du) ____ .

   (mein Freund) ____________________________________ .

   (sie s.) ____ .

   (Ihr Chef) _______________________________________ .

2. Diese Frau hatte nichts gegen __________ (**nichts** = *nada*)

   (ich) ____ .

   (wir) ____ .

   (Ihre Chefin) _____________________________________ .

   (Sie) ____ .

3. Robert kam ohne ____________ .

(das Geld) ____________ .

(er) ____________ .

(sie *pl.*) ____________ .

(sein Vater) ____________ .

4. Er ging ohne ____________ zum Park.

(sein Freund) ____________ .

(du) ____________ .

(wir) ____________ .

(ihr Onkel) ____________ .

(ihr) ____________ .

(seine Kinder) ____________ .

5. Die Amerikaner fuhren bis ____________ .

(Hamburg) ____________ .

(München) ____________ .

(Polen) ____________ .

(gestern Abend) ____________ .

(elf Uhr) ____________ .

Plurais

Os plurais em português, na maioria, são simples de formar. A maioria termina em -*s*. O alemão tem alguns substantivos plurais que também terminam em **-s**. Mas essas são palavras estrangeiras como: **die Parks**, **die Hotels**, **die Autos**. A maioria dos substantivos alemães formam seus plurais com vários padrões diferentes. Vejamos alguns desses padrões.

Substantivos Masculinos

Se um substantivo termina em **-er**, **-en** ou **-el**, não haverá um acréscimo no final, mas pode-se acrescentar um **umlaut** (trema) a uma vogal na palavra.

der Lehrer	*se torna*	die Lehrer	*professores*
der Wagen	*se torna*	die Wagen	*carros*
der Mantel	*se torna*	die Mäntel	*casacos*

Muitos outros substantivos masculinos formam o plural com um **-e** ou **umlaut** + -e.

der Brief	*se torna*	die Briefe	*cartas*
der Bleistift	*se torna*	die Bleistifte	*lápis*
der Bahnhof	*se torna*	die Bahnhöfe	*estações de trem*

Substantivos Femininos

Muitos substantivos femininos terminam em -**(e)n** nas suas formas plurais.

die Stunde	*se torna*	die Stunden	*horas*
die Frau	*se torna*	die Frauen	*mulheres*

Substantivos femininos formados com o sufixo **-in** acrescentam **-nen** no plural.

die Studentin	*se torna*	die Stundentin-nen	*alunas*
die Chefin	*se torna*	die Chefinnen	*chefes*

Substantivos Neutros

Se um substantivo termina num sufixo que forma um diminutivo (**-chen** ou **-lein**) não se acrescenta nada para formar o plural.

das Mädchen	*se torna*	die Mädchen	*Garotas*
das Röslein	*se torna*	die Röslein	*rosinhas*

Muitos substantivos com uma sílaba formam o plural acrescentando **-er** ou **umlaut** + -er.

das Haus	*se torna*	die Häuser	*casas*
das Kind	*se torna*	die Kinder	*crianças*
das Land	*se torna*	die Länder	*países*

Estas regras são generalizações sobre a formação dos plurais. Muitos nomes quebram essas regras. Alguns substantivos masculinos usam uma terminação **-en** ou **-er** para formar o plural.

der Student	*se torna*	die Studenten	*alunos*
der Mann	*se torna*	die Männer	*homens*

Alguns substantivos femininos acrescentam um **umlaut** mas nenhum sufixo para formar o plural.

die Mutter	*se torna*	die Mütter	*mães*
die Tochter	*se torna*	die Töchter	*filhas*

Alguns substantivos neutros acrescentam o sufixo **-e** para formar o plural.

das Gedicht	*se torna*	die Gedichte	*poemas*
das Element	*se torna*	die Elemente	*elementos*

O único modo de ter certeza sobre a formação do plural de um substantivo é verificar num dicionário. Com o tempo e a experiência, você virá a usar os plurais automaticamente, do mesmo modo como você sabe que *crianças* é o plural de *criança* ou que *gansos* é o plural de *ganso*.

Exercício Escrito 8

Forme o plural dos seguintes substantivos. Escreva cada um com o artigo definido.

1. das Buch ______
2. der Arm ______
3. der Vater ______
4. die Schwester ______
5. der Boden ______
6. das Rathaus ______
7. der Himmel ______
8. die Ärztin ______
9. das Kleid ______
10. die Tante ______
11. der Bruder ______
12. das Heft ______
13. die Zeitung ______
14. der Tisch ______
15. der Teppich ______
16. die Lampe ______

Exercício Oral

Pratique lendo em voz alta a lista de frases abaixo.

Hattest du nur eine Lampe?	*Você só tinha uma lâmpada?*
Nein, ich hatte viele Lampen.	*Não, eu tinha muitas lâmpadas.*
Hatten Sie nur einen Wagen?	*Você só tinha um carro?*
Nein, ich hatte zwei Wagen.	*Não, eu tinha dois carros.*
Hattet ihr nur einen Bruder?	*Vocês só tinham um irmão?*
Nein, wir hatten vier Brüder.	*Não, nós tínhamos quatro irmãos.*
Wie viele Schwestern hattest du?	*Quantas irmãs você tinha?*
Ich hatte nur eine Schwester.	*Só tinha uma irmã.*
Wie viele Bücher hatte Erik?	*Quantos livros Erik tinha?*
Er hatte nur ein Buch.	*Ele só tinha um livro.*
Wie viele Fahrkarten hatte Tina?	*Quantos bilhetes Tina tinha?*
Sie hatte nur eine Fahrkarte.	*Ela só tinha um bilhete.*
Wie viele Brief hattet ihr?	*Quantas cartas vocês tinham?*
Wir hatten nur einen Brief.	*Nós só tínhamos uma carta.*

TESTE RÁPIDO

Responda a cada pergunta com o adjetivo possessivo entre parênteses. Por exemplo:

Wessen Haus ist das? (mein) *Das ist mein Haus.*

1. Wessen Schlüssel haben Sie? (sein) ____________________

2. Wessen Buch las Erik? (mein) ____________________

3. Wessen Eltern besuchte Werner? (unser) ____________________

Reescreva cada frase abaixo, substituindo o pronome possessivo em negrito pelos dados entre parênteses.

4. Frau Keller verliert **ihren** Hut.

(mein) ____________________

(dein) ____________________

5. Ich besuchte **meinen** Onkel.

(sein) ____________________

(unser) ____________________

6. Escreva as conjugações no tempo passado para os seguintes verbos, usando os sujeitos dados.

	sein	ausgeben	haben
ich	______	______	______
du	______	______	______
er	______	______	______
wir	______	______	______
ihr	______	______	______
sie *pl.*	______	______	______
die Leute	______	______	______

Mude as seguintes perguntas do tempo presente para o tempo passado.

7. Verkauft er seinen Wagen?

____

Verstehen Sie, was er sagt?

____

Reescreva as frases abaixo, preenchendo os espaços com as palavras entre parênteses. Faça quaisquer mudanças necessárias para pronomes ou terminações das palavras.

8. Frau Schneider hatte einen Brief für ______________________________

(ich) ______________________________

(er) ______________________________

(mein Onkel) ______________________________

Der Mann sprach gegen ______________________________

(Ihr Sohn) ______________________________

(sie *s.*) ______________________________

(wir) ______________________________

Circule a letra da palavra ou a frase que melhor completa cada frase.

9. Martin kam ________________ **das Geld.**

A. zum C. ohne

B. wartete D. immer

10. Wir ____________ **unseren Sohn Hans.**

A. nannten

B. lasen

C. verkauften

D. sprachen

capítulo 10

Tempo e Calendário

Neste capítulo você aprenderá sobre a conjugação de certos verbos irregulares nos tempos presente e passado. O caso dativo será apresentado, assim como mais números cardinais. O conceito de informar o tempo em alemão também está incluído.

OBJETIVOS DO CAPÍTULO

Neste capítulo você aprenderá:

- Mais Verbos Irregulares nos Tempos Presente e Passado
- Caso Dativo
- Pronomes Dativos
- Mais sobre Ordem das Palavras
- Números Cardinais a Partir de Vinte
- Mais sobre Informar o Horário
- Números Ordinais
- Dias e Meses
- Esportes e Hobbies

Mais Verbos Irregulares nos Tempos Presente e Passado

Há vários outros verbos importantes que são irregulares. Eles têm alta frequência de uso em alemão e devem ser identificados cedo. Alguns desses verbos irregulares têm uma mudança de vogal e acrescentam os sufixos **-te**, **-test**, **-ten** e **-tet**. Veja os exemplos abaixo (observe que apenas a terceira pessoa do singular está mostrada aqui).

Tempo Presente e Passado

Infinitivo		**Presente**		**Passado**	
bringen	*trazer*	bringt	*traz*	brachte	*trouxe*
denken	*pensar*	denkt	*pensa*	dachte	*pensou*
rennen	*correr*	rennt	*corre*	rannte	*correu*
senden	*enviar*	sendet	*envia*	sandte	*enviou*

Outros verbos irregulares:

Infinitivo		**Presente**		**Passado**	
anfangen	*começar*	fängt an	*começa*	fing an	*começou*
anrufen	*telefonar*	ruft an	*telefona*	rief an	*telefonou*
brechen	*quebrar*	bricht	*quebra*	brach	*quebrou*
fallen	*cair*	fällt	*cai*	fiel	*caiu*
fressen*	*comer*	frisst	*come*	fraβ	*comeu*
geben	*dar*	gibt	*dá*	gab	*deu*
helfen	*ajudar*	hilft	*ajuda*	half	*ajudou*
laufen	*correr*	läuft	*corre*	lief	*correu*
liegen	*jazer*	liegt	*jaz*	lag	*jazeu*
nehmen	*tomar*	nimmt	*toma*	nahm	*tomou*
schneiden	*cortar*	schneidet	*corta*	schnitt	*cortou*
stehen	*ficar*	steht	*fica*	stand	*ficou*
tun	*fazer*	tut	*faz*	tat	*fez*
vergessen	*esquecer*	vergisst	*esquece*	vergaβ	*esqueceu*

Exercício Oral

Pratique lendo em voz alta a lista de frases abaixo.

Der Metzger brachte das Fleisch.	*O açougueiro trouxe a carne.*
Der Hund fraβ das Fleisch.	*O cachorro comeu a carne.*

* Este verbo só se aplica a animais.

Der Ausländer nahm das Fleisch.	*O estrangeiro pegou a carne.*
Niemand schnitt das Fleisch.	*Ninguém cortou a carne.*
Er dachte an Frau Keller.	*Ele pensou na sra. Keller.*
Sie rief Frau Keller an.	*Ela telefonou para a sra. Keller.*
Ich sandte Frau Keller ein Geschenk.	*Eu enviei um presente para a sra. Keller.*
Wer gab Frau Keller ein Geschenk?	*Quem deu um presente à sra. Keller?*
Niemand half Frau Keller.	*Ninguém ajudou a sra. Keller.*
Niemand vergaß Frau Keller.	*Ninguém esqueceu a sra. Keller.*
Der Metzger rennt wieder zur Polizei.	*O açougueiro está correndo para a polícia novamente.*
Wann fängt der Film an?	*Quando o filme começa?*
Meine Kusine brach sich den linken Arm.	*Meu primo quebrou seu braço esquerdo.*
Oma fiel auf den rechten Arm.	*Vovó caiu sobre seu braço direito.*
Der Hund liegt unter dem Tisch.	*O cachorro permanece debaixo da mesa.*
Was tust du? Warum stehst du hinter der Tür?	*O que você está fazendo? Por que você está de pé atrás da porta?*
Ich tue nichts.	*Eu não estou fazendo nada.*

Exercício Escrito 1

Conjugue os seguintes verbos no presente com os pronomes dados.

	denken	**anfangen**	**helfen**
ich	________	________	________
du	________	________	________
er	________	________	________

	brechen	**fallen**	**vergessen**
du	________	________	________
er	________	________	________
wir	________	________	________

Conjugue os seguintes verbos no passado com os pronomes dados.

	fallen	**bringen**	**stehen**
ich	________	________	________
er	________	________	________
wir	________	________	________

	rennen	**anrufen**	**schneiden**
ich	________	________	________
du	________	________	________
ihr	________	________	________

Caso Dativo

Você já encontrou o caso nominativo, que identifica o sujeito de uma frase e o caso acusativo, que identifica o objeto direto de uma frase e que também é usado seguindo preposições acusativas. O caso dativo identifica o objeto indireto de uma frase.

Quando você pergunta *para quem* ou *a quem* com o sujeito e o verbo de uma frase, você pode identificar o objeto indireto. Por exemplo:

Eu dei um presente a Karl. (*Para quem* eu dei um presente?) O objeto indireto é *Karl*.

Eu comprei uma flor para Tina (*Para quem* eu comprei uma flor?) O objeto indireto é *Tina*.

O objeto indireto numa frase em alemão será o caso dativo. No caso acusativo, só substantivos masculinos fazem uma mudança declinativa. No caso dativo, todos os substantivos fazem uma mudança declinativa. Vamos comparar os casos nominativo, acusativo e dativo dos três gêneros e as formas plurais.

	masculino	**feminino**	**neutro**	**plural**
nomin.	der Mann	die Frau	das Kind	die Kinder
acus.	de**n** Mann	die Frau	das Kind	die Kinder
dativo	de**m** Mann	de**r** Frau	d**em** Kind	d**en** Kinder**n**

Qualquer determinante (**der**, **mein**, **kein**, **dieser**, etc.) usado no caso dativo terá as mesmas terminações de dativos ilustrados acima, por exemplo: **einem Mann**, **diesem Mann**, **keinem Mann**, **dieser Frau**, **meiner Frau**, **Ihrer Frau**, **einem Kind**, **deinem Kind**, **unserem Kind**, **diesen Kindern**, **seinen Kindern**, **keinen Kindern**. Tome nota que um substantivo dativo plural que não tiver um terminação **-n** acrescentará esse terminação: **Kindern.** Nas frases, o caso dativo aparece assim:

Ich gab **dem Mann** ein Geschenk.	*Eu dei um presente* ***ao homem***.
Ich kaufte **meiner Frau** eine Blume.	*Eu comprei uma flor* ***para minha esposa***.

Exercício Escrito 2

Reescreva os substantivos dados à esquerda no caso dativo com **ihr**, **mein** e **dies-**. Por exemplo:

der Mann	*ihrem Mann*	*meinem Mann*	*diesem Mann*
der Metzger	______	______	______
die Wohnung	______	______	______
das Land	______	______	______
die Bücher	______	______	______
die Uhr	______	______	______

Exercício Oral

Faixa 56

Pratique lendo em voz alta a seguinte lista de frases:

Was gibst du dem Ausländer?	*O que você está dando ao estrangeiro?*
Ich gab dem Ausländer eine Fahrkarte.	*Eu dei um bilhete ao estrangeiro.*
Was gaben Sie Ihrer Tante?	*O que você deu à sua tia?*
Ich gab meiner Tante eine Rose.	*Eu dei uma rosa à minha tia.*
Was kauftet ihr den Männern?	*O que vocês compraram para os homens?*
Wir kauften den Männern Bier.	*Nós compramos cerveja para os homens.*
Wir senden unserem Freund einen Brief.	*Nós mandamos uma carta aos nossos amigos.*
Wir sandten deiner Tochter ein Paket.	*Nós mandamos um pacote à sua filha.*
Wer sandte den Studenten neue Bücher?	*Quem enviou livros novos aos alunos?*

Pronomes Dativos

Os pronomes alemães também têm a formação de um caso dativo.

Caso Nominativo	**Caso Dativo**
ich	mir
du	dir

er	ihm
sie *s.*	ihr
es	ihm
wir	uns
ihr	euch
sie *pl.*	ihnen
Sie	Ihnen
wer	wem

Use os pronomes dativos quando os pronomes são objetos indiretos numa frase. Por exemplo:

Ich gebe **dir** eine Blume.	*Eu **lhe** dou uma flor.*
Ich kaufe **ihr** eine Tasse Tee.	*Compro **para ela** uma xícara de chá.*

Exercício Oral

Pratique lendo em voz alta a lista de frases abaixo:

Wem geben Sie die Bücher?	*Para quem você está dando os livros?*
Ich gebe ihm die Bücher.	*Eu lhe dou os livros.*
Was bringst du deiner Lehrerin?	*O que você está trazendo para sua professora?*
Ich bringe ihr ein Geschenk.	*Eu lhe trouxe um presente.*
Wem schreiben Sie diesen Brief?	*Para quem você está escrevendo esta carta?*
Ich schreibe Ihnen diesen Brief.	*Estou escrevendo esta carta para você.*
Er sandte mir eine Postkarte.	*Ele me mandou um cartão postal.*
Er sandte dir eine Ansichtskarte.	*Ele lhe mandou um cartão pintado.*
Er sandt uns ein Telegramm.	*Ele nos enviou um telegrama.*
Er sandte euch ein Geschenk.	*Ele lhe mandou um presente.*
Er sandte ihnen vier Briefe.	*Ele lhes mandou quatro cartas.*

Exercício Escrito 3

Reescreva as frases abaixo, preenchendo os espaços com as palavras entre parênteses. Faça as mudanças declinativas adequadas.

1. Der Metzger gab________ ein Geschenk.

   (ich)____.

   (du) ____.

(sie *pl.*)____.

(mein Sohn) ____.

(meine Söhne)____.

(die Ausländerin) ____.

2. Wer schreibt ____________ einen Brief?

(sie s.) ____?

(wir) ____?

(Sie)____?

(ihr)____?

(die Polizei)____?

(Ihre Kinder)____?

3. Was sendet er ____?

(wir) ____?

(sie *pl.*)____?

(ihr)____?

(Sie)____?

(ich)____?

Mais sobre a Ordem das Palavras

Em alemão, se o objeto indireto e o objeto direto de uma sentença são ambos substantivos, o objeto indireto precederá o objeto direto.

Wir geben dem Lehrer einen Kuli.	*Nós damos ao professor uma caneta esfereográfica.*

Se o objeto indireto é um pronome e o objeto direto é um substantivo, o objeto indireto precederá o objeto direto.

Wir geben ihm einen Kuli.	*Nós lhe damos uma caneta esfereográfica.*

Porém, quando o objeto direto é um pronome, o objeto direto precederá o objeto indireto, seja o objeto indireto um substantivo ou um pronome.

Wir geben ihm dem Lehrer.	*Nós a damos ao professor.*
Wir geben ihn ihm.	*Nós a damos a ele.*

Exercício Escrito 4

Reescreva cada frase duas vezes. Na primeira frase, substitua o objeto indireto por um pronome. Na segunda frase, substitua o objeto direto e o objeto indireto por pronomes. Por exemplo:

Sie gab dem Lehrer ein Geschenk.

Sie gab ihn ein Geschenk.

Sie gab es ihm.

1. Robert schrieb seiner Frau einen Brief.

   ______________________________.

   ______________________________.

2. Ich kaufte meinem Sohn ein Auto.

   ______________________________.

   ______________________________.

3. Senden Sie Ihren Eltern neue Bücher?

   ______________________________?

   ______________________________?

4. Gudrun brachte ihrer Freundin ein Heft.

   ______________________________.

   ______________________________.

5. Wir verkauften dem Männern die Kleider.

   ______________________________.

   ______________________________.

Números Cardinais a Partir de Vinte

Nos tempos antigos, o número vinte e quatro era chamado *quatro e vinte* (em inglês havia uma cantiga com que as babás embalavam os bebês "Four and twenty black-birds baked in a pie..."). Esta abordagem ainda permanece nos números acima de vinte em alemão. Vamos conhecer esses números.

20	zwanzig	21	einundzwanzig
30	dreiβig	32	zweiunddreiβig
40	vierzig	43	dreiundvierzig

50	fünfzig	54	vierundfünfzig
60	sechzig	65	fünfundsechzig
70	siebzig	76	sechsundsiebzig
80	achtzig	87	siebenundachtzig
90	neunzig	98	achtundneunzig
100	(ein)hundert	900	neunhundert
340	dreihundertvierzig	672	sechshundertzweiundsiebzig
1.000	(ein)tausend	4.000	viertausend
1.000.000	eine Million	3.000.000	drei Millionen
1.000.000.000	eine Milliarde	1.000.000.000.000	eine Billion

Os números em alemão são sempre escritos com uma única palavra; porém, eles tendem a ser mostrados como numerais e não como palavras. Observe que a palavra alemã **Billion** significa *trilhão*. **Milliarde** significa *bilhão*.

Mais sobre Informar o Horário

Faixa 57

Você já conhece a expressão usada para dizer o tempo e a hora.

Es ist acht Uhr.	*São oito horas.*
Er kommt um neun Uhr.	*Ele chega às nove horas.*

O alemão tem vários modos de expressar certos horários no relógio. Há três modos de expressar um quarto de hora.

3.15 Es ist drei Uhr fünfzehn.
Es ist Viertel nach drei. (**das Viertel** = *um quarto*)
Es ist ein Viertel vier.

Observe a terceira expressão, que diz que o horário é um quarto antes da próxima hora – **vier** (*quatro*).

Na meia hora, você diz:

6.30 Es ist sechs Uhr dreiβig.
Es ist halb sieben.

Observe a segunda expressão, que diz que o horário é a meio caminho da hora seguinte – **sieben** (*sete*).

Nos três quartos de hora, você diz:

9.45 Es ist neun Uhr fünfundvierzig.
Es ist Viertel vor zehn.
Es ist drei Viertel zehn.

Observe a segunda e a terceira expressões, que dizem que o horário está a caminho para a próxima hora – **zehn** (*dez*).

Agora vejamos alguns exemplos de horário.

12.05	Es ist zwölf Uhr fünf.
	Es ist fünf (Minuten) nach zwölf.
1.10	Es ist ein Uhr zehn.
	Es ist zehn (Minuten) nach eins.
2.22	Es ist zwei Uhr zweiundzwanzig.
	Es ist zweiundzwanzig (Minuten) nach zwei.
4.35	Es ist vier Uhr fünfunddreiβig.
	Es ist fünf Minuten nach halb fünf.
10.48	Es ist zehn Uhr achtundvierzig.
	Es ist zwölf Minuten vor elf.

O alemão não usa *A.M. / P.M.* Em vez disso, usa o horário de 24 horas. Por exemplo:

0.05	null Uhr fünf	*12.05 A.M*
4.15	vier Uhr fünfzehn	*4:15 A.M.*
6.30	sechs Uhr dreiβig	*6:30 A.M.*
13.00	dreizehn Uhr	*1:00 P.M.*
15.30	fünfzehn Uhr dreiβig	*3:30 P.M.*
24.00	vierundzwanzig Uhr	*12:00 meia-noite*

O alemão usa um ponto para separar a hora dos minutos: 2.30 = *duas e meia.*

Exercício Escrito 5

Complete as frases com os horários mostrados à esquerda.

1. (6.30) Es ist ______________________ sieben.
2. (9.35) Es ist neun Uhr ______________________.
3. (12.55) Es ist fünf Minuten vor ______________________.
4. (2.15) Es ist ______________________ nach zwei.
5. (11.30) Es ist halb ______________________.
6. (4.45) Es ist vier Uhr ______________________.
7. (3.55) Es ist fünf Minuten ______________________.

Números Ordinais

Os números ordinais são aqueles que podem ser usados como adjetivos. Em alemão, os números até dezenove terminam em **-te.** A partir de vinte, eles terminam em **-ste.** Por exemplo:

5º	fünfte	*quinto*	20º	Zwanzigste	*Vigésimo*
10º	zehnte	*décimo*	31º	einunddreiβigste	*trigésimo-primeiro*
14º	vierzehnte	*décimo-quarto*	99º	neunundneunzigste	*nonagésimo-nono*

O alemão tem alguns ordinais irregulares. Eles são:

1º	erste	*primeiro*
3º	dritte	*terceiro*
7º	siebte	*sétimo*

Nas frases, os ordinais em alemão aparecem assim:

Das erste Gedicht heiβt *Rote Rosen.*	*O primeiro poema é chamado* Rosas Vermelhas.
Unser dritter Sohn ist in Mannheim.	*Nosso terceiro filho está em Mannheim.*
Sie ist am Dreiundzwanzigsten geboren.	*Ela nasceu no vigésimo terceiro dia.*

Quando os ordinais são usados para expressar datas, eles seguem **am** (a contração de **an + dem = am**): **am vierten Mai** (*no dia quatro de maio*).

Dias e Meses

Vejamos os dias da semana e os meses do ano em alemão. Observe quanto eles se parecem com seus equivalentes em inglês. Primeiro, **Wochentage** (*dias da semana*):

Sonntag	*domingo*	Donnerstag	*quinta-feira*
Montag	*segunda-feira*	Freitag	*sexta-feira*
Dienstag	*terça-feira*	Samstag	*sábado*
Mittwoch	*quarta-feira*	(*ou* Sonnabend)	

Agora, **Monate** (*meses*):

Januar	*janeiro*	Juli	*julho*
Februar	*fevereiro*	August	*agosto*
März	*março*	September	*setembro*

April	*abril*	Oktober	*outubro*
Mai	*maio*	November	*novembro*
Juni	*junho*	Dezember	*dezembro*

Todos os dias da semana e meses do ano são masculinos: **der Montag**, **der Oktober**.

Use **am** (**an** + **dem**) para dizer "*em um* dia da semana": **am Freitag** (*na sexta-feira*). Use **im** (**in** + **dem**) para dizer "*em um* mês do ano": **im Juli** (*em julho*).

Robert kommt am Sonntag.	*Robert está chegando no domingo.*
Sie ist im Juli geboren.	*Ela nasceu em julho.*

Exercício Oral

Faixa 58

Pratique lendo em voz alta a lista de frases abaixo.

Wann kommt dein Cousin zu Besuch?	*Quando seu primo virá para uma visita?*
Er kommt am Dienstag zu Besuch.	*Ele virá para uma visita na terça-feira.*
Wann seid ihr wieder in Mannheim?	*Quando vocês virão a Mannheim novamente?*
Wir sind am Mittwoch wieder in Mannheim	*Nós voltaremos a Mannheim novamente na quarta-feira.*
Wann ist das Kind geboren?	*Quando a criança nasceu?*
Das Kind ist im Februar geboren.	*A criança nasceu em fevereiro.*
Wann sind die Zwillinge geboren?	*Quando os gêmeos nasceram?*
Die Zwillinge sind im Juni geboren.	*Os gêmeos nasceram em junho.*
Wann bist du geboren?	*Quando você nasceu?*
Ich bin im Dezember geboren.	*Eu nasci em dezembro.*
Ich bin am elften Mai geboren.	*Eu nasci no dia onze de maio.*
Sie ist am ersten September geboren.	*Ela nasceu no dia 1º de setembro.*
Sie sind am dritten Oktober geboren.	*Eles nasceram no dia três de outubro.*
Wer ist am Achtundzwanzigsten geboren?	*Quem nasceu no dia vinte e oito?*
Unsere Tochter ist am Achtundzwanzigsten geboren.	*Nossa filha nasceu no dia vinte e oito.*

Use **im Jahre** para expressar em que ano algo ocorreu.

Er ist im Jahre 1992 geboren. (1812 = achtzehnhundertzwölf)	*Ele nasceu em 1992.*
Im Jahre 2000 wohnte sie noch in Bonn. (2000 = zweitausend)	*Em 2000 ela ainda vivia em Bonn.*

Exercício Escrito 6

Reescreva cada frase, preenchendo os espaços com as datas dadas entre parênteses. Mude o número cardinal para o número ordinal adequado.

1. Er besuchte uns am ______________ Marz.

   (1) ____________________________________.

   (3) ____________________________________.

   (9) ____________________________________.

   (15) ____________________________________.

   (27) ____________________________________.

2. Ihr Sohn ist am ______________ Juli geboren.

   (30) ____________________________________.

   (31) ____________________________________.

   (2) ____________________________________.

   (7) ____________________________________.

   (12) ____________________________________.

Esportes e Hobbies

Os alemães se preocupam muito com a boa forma. Eles se associam a ginásios e clubes atléticos e participam de vários esportes. **Welche Sportart Treiben Sie?** (*De que esporte você participa?*), em que se pergunta qual esporte alguém está praticando. Você pode responder assim: **Ich spiele** ___ (*eu jogo...*) e dê o nome do esporte.

Exercício Oral

Pratique lendo em voz alta a lista de frases abaixo.

Welche Sportart treiben Sie?	*De que esporte você participa?*
Ich spiele Fuβball.	*Eu jogo futebol.*
Welche Sportart treibst du, Monika?	*De que esporte você participa, Mônica?*
Ich spiele Basketball.	*Eu jogo basquete.*
Welche Sportart treibt ihr?	*De que esporte vocês participam?*
Wir spielen Eishockey.	*Nós jogamos hóquei no gelo.*
Wir spielen Golf.	*Nós jogamos golfe.*
Wie spielen Handball.	*Nós jogamos handebol.*
Wir spielen Tischtennis.	*Nós jogamos tênis de mesa.*

Was macht ihr gern?	*O que você gosta de fazer?*
Wir spielen gern Schach.	*Nós gostamos de jogar xadrez.*
Was machst du gern, Thomas?	*O que você gosta de fazer, Thomas?*
Ich schwimme gern.	*Eu gosto de nadar.*
Was machen Sie gern, Herr Benz?	*O que você gosta de fazer, sr. Benz?*
Ich fahre gern Rad.	*Eu gosto de pedalar.*
Ich laufe gern Ski.	*Eu gosto de esquiar.*
Ich lese gern.	*Eu gosto de ler.*
Ich wandere gern.	*Eu gosto de fazer caminhadas.*
Ich sammele Briefmarken.	*Eu coleciono selos.*
Mein Hobby ist Basteln.	*Meu hobby é fazer artesanato.*

Use a palavra **gern** após um verbo para dizer o que você *gosta de fazer.*

Ich spiele gern Tennis.	*Eu gosto de jogar tênis.*
Wir tanzen gern.	*Nós gostamos de dançar.*

Exercício Escrito 7

Usando as frases entre parênteses, escreva frases que digam o que você gosta de fazer. Por exemplo:

(Briefe schreiber) Ich schreibe gern Briefe.

1. (Schach spielen) ______________________.
2. (wandern) ______________________.
3. (schwimmen) ______________________.
4. (Golf spielen) ______________________.
5. (Rad fahren) ______________________.
6. (Ski laufen) ______________________.
7. (lesen) ______________________.

TESTE RÁPIDO

1. **Escreva a conjugação no tempo presente dos seguintes verbos com os pronomes dados.**

	essen	**sehen**	**laufen**
ich	________	________	________
du	________	________	________
er	________	________	________

Escreva a conjugação no tempo passado dos seguintes verbos com os pronomes dados.

	bringen	**anrufen**	**vergessen**
ich	________	________	________
du	________	________	________
er	________	________	________

2. **Reescreva cada substantivo no caso dativo usando kein, unser e dies-**

	unser	**sein**	**dies-**
das Rad	________	________	________
der Brief	________	________	________
die Postkarte	________	________	________
die Kinder	________	________	________

3. **Reescreva a seguinte frase, usando o caso dativo para os pronomes dados entre parênteses.**

Der Lehrer gab________________ einen Kull.

(ich)________________________________.

(du)________________________________.

(er)________________________________.

(sie *s.*)________________________________.

(Sie)________________________________.

4. **Reescreva cada frase duas vezes. Na primeira frase, mude o objeto indireto para um pronome. Na segunda frase, mude o objeto direto e o objeto indireto para pronomes. Por exemplo:**

Sie gab dem Lehrer ein Geschenk.

Sie gab ihm ein Geschenk.

Sie gab es ihm.

Sie brachte der Frau die Kleider.

____

____

Ich kaufte den Kindern einen neuen Ball.

____

____

Escreva os seguintes horários em frases. Por exemplo:

3.00 *Es ist drei Uhr.*

5. 10.30______________________________________

6. 4.45______________________________________

7. 8.15______________________________________

8. Reescreva a seguinte frase, preenchendo os espaços com a data (números entre parênteses).

Mein Sohn ist am_______________ **März geboren.**

(1) ______________________________________

(3) ______________________________________

(16) ______________________________________

(22) ______________________________________

(30) ______________________________________

Circule a palavra ou frase que melhor completa cada frase.

9. Onkel Karl kommt am ___________________

A. Neunzehn

B. Sieben Uhr

C. Freitag

D. Schach spielen

10. Das Konzert fängt um ____________ **Uhr an.**

A. zweite

B. im Jahre 2011

C. Oktober

D. vier

Ainda com Dificuldades?

A variedade de verbos irregulares em alemão pode parecer uma enorme sobrecarga. Mas não esqueça de usar o Apêndice A: Partes Principais dos Verbos Irregulares no final deste livro o/a ajudarão a vencer as irregularidades.

TESTE DA PARTE DOIS

Escreva as formas do tempo presente dos seguintes verbos com os pronomes dados.

1. werden

ich ______________________

du ______________________

er ______________________

wir ______________________

2. sehen

ich ______________________

du ______________________

er ______________________

ihr ______________________

3. fahren

ich ______________________

du ______________________

er ______________________

Sie ______________________

4. mitgehen

ich ______________________

du ______________________

er ______________________

wir ______________________

Escreva as conjugações do presente e do passado dos seguintes verbos com o pronome dado.

5. besuchen

ich ____________ ____________

du ____________ ____________

er ____________ ____________

ihr ____________ ____________

6. **helfen**

   ich ____________ ____________

   du ____________ ____________

   er ____________ ____________

   Sie ____________ ____________

7. **sein**

   ich ____________ ____________

   du ____________ ____________

   er ____________ ____________

   wir ____________ ____________

8. **haben**

   ich ____________ ____________

   du ____________ ____________

   er ____________ ____________

   ihr ____________ ____________

Use as palavras ou frases em negrito como sinais para o tipo de pergunta que você deve formular a partir de cada frase. Reescreva cada frase como uma pergunta, mudando a palavra ou frase em negrito para **wer**, **wen**, **wem** ou **was**. Por exemplo:

Martin kauft ein Heft.

Was kauft Martin?

9. Meine Schwester gab **mir** einen Bleistift.

   ____

10. Die Kinder lesen **ein Buch**.

    ____

11. Herr Benz besucht **seinen Onkel** in Hamburg.

    ____

12. **Karin** ist im Park.

    ____

Use as palavras ou frases em negrito como sinais para o tipo de pergunta que você deve formular a partir de cada frase. Mude a palavra ou frase em negrito para **wann**, **wo** ou **wohin**.

13. Tina fuhr mit dem Zug **nach Frankreich**.

____

14. Das Konzert fängt **um sechs Uhr** an.

____

15. Die Jungen sin **im Wohnzimmer**.

____

16. Preencha os espaços com o verbo adequado: **gehen** ou **fahren; wissen** ou **kennen**. Conjugue o verbo adequadamente no presente.

Ich ___________den Mann nicht. Wie heiβt er?

Die Kinder _______________ zu Fuβ.

Er _____________ nicht, wo das Restaurant ist.

Meine Eltern _______________ mit dem Bus nach Berlin.

17. Complete cada frase com a forma correta dos objetos diretos dados entre parênteses.

Ich kaufe ____ .

(ein Hut) ____

(diese Bluse)______________________________________

Wir besuchten _____________________________________ .

(dein Lehrer)______________________________________

(er) ____

18. Dê as formas do caso acusativo e o caso dativo de cada palavra ou frase.

	Caso Acusativo	Caso Dativo
meine Mutter	_______________	_______________
deine Auto	_______________	_______________
der Zahnarzt	_______________	_______________
Sie	_______________	_______________

19. Reescreva as seguintes frases, mudando-as do tempo presente para o tempo passado.

Wer macht das Fenster auf?

____

Verstehen Sie, was ich frage?

____

Complete a frase dada com a forma correta dos pronomes dados.

20. Warum geben sie ____________das Geld?

(ich)____

(du) ____

(er) ____

(sie *s.*) ______________________________________

(wir) ____

(ihr)____

(sie *pl*) ______________________________________

Reescreva a seguinte frase duas vezes. Na primeira frase, mude o objeto indireto para um pronome. Na segunda frase, mude os dois objetos, direto e indireto, para um pronome. Por exemplo:

Sie gab dem Lehrer ein Geschenk.

Sie gab ihm ein Geschenk.

Sie gab es ihm,

21. Die Lehrerin sandte meinem Eltern einen Brief.

____

____

Circule a letra da palavra ou frase que melhor completa cada frase.

22. Mein Sohn ist am___________ Mai geboren.

A. heute
B. dreizehn
C. vierten
D. jung

23. _______________ fährst du miy dem Zug?

A. Wer
B. Gestern
C. Wohin
D. Mit dem Bus

24. Der ____________ Mantel ist neu.

A. braune
B. alte
C. schwarz
D. groβ

25. Es ____________________sehr kalt.

A. waren
B. Wetter
C. sind
D. wurde

Parte Três

Muito Mais sobre Verbos

capítulo 11

Falando Mais sobre o Passado

Neste capítulo, o particípio passado será apresentado. Além disso, a formação e o uso dos particípios presentes serão discutidos, assim como o uso dos verbos e preposições dativas. Um vocabulário importante sobre geografia também será incluído.

OBJETIVOS DO CAPÍTULO

Neste capítulo você aprenderá:

- Particípio Passado
- Particípios Presentes
- Verbos que Usam o Dativo
- Preposições que Usam o Dativo
- Geografia

Particípio Passado

Até agora, neste livro, você aprendeu sobre a formação do passado simples, também chamado de Präteritum, em alemão. Esse tempo verbal é usado primariamente em linguagem escrita. Na linguagem falada, os eventos no passado são expressos, na maioria, no particípio passado, também chamado de Perfekt.

Em alemão, o particípio passado consiste na conjugação do verbo **haben** no presente acompanhado por um verbo no particípio.

Os particípios dos verbos regulares têm a seguinte estrutura: **ge- + raiz do verbo + t.** Por exemplo:

fragen:

ge + frag + t = **gefragt**	er hat gefragt	*ele perguntou*

machen:

ge + mach + t = **gemacht**	er hat gemacht	*ele fez*

Se o infinitivo tem um prefixo separável, esse prefixo precederá o prefixo **ge-** do particípio. Por exemplo:

zumachen:

zu + ge + mach + t = **zugemacht**	er hat zugemacht	*ele fechou*

E se o infinitivo tem um prefixo inseparável, esse prefixo substitui o prefixo **ge-** do particípio. Por exemplo:

besuchen:

be + such + t = **besucht**	er hat besucht	*ele visitou*

erwarten:

er + wart + et = **erwartet**	er hat erwartet	*ele esperou*

Se a raiz do verbo termina em **-d** ou **-t**, acrescente um **-e-** antes da terminação **-t**, como em **erwartet**.

Os verbos que terminam com **-ieren** nunca têm um prefixo **ge-** adicionado ao particípio. Por exemplo:

studieren	er hat studiert	*ele estudou*
diskutieren	er hat diskutiert	*ele discutiu*

Exercício Escrito 1

Conjugue os seguintes verbos regulares no particípio passado com os pronomes dados.

	lachen	**versuchen**	**vorstellen**
ich	__________	__________	__________
du	__________	__________	__________
er	__________	__________	__________
wir	__________	__________	__________
ihr	__________	__________	__________
sie	__________	__________	__________

Particípios Passados Irregulares

O alemão tem uma longa lista de particípios passados irregulares. Se um verbo irregular não tem prefixo, o particípio começará com o prefixo **ge-** e mais frequentemente terminará em **-en**. Se o verbo tem um prefixo separável, esse prefixo precederá o prefixo **ge-** do particípio. E se o verbo tem um prefixo inseparável, esse prefixo substitui o prefixo **ge-** do particípio. Vejamos alguns exemplos de particípios passados irregulares.

Verbos Sem um Prefixo

essen	gegessen	er hat gegessen	*ele comeu*
finden	gefunden	er hat gefunden	*ele encontrou*
geben	gegeben	er hat gegeben	*ele deu*
lesen	gelesen	er hat gelesen	*ele leu*
schreiben	geschrieben	er hat geschrieben	*ele escreveu*
sehen	gesehen	er hat gesehen	*ele viu*
singen	gesungen	er hat gesungen	*ele cantou*
sprechen	gesprochen	er hat gesprochen	*ele falou*
stehlen	gestohlen	er hat gestohlen	*ele roubou*
trinken	getrunken	er hat getrunken	*ele bebeu*

Observe que **essen** requer um **g** após o prefixo **ge-** do particípio

Verbos com um Prefixo Separável

ansehen	*encarar*	angesehen	er hat angesehen	*ele encarou*
ausgeben	*gastar*	ausgegeben	er hat ausgegeben	*ele gastou*
aussprechen	*pronunciar*	ausgesprochen	er hat ausgesprochen	*ele pronunciou*
mitnehmen	*levar*	mitgenommen	er hat mitgenommen	*ele levou*

Verbos com um Prefixo Inseparável

besitzen	*possuir*	besessen	er hat besessen	*ele possuiu*
erhalten	*receber*	erhalten	er hat erhalten	*ele recebeu*
versprechen	*prometer*	versprochen	er hat versprochen	*ele prometeu*
verstehen	*entender*	verstanden	er hat verstanden	*ele entender*

Particípios Irregulares Terminados em -*t*

absenden	*despachar*	abgesandt	er hat abgesandt	*ele despachou*
erkennen	*reconhecer*	erkannt	er hat erkannt	*ele reconheceu*
kennen	*saber*	gekannt	er hat gekannt	*ele soube*
nennen	*nomear*	genannt	er hat genannt	*ele nomeou*
senden	*enviar*	gesandt	er hat gesandt	*ele enviou*
wissen	*conhecer*	gewusst	er hat gewusst	*ele conheceu*

Saiba que você encontrará verbos cujos particípios parecerão com seus infinitivos. Por exemplo:

Infinitivo		**Particípio**	
erhalten	*obter*	hat erhalten	*obteve*
bekommen	*receber*	hat bekommen	*recebeu*

Exercício Escrito 2

Conjugue os seguintes verbos irregulares no particípio passado com os pronomes dados.

	sprechen	**versprechen**	**aussprechen**
ich	__________	__________	__________
du	__________	__________	__________
er	__________	__________	__________
wir	__________	__________	__________
ihr	__________	__________	__________
sie	__________	__________	__________

	wissen	**beschreiben** *(descrever)*	**aussehen** *(parecer com)*
ich	__________	__________	__________
du	__________	__________	__________
er	__________	__________	__________
wir	__________	__________	__________
ihr	__________	__________	__________
sie	__________	__________	__________

O Perfekt ou particípio passado é o passado simples do português:

Ich habe ihn besucht.	*Eu o visitei. (passado simples)*

Portanto, onde pareça apropriado, o passado em português será usado neste livro para traduzir o particípio passado do alemão.

OBSERVAÇÃO: *O verbo **haben** é posicionado numa frase no presente perfeito com o sujeito tal como seria em qualquer outro tempo. Mas o particípio passado é sempre o último elemento de uma frase.*

Wir **haben** zwei lange Gediche **gelernt.**	*Nós **aprendemos** dois longos poemas.*

Observe essa estrutura na Prática Oral a seguir.

Exercício Oral

Faixa 59

Pratique lendo em voz alta a lista de frases abaixo.

Haben Sie die Musik gehört?	Você ouviu a música?
Ja, ich habe die schöne Musik gehört.	Sim, eu ouvi a linda música.
Nein, ich habe nichts gehört.	Não, não ouvi nada.
Niemand hat die Musik gehört.	Ninguém ouviu a música.
Hast du seinen Roman gelesen?	Você leu este romance?
Ja, ich habe ihn gelesen.	Sim, eu o li.
Nein, ich habe ihn noch nicht gelesen.	Não, eu ainda não o li.
Was hat er gekauft?	O que ele comprou?
Er hat nichts gekauft.	Ele não comprou nada.
Karin har ihr Fahrrad verkauft.	Karin vendeu sua bicicleta.
Wie lange habt ihr auf mich gewartet?	Por quanto tempo vocês me esperaram?
Wir haben eine Stunde auf dich gewartet.	Nós esperamos uma hora por você.
Haben Sie noch nicht gegessen?	Você ainda não comeu?
Nein, ich habe noch nicht gegessen.	Não, eu ainda não comi.
Ich bin sehr hungrig. Und ich habe Durst.	Estou com muita fome. E estou com sede.
Die alte Frau hat krank ausgesehen.	A senhora idosa parecia doente.
Robert hat meine Tasche gefunden.	Robert encontrou minha bolsa.
Die Kinder haben nichts verstanden.	As crianças não entenderam nada.
Aber er hat langsam gesprochen.	Mas ele falou devagar.

Exercício Escrito 3

Reescreva as seguintes frases no presente, mudando-as para o particípio passado. Por exemplo:

Er kauft einen Hut. *Er hat einen Hut gekauft.*

1. Was sagst du? ______________________________ ?
2. Wir lernen Deutsch. ______________________________ .
3. Die Kinder spielen gern im Park. ______________________________ .
4. Sehen Sie meinen Sohn? ______________________________ ?
5. Wir erhalten drei Briefe vom ihnen. ______________________________ .
6. Robert wohnt in der Hauptstadt. ______________________________ .
7. Hört ihr die schöne Musik? ______________________________ ?
8. Die Männer zerstören das alte Haus. ______________________________ .
9. Ich sende euch ein kleines Paket. ______________________________ .
10. Wer arrangiert die Musik? ______________________________ ?
11. Er verspricht es. ______________________________ .
12. Was liest du? ______________________________ ?
13. Gudrun nimmt mein Fahrrad. ______________________________ .
14. Was stiehlt der Dieb? ______________________________ ?
15. Niemand versteht dich. ______________________________ .

Particípios Presentes

Os particípios presentes em alemão são usados como modificadores.

Um particípio presente é formado simplesmente acrescentando **-d** ao infinitivo: **fahren—fahren*d***, **singen—singen*d***, **schlafen—schlafen*d***. Quando um particípio presente modifica um substantivo, requer uma terminação de adjetivo.

das schlafende Kind	*a criança dormindo*
der fahrende Sänger	*o menestrel viajante*
die singende Frau	*a mulher cantante*

Conforme ilustrado antes, os particípios passados são usados na estrutura do presente perfeito. Mas, como os particípios presentes, eles também podem ser usados como modificadores. Por exemplo:

ein gebrochener Mensch	*um homem falido*
das geschriebene Wort	*a palavra escrita*
ein gesuchter Wissenschaftler	*um cientista muito procurado*

Verbos que Usam o Dativo

O alemão tem uma categoria de verbos que requerem um objeto no caso dativo. A tradução de uma frase que tem um verbo dativo que aparece em português tem um objeto direto. Mas em alemão, esse objeto não é um objeto direto. É um objeto dativo ou indireto.

Ich glaube **dem Mann** nicht.	*Eu não acredito **no homem**.*

Na frase em português, *o homem* é um objeto direto. Mas **dem Mann** está no caso dativo, porque **glauben** é um verbo dativo. Outros verbos dativos são:

dienen	*servir*	gehören	*pertencer a*
folgen	*seguir*	helfen	*ajudar*
gefallen	*agradar, gostar*	imponieren	*impressionar*

Os verbos **gefallen** e **gehören** são usados de modo especial. No caso de **gefallen**, o verbo é usado para expressar gostar de algo. Em português, a estrutura é: *sujeito + gostar + objeto indireto.*

Eu + gosto + do livro	**Minha mãe + gosta + do novo carro**

Mas, em alemão a estrutura é diferente, porque a frase literal é *algo agradável para alguém.*

Das Buch gefällt mir.	*(O livro me agrada). Eu gosto do livro.*
Der neue Wagen gefällt meiner Mutter.	*(O novo carro agrada à minha mãe). Minha mãe gosta do novo carro.*

O verbo **gehören** também é seguido pelo caso dativo. Diferente do inglês, a preposição *to* não é necessária para o significado em alemão.

Das gehört mir.	*O livro pertence a mim.*
Der neue Wagen gehört meiner Mutter.	*O carro novo pertence à minha mãe.*

Todos os verbos dativos podem ser usados em todos os tempos. Por exemplo:

Ich glaube dem Mann nicht.	*Eu não acredito no homem.*
Ich glaubte dem Mann nicht.	*Eu não acreditei no homem.*

Ich habe dem Mann nicht geglaubt.	*Eu não acreditei no homem.*
Wir helfen unserer Tante.	*Nós ajudamos nossa tia.*
Wir halfen unserer Tante.	*Nós ajudamos (passado) nossa tia.*
Wir haben unserer Tante geholfen.	*Nós temos ajudado nossa tia.*

Exercício Oral

Faixa 60

Pratique lendo em voz alta a lista de frases abaixo.

Hast du ihm nicht geglaubt?	*Você não acreditou nele?*
Nein, ich habe ihm niemals geglaubt.	*Não, eu nunca acreditei nele.*
Wem habt ihr geholfen?	*A quem vocês ajudaram?*
Wir haben unserer Kusine geholfen.	*Nós ajudamos nosso primo.*
Sein Singen hat mir sehr imponiert.	*Seu (dele) canto realmente me impressionou.*
Ihr Tanzen hat uns sehr imponiert.	*Sua dança realmente nos impressionou.*
Niemand hat dem König gedient.	*Ninguém serviu o rei.*
Wir dient der Königin?	*Quem está servindo a rainha?*
Der Mann folgt uns.	*O homem está nos seguindo.*
Nein. Niemand folgt uns.	*Não. Ninguém está nos seguindo.*
Wie gefällt dir mein Fahrrad?	*O quanto você gosta da minha bicicleta?*
Es gefällt mit gut.	*Eu gosto muito dela.*
Gehört Ihnen dieser Roman?	*Este romance pertence a você?*
Nein, er gehört mir nicht.	*Não, ele não me pertence.*
Dieser Roman gehört meiner Kusine.	*Este romance pertence a minha prima.*

Preposições que Usam o Dativo

O caso dativo é usado para objetos indiretos e seguem verbos dativos. É também requerido por objetos com preposições dativas. As preposições dativas são:

aus	*de; a partir de*	nach	*após*
auβer	*exceto*	seit	*desde*
gegenüber	*oposto, através de*	von	*a partir de*
mit	*com*	zu	*para*
bei	*com, em (por exemplo: vivendo na casa de alguém)*		

A preposição **gegenüber** segue um pronome e pode seguir ou preceder um substantivo. Se o substantivo se refere a uma pessoa, ele tende a seguir o substantivo.

Wir sitzen einer schöner Frau gegenüber.	*Nós sentamos de frente a uma linda mulher.*
Wir sitzen ihr gegenüber.	*Nós nos sentamos de frente a ela.*
Wir wohnen gegenüber der Bibliothek.	*Nós moramos na frente da biblioteca.*

As outras preposições dativas precedem tanto os substantivos quanto os pronomes. Nas frases, as preposições dativas aparecem assim:

Die Mädchen kamen aus dem Theater.	*As garotas saíram do teatro.*
Niemand hörte es außer meinem Freund.	*Ninguém ouviu isso, exceto meu amigo.*
Tina hat bei ihrer Tante gewohnt.	*Tina morou na casa de sua tia.*
Ich habe mit dem Hund gespielt.	*Eu brinquei com o cachorro.*
Nach der Oper gingen wir nach Hause.	*Depois da ópera fomos para casa.*
Seit zwei Stunden wartet er im Flur.	*Ele está esperando no hall há duas horas.*
Ich fahre von Hamburg nach Bremen.	*Eu dirijo de Hamburgo a Bremen.*
Fährt diese Straßenbahn zum Bahnhof?	*Este metrô vai para a estação de trem?*

Ao escrever *ir para casa, cidade, país* ou *continente*, use **nach** significando *para*.

Wir fahren nach Deutschland.	*Estamos indo para a Alemanha.*
Wir fahren nach House.	*Estamos indo para casa.*

Use **nach** com o caso dativo para significar *após*.

nach dem Konzert	*após o concerto*	nach einer Stunde	*após uma hora*

Exercício Oral

Pratique lendo em voz alta a lista de frases abaixo.

Die Kinder kommen aus der Schule.	*As crianças estão vindo da escola.*
Wer kommt aus der Bibliothek?	*Quem está saindo da biblioteca?*
Niemand kommt aus der Bibliothek.	*Ninguém está saindo da biblioteca.*
Niemand versteht mich außer Karl.	*Ninguém me entende exceto Karl.*
Niemand besucht mich außer meinem Onkel.	*Ninguém me visita exceto meu tio.*
Niemand hilft mir außer dir.	*Ninguém me ajuda exceto você.*

Sie hat bei uns gewohnt.	*Ela morou em nossa casa.*
Habt ihr bei euren Eltern gewohnt?	*Vocês moraram na casa de seus pais?*
Nein, wir haben bei Freunden gewohnt.	*Não, nós moramos com amigos.*
Mit wem hat er getanzt?	*Com quem ele dançou?*
Er hat mir der schönen Studentin getanzt.	*Ele dançou com a linda aluna.*
Sie half mir nach der Arbeit.	*Ela me ajudou depois do trabalho.*
Sie halfen mir nach dem Fuβballspiel.	*Eles me ajudaram depois do jogo de futebol.*
Ich wohne seit März in Darmstadt.	*Moro em Darmstadt desde março.*
Ich bin seit drei Wochen hier.	*Estou aqui por três semanas.*
Das ist ein Geschenk von der Königin.	*Este é um presente da rainha.*
Ich habe es vom König erhalten.	*Eu o recebi do rei.*
Um wie viel Uhr gehst du zur Schule?	*A que horas você vai para a escola?*
Um wie viel Uhr ging er zur Arbeit?	*A que horas ele foi para o trabalho?*

É comum formar contrações com as preposições **von** e **zu.**

von + dem → **vom**
zu + dem → **zum**
zu + der → **zur**

Exercício Escrito 4

Reescreva cada frase com os substantivos ou pronomes dados entre parênteses. Aplique adequadamente o caso dativo.

1. Der Ausländer hat mit __________ gesprochen.

   (die Kinder) ____.

   (meine Tante) ____.

   (der König) ____.

   (ich)____.

   (wir) ____.

   (sie *pl.*)____.

2. Gudrun wohnt seit April bei ______________.

   (ihre Eltern) ____.

   (meine Schwester) ____.

(ein Freund) ______________________________.

(er) ______________________________.

(sie s.) ______________________________.

(ich)______________________________.

3. Sie bekommt einen Brief von ______________.

(ihre Eltern) ______________________________.

(ein Ausländer)______________________________.

(dein Bruder) ______________________________.

(du)______________________________.

(ihr)______________________________.

Geografia

Neste livro você já encontrou várias regiões geográficas e cidades. Vejamos mais algumas.

Afrika	*África*	die Erdteile	*os continentes*
Asien	*Ásia*	Europa	*Europa*
Australien	*Austrália*	Mittelamerika	*América Central*
die Antarktis	*Antártica*	Nordamerika	*América do Norte*
die Erde	*a Terra*	Südamerika	*América do Sul*

Exercício Oral

Pratique lendo em voz alta a lista de frases abaixo.

Wo liegt Deutschland?	*Onde a Alemanha se situa?*
Deutschland liegt in Europa.	*A Alemanha se situa na Europa.*
Liegt Hamburg im Norden oder Süden?	*Hamburgo está situada no norte ou no sul?*
Hamburg liegt im Norden.	*Hamburgo está situada no norte.*
Wo liegt Belgien?	*Onde a Bélgica se localiza?*
Belgien liegt im Westen.	*A Bélgica se localiza no oeste.*
Wo liegt Bulgarien?	*Onde a Bulgária está localizada?*
Bulgarien liegt im Osten.	*A Bulgária está localizada no leste.*
Ist Griechenland im Norden?	*A Grécia está no norte?*
Nein. Griechenland ist im Süden.	*Não. A Grécia está no sul.*
Andere europäische Länder sind:	*Outros países europeus incluem:*

Estland	*Estônia*
Frankreich	*França.*
Groβbritannien	*Grã Bretanha*
Irland	*Irlanda*
Lettland	*Letônia*
Litauen	*Lituânia*
die Niederlande	*Países Baixos*
Norwegen	*Noruega*
Portugal	*Portugal*
Rumänien	*Romênia*
Russland	*Rússia*
die Slowakei	*Eslováquia*
Spanien	*Espanha*
Tschechien	*República Tcheca*
Ukraine	*Ucrânia*
Weiβrussland	*Bielorússia*

Exercício Escrito 5

Combine cada país e capital numa frase. Usa a frase de exemplo como padrão. Observe o uso de uma possessiva terminação **-s** no nome do país.

(Deutschland, Berlin) Die Hauptstadt Deutschlands ist Berlin.

1. (Frankreich, Paris) ______________________ .
2. (Italien, Rom) ______________________ .
3. (Russland, Moskau) ______________________ .
4. (Norwegen, Oslo) ______________________ .
5. (Polen, Warschau) ______________________ .
6. (Spanien, Madrid) ______________________ .
7. (Tschechien, Prag) ______________________ .
8. (Griechenland, Athen) ______________________ .
9. (Japan, Tokio) ______________________ .
10. (Österreich, Wien) ______________________ .

TESTE RÁPIDO

1. Escreva a conjunção do particípio passado dos seguintes verbos com os pronomes dados.

	fragen	versuchen	vorstellen
ich	__________	__________	__________
du	__________	__________	__________
er	__________	__________	__________
wir	__________	__________	__________
ihr	__________	__________	__________
Sie	__________	__________	__________

2. Dê o particípio passado para os seguintes verbos.

dienen__________ trinken__________
arrangieren__________ erkennen__________
gehören__________ stehlen__________
essen__________ tun__________
aussehen__________ wissen__________

3. Escreva as conjugações do presente, passado e presente perfeito de cada um dos verbos abaixo com os pronomes dados. Por exemplo:

	fragen		
ich	*frage*	*fragte*	*habe gefragt*
du	*fragst*	*fragtest*	*hast gefragt*
	finden		
ich	__________	__________	__________
du	__________	__________	__________
er	__________	__________	__________
	ausgeben		
wir	__________	__________	__________
ihr	__________	__________	__________
Sie	__________	__________	__________

Usando a forma adequada do caso dativo, reescreva cada frase preenchendo os espaços com as palavras entre parênteses.

4. Warum folgt sie __________?

(die Kinder) ____________________

(meine Tochter) ____________________

(ich) ____________________

(du) ____________________

5. Der Lehrer steht____________gegenüber.

(ihr Bruder) ____________________

(deine Eltern) ____________________

(er) ____________________

(wir) ____________________

6. Das ist ein Geschenk von____________.

(die Königin) ____________________

(unser Kind) ____________________

(ihr) ____________________

(sie *pl.*) ____________________

Circule a letra da palavra ou frase que melhor completa cada frase.

7. Haben Sie die Zeitung ____________?

A. schreiben
B. gelesen
C. schrieb
D. lasen

8. Ich habe gestern mit________ gesprochen.

A. einem Freund
B. du
C. die Männer
D. der Roman

9. Dieses Buch ____________mir nicht.

A. gewont
B. geglaubt
C. die Manner
D. gefällt

10. Wie lange ____________ihr auf mich gewartet?

A. habt
B. bekam
C. bekommen
D. hat

capítulo 12

Detalhes Importantes

Neste capítulo você aprenderá as funções especiais da preposição **vor** e o verbo **haben**. As preposições acusativas-dativas serão apresentadas, assim como o uso das conjunções subordinativas e a conjugação de **sein** no particípio passado. Um vocabulário útil a respeito de alimentos e bebidas será incluído.

OBJETIVOS DO CAPÍTULO

Neste capítulo você aprenderá:

- Particípio Passado com *Sein*
- Um Uso Especial de *Vor*
- Fome e Sede com *Haben*
- Preposições Acusativas-Dativas
- Outros Prefixos de Verbos
- Conjunções Subordinativas
- Alimentos e Bebidas

Particípio Passado com *Sein*

Certos verbos em alemão requerem **sein** como seu auxiliar no particípio passado, ao invés de **haben**.

Quando **sein** é o auxiliar no particípio passado, os particípios passados ainda têm as mesmas formações regulares e irregulares das formações com **haben**. Por exemplo:

reisen		**fahren**	
ich bin gereist	*eu viajei*	ich bin gefahren	*eu dirigi*
du bist gereist	*tu viajaste*	du bist gefahren	*tu dirigiste*
er ist gereist	*ele viajou*	er ist gefahren	*ele dirigiu*
wir sind gereist	*nós viajamos*	wir sind gefahren	*nós dirigimos*
ihr seid gereist	*vós viajastes*	ihr seid gefahren	*vós dirigistes*
sie sind gereist	*eles viajaram*	sie sind gefahren	*eles dirigiram*

Claro, a questão é: Como você sabe quando usar **haben** e quando usar **sein**? Em geral, use **haben** com verbos transitivos, isto é, verbos que usam um objeto direto.

Er hat den Roman gelesen. *Ele leu o romance.* (*romance* = objeto direto)

E use **sein** com verbos de deslocamento, isto é, verbos cuja ação requer deslocamento de um lugar para outro. Por exemplo:

Er ist nach Deutschland gefahren. *Ele dirigiu para a Alemanha. (Mostra deslocamento de um local original para a Alemanha.)*

É possível saber se o verbo é de deslocamento dando um comando com o verbo. Se a ação pode ser realizada sem mover os pés de um lugar a outro, provavelmente o verbo é transitivo e terá **haben** como auxiliar. Por exemplo:

Cantar. *Ler um livro.* *Guardar o dinheiro.*

Mas, se os pés precisam se mover para realizar a ação, o verbo é provavelmente um verbo de deslocamento e usará **sein** como auxiliar. Por exemplo:

Correr. Ir para casa. Voar para Munique.

Sein é também usado com verbos que mostram uma mudança do estado físico ou de um estado cuja pessoa que realiza a ação não tem controle direto.

Er ist in Amerika gestorben. *Ele morreu na América.* (Morrer é uma mudança de estado físico sobre a qual a pessoa não tem controle algum.)

Também é possível testar o uso de **sein** dando um comando com o verbo. Se não há ação tangível do verbo e ele descreve um estado ou condição, o verbo provavelmente usará **sein** como seu auxiliar. Por exemplo:

Seja gentil.	Torne-se um médico.	Não morra.

Você já encontrou muitos verbos nos tempos presente e passado que usam **sein** como auxiliar no particípio passado. Vejamos algumas conjugações na terceira pessoa do singular.

Verbos Regulares

folgen	er ist gefolgt	*ele seguiu*
marschieren	er ist marschiert	*ele marchou*
reisen	er ist gereist	*ele viajou*
spazieren	er ist spaziert	*ele passeou*

Verbos Irregulares

ankommen	er ist angekommen	*ele chegou*
bleiben	er ist geblieben	*ele ficou*
einsteigen	er ist eingestiegen	*ele partiu*
fahren	er ist gefahren	*ele dirigiu*
fallen	er ist gefallen	*ele caiu*
fliegen	er ist geflogen	*ele fluiu*
gehen	er ist gegangen	*ele foi*
kommen	er ist gekommen	*ele veio*
laufen	er ist gelaufen	*ele correu*
mitgehen	er ist mitgegangen	*ele acompanhou*
rennen	er ist gerannt	*ele correu*
sterben	er ist gestorben	*ele morreu*
umsteigen	er ist umgestiegen	*ele transferiu*

Exercício Escrito 1

Escreva a conjugação no particípio passado dos seguintes verbos com os pronomes dados.

	spazieren	**kommen**	**umsteigen**
ich	______________	______________	______________
du	______________	______________	______________
er	______________	______________	______________
wir	______________	______________	______________
ihr	______________	______________	______________
sie	______________	______________	______________

	bleiben	sterben	folgen
ich	______	______	______
du	______	______	______
er	______	______	______
wir	______	______	______
ihr	______	______	______
sie	______	______	______

Exercício Oral

Faixa 61

Pratique dizendo em voz alta a lista de frases abaixo.

Wann kommt dein Vater?	*Quando seu pai chegará?*
Er ist schon gekommen.	*Ele já chegou.*
Wann kommen deine Eltern?	*Quando seus pais chegarão?*
Sie sind schon gekommen.	*Eles já chegaram.*
Wir sind in der Hauptstraβe eingestiegen.	*Nós embarcamos na rua principal.*
Wir sind am Marktplatz ausgestiegen.	*Nós saltamos no Shopping Center.*
Wie lange seid ihr da geblieben?	*Quanto tempo vocês ficaram lá?*
Wir sind den ganzen Tag da geblieben.	*Nós ficamos lá o dia inteiro.*
Wohin ist Tina geflogen?	*Para onde Tina voou?*
Sie ist nach Tokio geflogen.	*Ela voou para Tóquio.*
Sie ist gestern angekommen.	*Ela chegou ontem.*
Lebt der Kranke noch?	*O paciente ainda está vivo?*
Nein, er ist leider gestorben.	*Não, infelizmente ele morreu.*
Wohnen Ihre Eltern noch in Bonn?	*Seus pais ainda vivem em Bonn?*
Nein, sie sind vor einem Jahr gestorben.	*Não, eles morreram há um ano.*
Wann ist er nach Norwegen gereist?	*Quando ele viajou para a Noruega?*
Er ist vor drei Tagen nach Norwegen gereist.	*Ele viajou para a Noruega há três dias.*

Um Uso Especial para *Vor*

Use **vor** com o caso dativo para expressar *há quanto tempo* algo ocorreu.

vor eine Woche	*há uma semana*	vor einen Tag	*um dia atrás*
vor zwei Wochen	*há duas semanas*	vor zehn Tagen	*dez dias atrás*
vor einem Monat	*há um mês*	vor einem Jahr	*um ano atrás*
vor drei Monaten	*há três meses*	vor elf Jahren	*onze anos atrás*

Os verbos **sein** e **werden** são verbos importantes e devem ser vistos separadamente. Ambos usam **sein** como auxiliares no particípio passado, porque esses verbos descrevem um estado: *ser* e *tornar-se*. Suas conjugações no presente perfeito se parecem assim:

sein		**werden**	
Ich bin gewesen	*eu fui / estive*	Ich bin geworden	*eu me tornei*
du bist gewesen	*tu foste / estiveste*	du bist geworden	*tu te tornaste*
er ist gewesen	*ele foi / esteve*	er ist geworden	*ele se tornou*
wir sind gewesen	*nós fomos / estivemos*	wir sind geworden	*nós nos tornamos*
ihr seid gewesen	*vós fostes / estivestes*	ihr seid geworden	*vós vos tornastes*
sie sind gewesen	*eles foram / estiveram*	sie sind geworden	*eles se tornaram*

Um terceiro verbo importante a discutir é o **haben**. Ele é um verbo transitivo direto e portanto usa **haben** na conjugação do particípio passado.

ich habe gehabt	*eu tive*	wir haben gehabt	*nós tivemos*
du hast gehabt	*tu tiveste*	ihr habt gehabt	*vós tivestes*
er hat gehabt	*ele teve*	sie haben gehabt	*eles tiveram*

Use a contração **im** (**in** + **dem**) com as quatro estações do ano (d**ie vier Jahreszeiten**). Todas as estações são palavras masculinas.

Im Winter	*no inverno*	Im Sommer	*no verão*
im Frühling	*na primavera*	im Herbst	*no outono*

Exercício Oral

Pratique lendo em voz alta a lista de frases abaixo:

Wo sind Sie gewesen, Herr Benz?	*Onde o senhor esteve, sr. Benz?*
Ich bind in Frankreich gewesen.	*Eu estive na França.*
Ich habe meine Verwandten besucht.	*Eu visitei meus parentes.*
Es ist schon kalt geworden.	*Já ficou (se tornou) frio.*
Ja, das Wetter im Winter ist immer kalt.	*Sim, o clima no inverno é sempre frio.*
Haben Sie einen warmen Mantel?	*Você tem um casaco quente?*
Ich habe lange in diesem Klima gelebt.	*Eu vivi muito tempo neste clima.*
Ich habe immer einen warmen Mantel gehabt.	*Eu sempre tive um casaco quente.*
Ist Ihr Sohn krank gewesen?	*Seu filho esteve doente?*
Ja, er hat eine Erkältung bekommen.	*Sim, ele pegou uma gripe.*
Er ist sehr krank gewesen.	*Ele ficou muito doente.*
Er ist nicht zur Schule gegangen.	*Ele não foi para a escola.*
Er ist vier Tage zu Hause geblieben.	*Ele ficou em casa quatro dias.*

Meine Tochter ist im Sommer krank gewesen.	*Minha filha ficou doente no verão.*
Im Frühling ist die ganze Familie nach Belgien gereist.	*Na primavera toda a família viajou para a Bélgica.*
Im Herbst ist die ganze Familie nach Irland geflogen.	*No outono toda a família voou para a Irlanda.*

Exercício Escrito 2

Reescreva as seguintes frases no presente mudando-as para o particípio passado.

1. Ich bin sehr müde ____.
2. Wird deine Schwester wieder gesund? ________________________?
3. Der Zug kommt um elf Uhr zehn an __________________________.
4. Die Kinder bleiben in der Stadt. ____________________________.
5. Die Touristen gehen zum Rathaus. ___________________________.
6. Meine Eltern gehen im Park spazieren. _______________________.
7. Wir haben Hunger. ______________________________________.
8. Wohin fährst du? _______________________________________?
9. Die Jungen laufen zum Markplatz. ___________________________.
10. Sie haben kein Geld. ____________________________________.

Fome e Sede com *Haben*

Quando falar sobre *fome* ou *sede*, é possível usar os adjetivos alemães **hungrig** e **durstig**. Porém, uma expressão mais comumente usada usa **haben** com a forma nominal de ambas as palavras.

Ich habe Hunger	*Estou com fome.*
Ich habe Durst	*Estou com sede.*

Preposições Acusativas-Dativas

Você já encontrou neste livro preposições que usam o caso acusativo e preposições que usam o caso dativo. Há outra categoria de preposições que podem usar um caso ou o outro. Essas preposições são:

an	*a(à),ao, para, no*	über	*acima, sobre*
auf	*em*	unter	*debaixo, sob, entre (vários)*
hinter	*atrás*	vor	*antes, em frente, diante de*
in	*em, dentro*	zwischen	*entre (dois)*
neben	*ao lado*		

Este uso de dois casos pode parecer confuso à primeira vista, mas há uma explicação simples para isso. Se a preposição é usada com o caso acusativo, está sendo usada para mostrar movimento para um lugar. Se a preposição for usada com o caso dativo, estará sendo usada para mostrar um local. Por exemplo:

Faixa 62

Mostrando Movimento para Algum Lugar – Acusativo

Ich hänge ein Bild an die Wand.	*Eu pendurei um quadro na parede.*
Ich lege das Buch den Tisch.	*Eu deixei o livro na mesa.*
Ich laufe hinter die Tür.	*Eu corri para trás da porta.*
Ich gehe in die Schule.	*Eu fui para a escola.*
Ich setze mich neben den Lehrer.	*Eu me sentei perto do professor.*
Ich hänge ein Bild über den Tisch.	*Eu pendurei um quadro acima da mesa.*
Ich lege Papier unter den Stuhl.	*Eu coloquei papel debaixo da cadeira.*
Ich stelle eine Stehlampe vor das Klavier.	*Eu coloquei o abajur na frente do piano.*
Ich stelle einen Stuhl zwischen die Tische.	*Eu coloquei uma cadeira entre as mesas.*

Mostrando Local – Dativo

Ein Bild hängt an der Wand.	*Um quadro está pendurado na parede.*
Das Buch liegt auf dem Tisch.	*O livro está sobre a mesa.*
Ich stehe hinter der Tür.	*Eu fiquei atrás da porta.*
Ich bin in der Schule.	*Eu estou na escola.*
Ich sitze neben dem Lehrer.	*Estou sentado perto do professor.*
Ein Bild hängt über dem Tisch.	*Um quadro está pendurado acima da mesa.*
Papier liegt unter dem Stuhl.	*O papel está debaixo da cadeira.*
Eine Stehlampe steht vor dem Klavier.	*Um abajur de pé está em frente ao piano.*
Ein Stuhl steht zwischen den Tischen.	*Uma cadeira está entre as mesas.*

Há uma tendência em alemão para usar uma palavra mais específica para o verbo português *colocar*. Se você está colocando algo na posição horizontal, você deve usar **legen** (*jazer, colocar deitado*). Se você está colocando algo na posição vertical, você deve usar **stellen** (*colocar de pé*). Use o caso acusativo com esses dois verbos e as preposições acusativas-dativas.

Er legt das Heft auf das Bett.	*Ele coloca o caderno na cama.*

Se você usa **stellen** nesta frase ao invés de **legen**, significará que ele está empinando o caderno de modo que ele possa ficar de pé de um lado.

Er stellt die Vase auf das Klavier	*Ele coloca o vaso no piano.*

Se você usa **legen** nesta frase em lugar de **stellen**, significará que está colocando o vaso ao lado.

Quando pessoas ou objetos já estão localizados numa posição horizontal ou vertical use **liegen** (*estar, estar situado*) e **stehen** (*ficando*) respectivamente, com o caso dativo. Por exemplo:

Das Heft liegt auf dem Bett.	*O caderno está colocado na cama.*
Die Vase steht auf dem Klavier.	*O vaso está colocado no piano.*

Observe que **legen** e **stellen** são verbos regulares e **liegen** e **stehen** são verbos irregulares. Vamos ver as partes principais de suas conjugações nos três tempos que você conhece:

Presente:	er legt	er stellt	er liegt	er steht
Passado:	er legte	er stellte	er lag	
Presente Perfeito:	er hat gelegt	er hat gestellt	er hat gelegen	er stand er hat gestanden

Exercício Oral

Pratique lendo em voz alta a seguinte lista de frases:

Warum läuft der Hund an die Tür?	*Por que o cachorro está correndo para a porta?*
Jemand steht and der Tür und klopft.	*Alguém está de pé na porta e batendo.*
Ich habe mich ans Fenster gesetzt.	*Eu me sentei à janela.*
Ich habe mich zwischen die Jungen gesetzt.	*Eu me sentei entre os meninos.*
Ich habe die Kleider in den Schrank gehängt.	*Eu pendurei as roupas no guarda-roupa.*
Ich habe den Tisch neben das Sofa gestellt.	*Eu coloquei a mesa perto do sofá.*
Der Brief hat under dem Stuhl gelegen.	*A carta esteve debaixo da cadeira.*

Sie hat den Brief auf den Tisch gelegt.	*Ela colocou a carta na mesa.*
Das neue Hotel ist neben dem Rathaus.	*O novo hotel é ao lado da prefeitura.*
Die Touristen haben vor dem Rathaus gestanden.	*Os turistas ficaram na frente da prefeitura.*
Wohim hat sie den Regenschirm gestellt?	*Onde ela colocou o guarda-chuva?*
Sie hat den Regenschirm hinter den Schrank gestellt.	*Ela colocou o guarda-chuva atrás do guarda-roupa.*
Karin hängt das Poster über das Bett.	*Karin pendurou o pôster acima da cama.*
Was hängt über deinem Bett?	*O que está pendurado acima da sua cama?*
Über meinem Bett hängt ein Poster.	*Um poster está pendurado acima da minha cama.*
Frau Kamps legt das Baby aufs Bett.	*A sra. Kamps coloca o bebê na cama.*
Wer schläft auf dem Bett?	*Quem está dormindo na cama?*
Das Baby schläft auf dem Bett.	*O bebê está dormindo na cama.*

Você observou as palavras **ans** e **aufs** nessas frases? Certas preposições podem formar contrações. Você já encontrou algumas. Vamos acrescentar à lista. As preposições seguintes combinam com **das** no caso acusativo.

ans	(an + das)
aufs	(auf + das)
ins	(in + das)

Em certos contextos, as regras de movimento para um local não se aplicam a essas preposições. Por exemplo, **warten auf** significa *esperar por* e requer o uso do caso acusativo. Mas não há um movimento real de uma pessoa ou objeto.
Com tais combinações de verbo e preposição, o caso adequado deve ser memorizado. Vamos ver alguns desses verbos e combinações de preposições. A letra **A** designa o uso do caso acusativo e a letra D designa o uso do caso dativo.

Warten auf A	Ich warte auf ihn.	*Estou esperando por ele.*
glauben an A	Er glaubt an Gott.	*Ele acredita em Deus.*
denken an A	Sie denkt an ihre Mutter.	*Ela pensa em sua mãe.*
sich verlieben in A	Ich verliebe mich in sie.	*Eu me apaixonei por ela.*
sein unter D	Er war unter den Gästen.	*Ele esteve entre os convidados.*
reden über A	Sie redet über das Problem.	*Ela fala sobre o problema.*

Quando você encontra um novo verbo com uma das preposições acusativa-dativa, vá ao dicionário para determinar qual caso usar.

A preposição **entlang** acompanha um nome e é usada no caso acusativo para indicar movimento para baixo de um local ou *ao longo* de um local.

Wir sind den Fluss entlang gegangen. *Nós seguimos rio abaixo.*

Mas, quando **entlang** é usada em combinação com **an**, o caso necessário é o caso dativo. Seu significado então é *à margem* de um lugar.

Wir sin am Fluss entlang gegangen. *Nós seguimos margeando o rio.*

Exercício Escrito 3

Reescreva cada frase preenchendo os espaços com as palavras entre parênteses.

Er geht an ____________ .

(die Tür) Er geht an die Tür

1. Wir haben eine Stunde auf ____________ gewartet.

(er) ________________________________ .

(du) ________________________________ .

(dieser Ausländer) ________________________________ .

(unsere Wirtin) ________________________________ .

(die Diplomaten) ________________________________ .

(ihr) ________________________________ .

2. Ich denke niemals an ____________ .

(diese Probleme) ________________________________ .

(meine Arbeit) ________________________________ .

(unser König) ________________________________ .

(sie *s.*) ________________________________ .

(Sie) ________________________________ .

(sie *pl.*) ________________________________ .

Outros Prefixos Verbais

Você já conhece os prefixos separáveis e os inseparáveis. Há alguns outros prefixos que às vezes são separáveis e às vezes inseparáveis. Eles são:

	Separáveis		**Inseparáveis**	
durch-	dúrchfallen	*falhar*	durchfáhren	*dirigir através*
hinter-	N/A		hinterlássen	*deixar para trás*
über-	überhängen	*pendurar*	übertréiben	*exagerar*
um-	Úmkommen	*morrer*	umármen	*abraçar*
unter-	únterbringen	*adequar, acomodar*	unterbréchen	*interromper*
voll-	vólltanken	*encher o tanque*	vollénden	*completar*
wider-	wíderspiegeln	*refletir*	widerstéhen	*resistir*
wieder-	wiederkehren	*retornar*	wiederhólen	*repetir*

Quando o acento está no prefixo do verbo, o prefixo é separável: **dúrchfallen – er fällt durch** (*ele falha*). Quando o acento está na raiz do verbo, o prefixo é inseparável: **übertréiben – er übertréibt** (*ele exagera*).

Exercício Escrito 4

Escreva as conjugações no presente, passado e presente perfeito dos seguintes verbos com os pronomes dados. Por exemplo:

haben

er *hat hatte hat gehabt*

1. unterbrechen

(ich)____________________

(du) ____________________

(ihr)____________________

2. widerspiegeln

(er) ____________________

(wir) ____________________

(du) ____________________

Conjunções Subordinativas

As conjunções subordinativas apresentam uma sentença que, quando colocada sozinha, não faz um sentido completo. Por exemplo:

Er hat gesagt, dass es spät wurde.	*Ele disse que estava ficando tarde.*

A sentença subordinada *que estava ficando tarde* não faz sentido completo em si mesmo. Em alemão, a conjunção subordinativa (que nesta frase seria **dass** [*que*]) é o sinal de que haverá uma mudança de ordem das palavras na frase: O verbo conjugado será o último elemento na frase. Observe a posição do verbo conjugado nas seguintes sentenças subordinativas.

Ich weiβ, dass er kein Geld **hat**.	*Eu sei que ele não tem dinheiro.*
Er schreibt, dass seine Mutter gestorben **ist**.	*Ele escreve que sua mãe morreu.*

Algumas das conjunções subordinativas comumente usadas são:

als	*quando* (passado)	während	*enquanto*
ob	*se*	wenn	*quando* (quer que)
nachdem	*após*		

Em frases, elas se parecem assim:

Erik fragt, ob die Kinder Hunger haben.	*Erik pergunta se as crianças estão com fome.*
Ich besuche Martin, wenn ich in Bern bin.	*Eu visito Martin quando quer que eu esteja em Berna.*
Als wir in Stuttgart waren, gingen wir oft ins Theater.	*Quando estávamos em Stuttgart, nós íamos sempre ao teatro.*
Nachdem das Baby gegessen hat, haben die Eltern Karten gespielt.	*Depois que o bebê comeu, os pais jogaram cartas.*
Tina hat die Dokumente gefunden, während wir in Paris gewesen sind.	*Tina encontrou os documentos enquanto estávamos em Paris.*

Exercício Escrito 5

Complete cada frase com as sentenças dadas. Por exemplo:

Er schreibt, dass...

Die Kinder lernen jetzt Deutsch.

Er schreibt dass die Kinder jetzt Deutsch lernen.

1. Sie wissen nicht, dass...

   Es ist wieder sehr kalt geworden.

   ____.

   Onkel Peter ist vor zwei Tagen gestorben.

   ____.

2. Niemand fragt, ob...

   Sie wohnen noch in Freiburg.

   ____.

   Wir glauben ihnen.

   ____.

3. Sie hat ihre Tasche verloren, während...

   Sie ist in Schweden gewesen.

   ____.

   Sie hat mit den Kindern gespielt.

   ____.

4. Die Königin fragt, ob...

   Der König ist noch in Frankreich.

   ____.

   Ihre Kinder sind schon nach Italien gereist.

   ____.

   Die alte Frau hat Hunger gehabt.

   ____.

   Der Wissenschaftler hat den Leuten geholfen.

   ____.

Alimentos e Bebidas

Você já sabe como usar os verbos **essen** e **trinken**. Agora você precisa de alguns alimentos e bebidas para usar com eles. E, lembre-se, quando você pedir alimentos e bebidas, use o verbo **bestellen**.

das Essen	*comida*	die Getränke	*bebidas*
die Bratwurst	*linguiça assada*	das Pils	*chope*
die Erbsen	*ervilhas*	der Wein	*vinho*

der Fisch	*peixe*	das Wasser	*água*
das Hähnchen	*galinha*	die Coca	*Coca-Cola*
die Kartoffeln	*batatas*	die Cola	*Coca-Cola*
der Käse	*queijo*	der Sekt	*champanhe (alemã)*
der Kohl	*repolho*	der Schinken	*presunto*
das Rindfleisch	*carne de vaca*	das Obst	*fruta*
das Gemüse	*vegetais/legumes*		

Exercício Oral

Pratique lendo em voz alta a lista de frases abaixo. Depois diga novamente as frases usando o vocabulário da lista anterior.

Ich esse gern Bratwurst und Käse.	*Eu gosto de comer linguiça assada e queijo.*
Er trinkt gern Wein oder Sekt.	*Ele gosta de beber vinho ou champanhe.*
Ich have nur Gemüse bestelt.	*Eu só pedi vegetais.*

TESTE RÁPIDO

1. Escreva a conjugação no particípio passado dos seguintes verbos com os pronomes dados.

	gehen	marschieren	umsteigen
ich	________	________	________
du	________	________	________
er	________	________	________
	bleiben	**sein**	**fliegen**
wir	________	________	________
ihr	________	________	________
sie *(pl.)*	________	________	________
	ankommen	**reisen**	**spazieren**
ich	________	________	________
sie *(s.)*	________	________	________
Sie	________	________	________

2. Nos espaços dados, escreva o auxiliar **haben** se o verbo for transitivo ou escreva o auxiliar **sein** se o verbo for intransitivo ou for um verbo de movimento.

________ gesehen	________ gelernt
________ geworden	________ gestorben
________ versprochen	________ geblieben
________ mitgegangen	________ gewesen
________ gehabt	________ geblieben
________ gegessen	________ gelaufen

3. Escreva as formas acusativa e dativa dos seguintes pronomes e nomes entre parênteses com as preposições dadas.

	Acusativa	Dativa
(ich)	für________	mit________
(du)	gegen________	von________
(er)	ohne________	bei________
(sie *s.s.*)	durch________	außer________
(wir)	um________	zu________
(ihr)	für________	nach________
(Sie)	gegen________	mit________
(dieser Ausländer)	ohne________	von________
(das Kind)	um________	zu________
(die Schule)	durch________	aus________
(viele Romane)	ohne________	nach________

4. **Preencha o espaço para a frase dada com as formas corretas das palavras entre parênteses.**

   Meine Tochter ist vor __________geboren.

   (ein Tag)______________________________

   (drei Wochen) ______________________________

   (eine Woche) ______________________________

   (ein Jahr)______________________________

   (zehn Jahre) ______________________________

5. **Reescreva as frases abaixo com as sentenças subordinativas dadas.**

   Meine Bruder schreibt, dass...

   Seine Frau ist wieder krank geworden.

   ____

   Er ist in der Hauptstadt gewesen.

   ____

   Der Arzt fragt, ob...

   Geht es Frau Meyer besser?

   ____

   Ist Professor Benz zu Besuch gekommen?

   ____

   Ich habe meinen Mantel verloren, als...

   Ich bin in Schweden gewesen.

   ____

   Ich have vor dem Rathaus gestanden.

   ____

Circule a letra da palavra ou frase que melhor completa cada frase.

6. **Niemand hat __________ bestellt.**

   A. auf dem Bett

   B. an die Tür

   C. das Rindfleisch

   D. im Flur

7. __________ hat seinen neuen Roman gelesen.

A. Niemand

B. Unseren Onkel

C. Viele Jungen

D. Wir

8. Ich esse gern ____________ und Käse.

A. den Wein

B. die Getränke

C. Sekt

D. Bratwurst

9. Ich denke oft _________ meine Frau.

A. an

B. bis

C. mit

D. vor

10. Wir haben ihn besucht, __________ wir in Spanien waren.

A. während

B. ob

C. wider

D. dass

capítulo 13

Falando sobre o Futuro

Neste capítulo você aprenderá o tempo futuro e o caso genitivo. Além disso, negativos, advérbios e o passado perfeito serão descritos. Você também encontrará outro tipo de pronome e mais conjunções.

OBJETIVOS DO CAPÍTULO

Neste capítulo você aprenderá:

- Futuro
- Negativos
- Advérbios de Tempo, Modo e Lugar
- Caso Genitivo
- Passado Perfeito
- Pronomes Reflexivos Acusativos
- Mais Conjunções Subordinativas
- Coisas Sobre a Cidade

Tempo Futuro

Você já tem usado uma forma de tempo futuro, porque em alemão, como em português, pode-se usar uma conjugação do presente para inferir o futuro. Isto é especialmente verdade quando há um advérbio na frase indicando o futuro.

Wir gehen **morgen** in die Stadt.	*Estaremos indo à cidade **amanhã**.*

Mas há outro modo de expressar o tempo futuro. Assim como em inglês, há um auxiliar para o tempo futuro (*shall, will*), o alemão usa **werden** como seu auxiliar do tempo futuro. A estrutura do futuro é bem simples. Conjugue **werden** no presente e termine a frase com um infinitivo. Por exemplo:

Ich werde meine Tante besuchen.	*Eu visitarei minha tia.*
Wirst du ihm helfen?	*Você o ajudará?*
Sie werden in Polen bleiben.	*Eles ficarão na Polônia.*

Exercício Escrito 1

Escreva os seguintes verbos no futuro com os pronomes dados.

	fahren	**aufmachen**	**beschreiben**
ich	________	________	________
du	________	________	________
er	________	________	________
wir	________	________	________
	haben	**sein**	**werden**
ich	________	________	________
er	________	________	________
ihr	________	________	________
sie *pl.*	________	________	________

Já que o futuro é composto por **werden** mais um infinitivo, você não precisa ficar preocupado se um verbo é regular ou irregular ou se ele tem ou não um prefixo.

Verbo regular:	Sie wird fragen.	*Ela perguntará.*
Verbo irregular:	Sie wird sprechen.	*Ela falará.*
Prefixo separável:	Sie wird zumachen.	*Ela fechará.*
Prefixo inseparável:	Sie wird bekommen.	*Ela receberá.*

Exercício Oral

Faixa 63

Pratique lendo em voz alta a lista de frases abaixo:

Werden Sie Ihrem Freund helfen?	*Você ajudará seu amigo?*
Ja, ich werde ihm helfen.	*Sim, eu o ajudarei.*
Nein, ich werde ihm nicht helfen.	*Não, eu não o ajudarei.*
Wird Frau Bauer die Kinder mitnehmen?	*A sra. Bauer levará as crianças consigo?*
Ja, sie wird die Kinder mitnehmen.	*Sim, ela as levará consigo.*
Nein, sie wird sie nicht mitnehmen.	*Não, ela não as levará consigo.*
Werden sie lachen oder weinen?	*Eles rirão ou chorarão?*
Sie werden wahrscheinlich lachen.	*Provavelmente eles chorarão.*
Sie werden ein bisschen weinen.	*Eles chorarão um pouco.*
Was wirst du tun?	*O que você fará?*
Ich werde einen Job suchen.	*Eu procurarei um trabalho.*
Was werdet ihr tun?	*O que vocês farão?*
Wir werden unsere Verwandten suchen.	*Nós procuraremos nossos parentes.*

Exercício Escrito 2

Reescreva as frases abaixo no tempo futuro como frases no presente, usando **morgen** para inferir o futuro. Por exemplo:

Ich werde das alte Haus verkaufen.

Morgen verkaufe ich das alte Haus.

1. Sie wird ein Glas Rotwein bestellen.

   ______________________________.

2. Die Familie wird drei Briefe erhalten.

   ______________________________.

3. Der Vater wird wieder weinen.

   ______________________________.

4. Die Ausländer werden am Marktplatz umsteigen.

____.

5. Wirst du wieder nach Portugal fliegen?

____.

6. Er wird den interessanten Roman lesen.

____.

7. Die Kinder werden unter dem Tisch spielen.

____.

Negativos

Como em inglês, o alemão só pode ter um negativo em uma frase. O negativo duplo não é uma opção. Vejamos alguns exemplos:

Ich verstehe **nichts**.	*Eu **não** entendo **nada**.*
Er fuhr **nicht** in die Stadt.	*Ele **não** dirigiu na cidade.*
Wir haben **keine** Zeit.	*Nós **não** temos tempo.*
Niemand hat ihm geholfen.	***Ninguém** o ajudou.*
Er hat mich **niemals** verstanden.	*Ele **nunca** me entendeu.*

OBSERVE: *O advérbio **niemals** é muitas vezes dito como **nie**.*

Advérbios de Tempo, Modo e Lugar

O alemão tem regras especiais para usar expressões adverbiais quando mais de um advérbio aparece numa frase. Os advérbios de tempo aparecerão primeiro, em seguida os advérbios de modo e, por último, os advérbios de lugar. Primeiro, vejamos esses advérbios individualmente.

Quando os advérbios de tempo são usados sozinhos numa frase, eles acompanham o verbo conjugado.

Ich fahre **heute** in die Stadt.	*Estou dirigindo para a cidade **hoje**.*
Sie hat **jetzt** keine Zeit.	*Ela não tem tempo **agora**.*

Quando os advérbios de modo são usados sozinhos numa frase, eles acompanham o verbo conjugado.

Ich fahre **mit dem Bus**.	*Estou indo **de Ônibus**.*
Der Vater kommt **mit dem Auto**.	*O pai vem **de carro**.*

Quando os advérbios de lugar são usados numa frase, eles acompanham o verbo conjugado.

Ich fahre **nach Berlin**.	*Estou dirigindo* ***para Berlim***.
Der Vater kommt **ins Wohnzimmer**.	*O pai entra* ***na sala de estar***.

Mas, quando mais de um advérbio for usado numa frase, os advérbios devem aparecer na ordem designada: tempo, modo e então lugar.

Wir fahren **nach Hamburg**.	*Estamos viajando* ***para Hamburgo***.
Wir fahren **morgen** nach Hamburg.	***Amanhã viajaremos*** *para Hamburgo*.
Wir fahren morgen **mit dem Zug** nach Hamburg.	*Amanhã viajaremos* ***de trem*** *para Hamburgo*.

Exercício Escrito 3

Reescreva cada frase, cada vez adicionando os advérbios dados entre parênteses.

1. Ich komme mit der Straβenbahn.

   (nach Hause) ______________________________ .

   (heute) ______________________________ .

2. Wir sind mit dem Zug gereist.

   (in die schweiz) ______________________________ .

   (vor einer Woche) ______________________________ .

Caso Genitivo

O caso genitivo é o último dos quatro casos em alemão. Sua função primária é mostrar posse. O alemão obtém o significado de posse usando o caso genitivo. Vamos ver como o genitivo se compara a outros casos.

O caso genitivo de nomes com o artigo definido:

	Masculino	**Feminino**	**Neutro**	**Plural**
nom.	der Mann	die Frau	das Kind	die Kinder
acus.	den Mann	die Frau	das Kind	die Kinder
dat.	dem Mann	der Frau	dem Kind	den Kindern
gen.	**des** Mannes	**der** Frau	**des** Kindes	**der** Kinder

Outros determinantes no caso genitivo terão os mesmos terminais como os artigos definidos. Por exemplo:

eines Mannes	meiner Frau	dieses Kindes	ihrer Kinder
deines Mannes	seiner Frau	keines Kindes	unserer Kinder

Em frases, o caso genitivo assim se parece:

Das Auto des Mannes ist sehr alt. — *O carro do homem é muito velho.*
Kennst du den Sohn dieser Frau? — *Você conhece o filho desta mulher?*
Der Hund meines Kindes ist braun. — *O cachorro do meu filho é marrom.*
Der Onkel der Kinder ist gestorben — *O tio das crianças morreu.*

Observe que o possuidor segue a pessoa ou objeto possuído.

Porém, quando usar uma forma possessiva do nome de uma pessoa ou uma coisa, use somente o final **-s** e o possuidor precede o objeto possuído.

Peters Wagen. — *O carro de Peter.*
Deutschlands Grenzen — *Limites da Alemanha.*

Exercício Oral

Faixa 64

Pratique lendo em voz alta a lista de frases abaixo:

Wessen Handschuhe hast du? — *Você está com as luvas de quem?*
Ich habe die Handschuhe des Lehrers. — *Eu estou com as luvas do professor.*
Ich habe die Handschuhe meiner Schwester. — *Eu estou com as luvas da minha irmã.*
Ich habe die Handschuhe des Kindes. — *Eu estou com as luvas da criança.*
Wessen Wagen wird er kaufen? — *Ele vai comprar o carro de quem?*
Er wird den Wagen der Ärztin kaufen. — *Ele vai comprar o carro da médica.*
Er wird den Wagen seines Freundes kaufen. — *Ele vai comprar o carro do seu amigo.*
Er wird den Wagen einer Freundin kaufen. — *Ele vai comprar o carro de uma namorada.*
Wessen Verwandten wird sie helfen? — *Ela vai ajudar os parentes de quem?*
Sie wird den Verwandten ihres Mannes helfen. — *Ela vai ajudar os parentes do seu marido.*
Sie wird den Verwandten meiner Wirtin helfen. — *Ela vai ajudar os parentes da minha senhoria.*
Sie wird den Verwandten der Gäste helfen. — *Ela vai ajudar os parentes das visitas.*
Ist das das Fahrrad deines Bruders? — *Essa é a bicicleta do seu irmão?*
Ja, das ist sein Fahrrad. — *Sim, é a bicicleta dele.*
Nein, das ist das Fahrrad meiner Schwester. — *Não, essa é a bicicleta da minha irmã.*

Ist das der Enkel deiner Nachbarin?	*Aquele é o neto da sua vizinha?*
Ja, das ist ihr Enkel.	*Sim, aquele é o seu (dela) neto.*
Nein, das ist der Enkel eines Gasts.	*Não, aquele é o neto de uma visita.*
Die Enkelin meines Chefs ist Studentin.	*A neta do meu chefe é uma aluna.*

Exercício Escrito 4

Escreva as formas dativa e genitiva das seguintes frases:

	Dativa	**Genitiva**
das Fahrrad	__________	__________
die Leute	__________	__________
mein Schrank	__________	__________
Seine Nachbarin	__________	__________
unsere Gäste	__________	__________
der Handschuh	__________	__________
die Handschuhe	__________	__________
ein Roman	__________	__________
eine Bratwurst	__________	__________
der Turm	__________	__________
die Burg	__________	__________
die Kaufhäuser	__________	__________
deine Geschwister	__________	__________
der Dom	__________	__________

Há uma tendência a usar a terminação **-es** no caso genitivo das palavras singulares masculinas e neutras quando esses substantivos só têm uma sílaba.

des Kindes	*da criança*	des Mannes	*do homem*

Mas também é correto acrescentar só um **-s.**

des Kinds	*da criança*	des Manns	*do homem*

Substantivos que terminam em **s**, **ss**, **ß**, **z** ou **tz** acrescentam **-es**.

des Hauses	*da casa*	des Schmerzes	*da dor*

Substantivos singulares masculinos e neutros com mais de uma sílaba, mas que não terminam em **s**, acrescentam somente **-s.**

des Bahnhofs	*da estação de trem*	des Lehrers	*do professor*

Os pronomes não têm uma forma genitiva. Em vez disso, os adjetivos possessivos são usados para mostrar posse. Você já os encontrou no Capítulo 9.

mein	*meu*	ihr	*sua*	ihr	*deles*
dein	*teu*	unser	*nosso*	Ihr	*vosso*
sein	*dele/da coisa*	euer	*vosso*	wessen	*de quem*

O possessivo **wessen** não mostra um gênero ou mudança de caso, diferente dos outros adjetivos possessivos.

Exercício Oral

Pratique lendo em voz alta as frases abaixo.

Wird dein Bruder da arbeiten?	*Seu irmão vai trabalhar lá?*
Nein, der Bruder meines Freunds wird da arbeiten.	*Não, o irmão do meu amigo vai trabalhar lá.*
Wird seine Tante da arbeiten?	*Sua tia vai trabalhar lá?*
Nein, die Tante einer Nachbarin wird da arbeiten.	*Não, a tia de um vizinho vai trabalhar lá.*
Werden eure Geschwister da arbeiten?	*Seus irmãos e irmãs vão trabalhar lá?*
Nein, die Geschwister des Chefs werden da arbeiten.	*Não, os irmãos e irmãs do chefe vão trabalhar lá.*
Werden Ihre Gäste mitkommen?	*Suas visitas virão juntas?*
Nein, die Gäste meines Bruders werden mitkommen.	*Não, as visitas do meu irmão virão juntas.*
Wird ihre Kusine mitkommen?	*O primo dela virá junto?*
Nein, die Kusine einer Freundin wird mitkommen.	*Não, o primo de uma namorada virá junto.*
Wirst du hier aussteigen?	*Você vai saltar aqui?*
Nein, ich werde am Bahnhof aussteigen.	*Não eu vou saltar na estação de trem.*
Nein, ich werde vor der Bank aussteigen.	*Não, eu vou saltar em frente do banco.*
Nein, ich werde vor dem Café aussteigen.	*Não, eu vou saltar em frente do café.*

Passado Perfeito

No particípio passado, a ação do verbo começava no passado e terminava no presente.

Ele trabalhou o dia todo.

No passado perfeito, a ação do verbo começou no passado e terminou no passado.

Ele tinha trabalhado aqui até sua morte no ano passado.

Em alemão, a única diferença de conjugação entre o particípio passado e o passado perfeito é o tempo usado para os auxiliares **haben** e **sein**. No particípio perfeito, o auxiliar é conjugado no presente.

Particípio Passado

Ich habe es gesehen.	*Eu o vi.*	Ich bin schnell gelaufen.	*Eu corri rápido.*
Du hast es gesehen.	*Tu o viste.*	Du bist schnell gelaufen.	*Tu correste rápido.*
Er hat es gesehen.	*Ele o viu.*	Er ist schnell gelaufen.	*Ele correu rápido.*
Wir haben es gesehen.	*Nós o vimos.*	Wir sind schnell gelaufen.	*Nós corremos rápido.*
Ihr habt es gesehen.	*Vós o vistes.*	Ihr seid schnell gelaufen.	*Vós correstes rápido.*
Sie haben es gesehen.	*Eles o viram.*	Sie sind schnell gelaufen.	*Eles correram rápido.*

No passado perfeito, o auxiliar é conjugado no passado.

Passado Perfeito

Ich hatte es gesehen.	*Eu o tenho visto.*	Ich war schnell gelaufen.	*Eu tenho corrido rápido.*
Du hattest es gesehen.	*Tu o tens visto.*	Du warst schnell gelaufen.	*Tu tens corrido rápido.*
Er hatte es gesehen.	*Ele o tem visto.*	Er war schnell gelaufen.	*Ele tem corrido rápido.*
Wir hatten es gesehen.	*Nós o temos visto.*	Wir waren schnell gelaufen.	*Nós temos corrido rápido.*
Ihr hattet es gesehen.	*Vós o tendes visto.*	Ihr wart schnell gelaufen.	*Vós tendes corrido rápido.*
Sie hatten es gesehen.	*Eles o têm visto.*	Sie waren schnell gelaufen.	*Eles têm corrido rápido.*

A mudança do particípio passado para o passado perfeito não influencia outros aspectos das conjugações dos verbos: prefixos, regularidade ou irregularidade da conjugação.

Exercício Escrito 5

Mude as seguintes frases do particípio passado para o passado perfeito.

1. Robert hat mir ein Geschenk gegeben.

   ____.

2. Wir sind zum Park gegangen.

   ____.

3. Hast du mit dem kleinen Hund gespielt?

   ____.

4. Warum bist du so böse gewesen?

____.

5. Unsere Gäste sind in der Stadt geblieben.

____.

Pronomes Reflexivos Acusativos

Os pronomes reflexivos são aqueles que refletem de volta ao sujeito da frase. Em outras palavras, eles se referem à pessoa que é o sujeito da frase. Por exemplo:

Mesma Pessoa	**Pessoas Diferentes**
Tom se feriu.	*Tom a feriu.*
Nós nos compramos alguns doces.	*Nós* lhes *compramos alguns doces.*

Os pronomes reflexivos acusativos em alemão são:

Pronome Sujeito	**Pronome Reflexivo**
ich	mich
du	dich
er	sich
sie (*s.*)	sich
es	sich
wir	uns
ihr	euch
sie (*pl.*)	sich
Sie	sich
wer	sich
was	sich
man	sich

Quando o objeto direto ou o objeto de uma preposição acusativa são a mesma pessoa que o sujeito da frase, use um pronome reflexivo.

Mesma Pessoa

Ich frage mich, wo sie ist. *Eu me pergunto (imagino) onde ela está.*

Pessoa Diferente

Ich frage ihn, wo sie ist. *Eu perguntei a ele onde ela está.*

Exercício Escrito 6

Reescreva a seguinte frase com os novos sujeitos dados entre parênteses. Mude o pronome reflexivo adequadamente.

1. Er wird sich ein einer Stunde rasieren.

(ich) ____.

(du) ____.

(wir) ____.

(ihr) ____.

(sie *pl.*) ____.

Alguns verbos requerem um pronome reflexivo para completar seu significado. Considere o verbo em inglês *to please oneself* (*agradar a alguém*). Você não pode dizer *eu agrado*. O significado não está completo. Você tem que acrescentar o pronome reflexivo para fazer sentido: *Eu me agradei*. O alemão tem verbos semelhantes. Por exemplo:

sich beeilen	*apressar-se*	sich irren	*estar errado*
sich freuen auf	*esperar que (por)*	sich verlieben in	*estar apaixonado por*
sich freuen über	*ficar feliz com*		

Quando na forma infinitiva, os verbos reflexivos são precedidos por **sich**. Esses verbos estão incompletos se o pronome reflexivo não os acompanhar. Observe que **sich freuen** é usado com duas preposições diferentes. Com **auf**, o verbo significa *esperar que*. Com **über**, o verbo significa *ficar feliz por*.

Wir freuen uns schon auf deine Party.	*Já estamos esperando por sua festa.*
Sie freute sich über das Geschenk.	*Ela ficou feliz pelo presente.*

Este verbo também pode ser usado sem uma preposição.

Ich freue mich, dass dein Mann jetzt gesund ist.	*Estou feliz porque seu esposo está bem agora.*

Exercício Oral

Pratique lendo em voz alta a lista de frases abaixo:

Ich wasche die Kinder.	*Eu lavo as crianças.*
Ich wasche mich.	*Eu me lavo.*
Ich setze mich an den Tisch.	*Eu me sento à mesa.*
Thomas setze sich an den Tisch.	*Thomas se sentou à mesa.*
Thomas rasierte sich langsam.	*Thomas se barbeou devagar.*
Rasierst du dich jetzt?	*Você está se barbeando agora?*
Irrst du dich wieder?	*Você está errado de novo?*
Das Kind hat sich aufs Sofa gelegt.	*A criança se deitou no sofá.*
Oma wird sich aufs Sofa legen.	*Vovó vai se deitar no sofá.*
Wir beeilen uns.	*Nós nos apressamos.*
Er hat sich beeilt.	*Ele se apressou.*
Ich werde mich beeilen.	*Eu me apressarei.*
Ich freue mich über das Geschenk.	*Estou feliz com o presente.*
Ich freue mich auf das Wochenende.	*Estou esperando pelo fim de semana.*
Er hat sich in Tina verliebt	*Ele se apaixonou por Tina.*
In wen hattest du dich verliebt?	*Por quem você se apaixonou?*
Er kaufte Handschuhe für ihn.	*Ele comprou luvas para ele.*
Er kaufte Handschuhe für sich.	*Ele comprou luvas para si mesmo.*

Exercício Escrito 7

Faça frases conjugando as seguintes frases verbais no presente com os pronomes dados. Use o pronome reflexivo adequado.

	sich beeilen	**sich rasieren schnell**
ich	______________________.	______________________.
du	______________________.	______________________.
er	______________________.	______________________.
wir	______________________.	______________________.
wer	______________________?	______________________?

	sich irren	**sich freuen über das Buch**
ich	______________________.	______________________.
sie *s.*	______________________.	______________________.
sie *pl.*	______________________.	______________________.
ihr	______________________.	______________________.
man	______________________.	______________________.

Exercício Escrito 8

Mude cada frase para o futuro. Substitua os sujeitos com as palavras dadas entre parênteses. Por exemplo:

Sie schreibt einen Brief.

(du) *Du wirst einen Brief schreiben.* ______

1. Die Kinder waschen sich.

(du) ______.

(er) ______.

(ich) ______.

2. Ich steige hier aus.

(er) ______.

(ihr) ______.

(sie *pl.*) ______.

3. Er arbeitet in Bonn.

(ich) ______.

(du) ______.

(wer) ______?

Mais Conjunções Subordinativas

Você já conhece várias palavras interrogativas: **wer**, **wen**, **wem**, **wessen**, **was**, **wo**, **wohin**, **woher**, **wie**, **wann** e **warum**. Essas mesmas palavras podem funcionar como conjunções subordinativas, o que significa que o verbo conjugado na sentença subordinativa será o último elemento. Compare as seguintes palavras interrogativas usadas tanto numa pergunta como numa sentença subordinativa.

Wer ist das?	*O que é aquilo?*
Sie fragt mich, wer das ist.	*Ela me perguntou o que é aquilo.*
Was haben sie gekauft?	*O que eles compraram?*
Weiβt du, was sie gekauft haben?	*Você sabe o que eles compraram?*
Wo wohnt Herr Bauer?	*Onde o sr. Bauer mora?*
Wir wissen, wo Herr Bauer wohnt.	*Nós sabemos onde o sr. Bauer mora.*
Wann hat er den Brief bekommen?	*Quando ele conseguiu a carta?*

Ich weiβ nicht, wann er den Brief bekommen hat.	*Eu não sei quando ele conseguiu a carta.*
Wie alt ist ihre Tochter?	*Qual a idade da filha dela?*
Niemand weiβ, wie alt ihre Tochter ist.	*Ninguém sabe a idade da filha dela.*

Você pode usar todas as palavras interrogativas como conjunções subordinativas.

Coisas sobre a Cidade

Quando visitar uma cidade na Alemanha, você verá muitas das mesmas paisagens, seja a cidade localizada no norte, sul, leste ou oeste. Vamos nos familiarizar com algumas das coisas que você verá numa cidade.

das Kaufthaus	*loja de departamento*	der Zirkus	*circo*
das Kino	*cinema*	der Zoo	*zoológico*
das Motorrad	*motocicleta*	die Apotheke	*farmácia* (remédios com prescrição)
das Schiff	*navio*	die Besichtigung	*visita geral*
das Stadtzentrum	*centro da cidade*	die Brücke	*ponte*
der Ausflug	*excursão*	die Burg	*castelo*
der Dom	*catedral*	die Drogerie	*farmácia* (produtos gerais)
der Flughafen	*aeroporto*	die Hafenrundfahrt	*viagem pela baía*
der Hafen	*baía*	die Post	*correio*
der Hauptbahnhof	*estação de trem central*	die Sehenswürdigkeiten	*pontos turísticos*
der Laden	*loja*	die Stadmauer	*muros da cidade*
der Turm	*torre*	die Stadtrundfahrt	*passeio pela cidade*
der Verkehr	*tráfego*	die Tour	*tour*

Vejamos algumas frases de exemplos:

Wir werden eine Stadtrundfahrt machen.	*Vamos fazer uma viagem em torno da cidade.*
Die Touristen machen morgen eine Tour.	*Os turistas farão um tour pela manhã.*
Morgen machen wir einen Ausflug.	*Vamos fazer uma excursão amanhã.*
Die Besichtigung des Doms fängt um neun Uhr an.	*O tour da catedral começa às nove horas.*
Im Hafen sehen wir viele Schiffe aus dem Ausland.	*Na baía vemos muitos navios de países estrangeiros.*
Von der Brücke sehen wir das ganze Stadtzentrum.	*Da ponte vemos toda a cidade.*
Ich fotografiere die alte Burg und den Turm.	*Eu fotografo o velho castelho e a torre.*

TESTE RÁPIDO

Mude as frases conjugadas no presente para o futuro com os pronomes dados. Por exemplo:

Ich bestelle ein Bier.

Er *wird ein Bier bestellen.*

Wir *werden ein Bier bestellen.*

1. Ich komme mit.

Du ____________________

Wir ____________________

Sie ***pl.*** ____________________

2. Er verspricht nichts.

Sie ***s.*** ____________________

Ihr ____________________

Man ____________________

3. Escreva as declinações acusativa, dativa e genitiva para cada uma das frases seguintes.

	Acusativa	**Dativa**	**Genitiva**
meine Gäste	________	________	________
ihr Mantel	________	________	________
seine Tochter	________	________	________
das Kaufhaus	________	________	________

4. Reescreva a seguinte frase com os pronomes dados entre parênteses. Mude adequadamente o pronome reflexivo.

Hat er sich schon gewaschen?

(du) ____________________ **?**

(sie ***s.*****)** ____________________ **?**

(wir) ____________________ **?**

(ihr) ____________________ **?**

5. Escreva novas frases usando as frases dadas e mudando cada questão que segue a uma sentença subordinativa.

Ich weiβ nicht,...

Wo haben meine Verwandten gearbeitet?

____

Wie heiβen diese Männer?

____

Er fragte Thomas, ...

Warum warten die Touristen vor dem Bahnhof?

____

Woher kommen diese Ausländer?

____

6. Conjugue os seguintes verbos no particípio passado e no passado perfeito com os pronomes dados.

	sich beeilen	gehen	bestellen
ich	____________	____________	____________
sie *s.*	____________	____________	____________
wir	____________	____________	____________
du	____________	____________	____________

Circule a letra da palavra ou frase que melhor complete cada frase.

7. Die Touristen machen morgen eine ________________ .

A. Stadt
B. Wochenende
C. Tour
D. Verwandte

8. Unsere Gäste sind in der Stadt ________________ .

A. gearbeitet
B. schnell rasiert
C. gesehen
D. geblieben

9. Wir freuen __________ schon auf das Wochenende.

A. uns
B. dich
C. wessen
D. Stadtmauer

10. Sie hatten die Familie __________ besucht.

A. vor Ihren Verwandten
B. auf deine Party
C. der Besichtigung
D. meines Freundes

capítulo 14

Revisão dos Tempos dos Verbos

Neste capítulo você aprenderá sobre as diferenças entre dois verbos em alemão e português e encontrará as preposições genitivas apresentadas. Além disso, os pronomes reflexivos dativos serão discutidos, assim como algumas formas especiais com nomes masculinos. Os auxiliares modais em alemão também serão apresentados.

OBJETIVOS DO CAPÍTULO

Neste capítulo você aprenderá:

- A Comparar Tempos Verbais em Alemão e Português
- Verbos Chave: *Haben*, *Sein* e *Werden*
- Preposições Genitivas
- Pronomes Reflexivos Dativos
- Alguns Nomes Masculinos Especiais
- Auxiliares Modais

Comparando os Tempos dos Verbos em Alemão e Português

Em geral, podemos dizer que os tempos dos verbos em alemão e português são usados quase sempre da mesma forma. Mas, vamos rever algumas diferenças existentes.

Presente

O tempo presente em português tem três formas: a habitual, a progressiva ou incompleta e a enfática. Em alemão só há uma forma.

Die Kinder lernen Deutsch. { *As crianças aprendem alemão.*
As crianças estão aprendendo alemão.
As crianças realmente aprendem alemão.

Esta variedade de formas no presente ocorre também em outros tempos verbais. Em alemão só há uma forma.

Passado

Ao dizer algo que ocorreu no passado, o alemão usa primariamente o passado simples em linguagem escrita e o particípio passado em linguagem falada. O português tende a preferir o passado simples.

Linguagem Escrita:

Sie lernten Deutsch. *Eles aprenderam alemão.*

Linguagem Falada:

Sie haben Deutsch gelernt. *Eles aprenderam alemão.*

Mas, ao enfatizar o que começa no passado e termina no futuro, use o particípio passado.

Wir haben lange gearbeitet. *Nós trabalhamos há muito tempo.*

Ao enfatizar o que começou e terminou no passado, usar o passado perfeito

Wir hatten lange gearbeitet. *Nós trabalhamos muito.*

Futuro

O futuro em alemão pode usar uma conjugação no presente para inferir o tempo futuro, normalmente acompanhado de uma expressão adverbial que indica o futuro.

Wir fahren morgen nach Bremen. *Vamos dirigir para Bremen amanhã.*

O alemão pode também usar um verbo auxiliar com um infinitivo para mostrar uma ação no futuro.

Ich werde in Bonn studieren. *Eu estudarei em Bonn.*

Há outro tempo futuro a considerar: o futuro perfeito. Ele identifica uma ação que começa e termina no futuro.

Er wird es schon gelesen haben. *Ele já terá lido isto.*

Este tempo consiste de uma conjugação de **werden** seguido por um particípio passado e também **haben** ou **sein**.

Er wird es gefunden haben. *Ele o terá encontrado.*
Sie wird gegangen sein. *Ela terá ido.*

O uso de **haben** ou **sein** neste tempo depende do particípio passado. Com verbos transitivos use **haben**. Com verbos intransitivos e verbos de movimento, use **sein**.

Verbos-chave: *Haben, Sein* e *Werden*

Sem dúvida você já observou como esses verbos são significativos para conjugações em alemão. Vamos rever:

Haben

Haben é usado como verbo transitivo que significa *ter*.

Ich habe neun CDs. *Eu tenho nove CDs.*

Também é usado como auxiliar dos verbos transitivos nos tempos passados.

Ich habe es verstanden. *Eu entendi isso.*
Ich hatte es verkauft. *Eu o vendi.*
Ich werde es gelernt haben. *Eu terei aprendido isso.*

Sein

Sein é usado sozinho como um verbo intransitivo que significa *ser*.

Sie ist meine Schwester. *Ela é minha irmã.*

É também o auxiliar dos verbos intransitivos e verbos de deslocamento nos tempos passados.

Sie ist gestorben.	*Ela morreu.*
Sie war Lehrerin geworden.	*Ela se tornou uma professora.*
Sie wird gefahren sein.	*Ela terá dirigido.*

Werden

Werden é usado como um verbo intransitivo que significa *tornar-se.*

Tina wird Ärztin.	*Tina tornará-se uma médica.*

É também auxiliar do futuro.

Tina wird Professorin werden.	*Tina se tornará uma professora.*
Tina wird es gefunden haben.	*Tina o terá encontrado.*

Além disso, **werden** é o auxiliar da voz passiva, que será examinada no Capítulo 17.

Exercício Oral

Faixa 65

Pratique lendo em voz alta a lista de frases abaixo:

Ich freue mich auf ihren Besuch.	*Espero ansioso por sua visita.*
Wir freuten uns auf ihren Besuch.	*Esperamos ansiosos pela visita dela.*
Hast du dich auf das Examen gefreut?	*Você esperou ansioso pelo exame?*
Er wird sich auf den Ausflug freuen.	*Esperaremos ansiosos pela excursão.*
Ich kommen allein.	*Estou vindo só.*
Sie kam mit einer Flasche Wein.	*Ela veio com uma garrafa de vinho.*
Seid ihr mit einem Freund gekommen?	*Você veio com um amigo?*
Wir werden allein kommen.	*Nós iremos sós.*
Ein Fremder ist im Garten.	*Um estranho está no jardim.*
Niemand war in der Küche.	*Ninguém estava na cozinha.*
Wer ist im Keller gewesen?	*Quem estava no telhado?*
Unser Nachbar wird in den Vereinigten Staaten sein.	*Nosso vizinho estará nos Estados Unidos.*

Exercício Escrito 1

Conjugue os seguintes verbos nos tempos em negrito com os pronomes dados.

		aussteigen		**versprechen**
presente	er	________________	wir	________________
passado	er	________________	wir	________________
particípio passado	er	________________	wir	________________
passado perfeito	er	________________	wir	________________
futuro	er	________________	wir	________________
futuro perfeito	er	________________	wir	________________

		besuchen		**sich rasieren**
presente	du	________________	ich	________________
passado	du	________________	ich	________________
particípio passado	du	________________	ich	________________
passado perfeito	du	________________	ich	________________
futuro	du	________________	ich	________________
futuro perfeito	du	________________	ich	________________

Nas seguintes conjugações, use o pronome fornecido em cada linha.

		wohnen		**verstehen**
presente	ich	________________	ich	________________
passado	du	________________	du	________________
particípio passado	er	________________	er	________________
passado perfeito	wir	________________	wir	________________
futuro	ihr	________________	ihr	________________
futuro perfeito	sie (*pl.*)	________________	sie (*pl.*)	________________

Preposições Genitivas

Assim como os casos acusativo e dativo, o caso genitivo tem certas preposições de alta frequência.

(an)statt	*ao invés de*	während	*durante*
trotz	*apesar de, a despeito de*	wegen	*por causa de*

Em frases, essas preposições aparecem assim:

Er kauft einen Hut (an)statt eines Hemdes.	*Ele compra um chapéu ao invés de uma camiseta.*
Trotz des Wetters fahren sie nach Bremen.	*Apesar do tempo eles foram para Bremen.*

Während des Krieges wohnte er in London.	*Durante a guerra ele viveu em Londres.*
Sie bleibt wegen des Schnees zu Hause.	*Ela fica em casa por causa da neve.*

Essas preposições são às vezes usadas no caso dativo na linguagem coloquial.

Exercício Oral

Pratique lendo em voz alta a lista de frases abaixo:

Statt einer Postkarte schickt er mir einen Brief.	*Ao invés de um cartão postal, ele me mandou uma carta.*
Statt eines Briefes schickt sie mir ein Telegramm.	*Ao invés de uma carta ela me mandou um telegrama.*
Trotz des Regens gehen wir zum Park.	*Apesar da chuva nós iremos ao parque.*
Trotz des Schnees gehen wir in die Stadt.	*Apesar da neve nós iremos à cidade.*
Während des Sommers fliegt sie nach Italien.	*Durante o verão ela voa para a Itália.*
Während des Frühlings fliegt er nach Norwegen.	*Durante a primavera ele voa para a Noruega.*
Wegen des Krieges bleiben sie zu Hause.	*Por causa da guerra eles ficam em casa.*
Wegen eines Gewitters bleiben sie zu Hause.	*Por causa da tempestade eles ficam em casa.*

Exercício Escrito 2

Escreva cada frase com as preposições genitivas dadas.

1. wegen

   ein Examen ______________________________

   diese Besichtigung ______________________________

   die Touristen ______________________________

2. während

   ein Krieg ______________________________

   das Gewitter ______________________________

   der Tag ______________________________

3. trotz

der Schnee ______________________________

seine Geschwister ______________________________

eine Nachbarin ______________________________

4. anstatt

die Handschuhe ______________________________

eine Küche ______________________________

diese Flaschen ______________________________

Pronomes Reflexivos Dativos

Assim como há pronomes reflexivos acusativos, há também pronomes reflexivos dativos. Os pronomes reflexivos dativos são usados quando um objeto indireto, um objeto de um verbo dativo ou um objeto de uma preposição dativa é a mesma pessoa ou coisa que for o sujeito da frase. Os pronomes reflexivos dativos são:

Pronome Sujeito	**Pronome Reflexivo**
ich	mir
du	dir
er	sich
sie *s.*	sich
es	sich
wir	uns
ihr	euch
sie *pl.*	sich
Sie	sich
wer	sich
was	sich
man	sich

Aqui estão alguns exemplos:

Ich kaufe mir eine Flasche Bier.	*Eu comprei para mim uma garrafa de cerveja.*
Er hilft sich so gut er kann.	*Ele se ajuda como pode.*
Robert spricht mit sich selbst.	*Robert está falando consigo mesmo.*

Certas atividades pessoais (lavar, pentear os cabelos, vestir roupas, etc.) tendem a usar um pronome reflexivo dativo seguido por um objeto direto em alemão, enquanto em português há apenas um objeto direto.

Wir waschen **uns die Hände**. *Nós lavamos* ***nossas mãos****.*

Observe que em alemão se usa um artigo definido com o objeto direto, onde em português se usa um pronome possessivo.

O verbo *quebrar* (**sich brechen**) como um osso ou outra parte do corpo é uma frase especial em alemão. Ela requer um pronome reflexivo dativo e um objeto direto.

Sie bricht **sich die Hand.** *Ela quebra* ***sua mão****.*

Exercício Oral

Pratique lendo em voz alta a seguinte lista de frases:

Wer spricht mit sich selbst?	*Quem está falando consigo mesmo?*
Der alte Mann spricht mit sich selbst.	*O homem idoso está falando consigo mesmo.*
Was tust du?	*O que você está fazendo?*
Ich putze mir die Zähne.	*Estou escovando meus dentes.*
Ich kämme mir die Haare.	*Estou penteando meu cabelo.*
Das Kind wäscht sich die Hände.	*A criança está lavando suas mãos.*
Sie zieht sich einen Mantel an.	*Ela está vestindo um casaco.*
Ziehst du dir eine Jacke an?	*Você está vestindo uma jaqueta?*
Nein, ich ziehe mir einen Regenmantel an.	*Não, estou vestindo uma capa de chuva.*
Haben Sie sich das Bein gebrochen?	*Você quebrou sua perna?*
Nein, ich habe mir den Arm gebrochen.	*Não, eu quebrei meu braço.*
Er hat sich den Finger gebrochen.	*Ele quebrou seu dedo.*

Exercício Escrito 3

Troque o sujeito e o objeto em cada frase com os novos sujeitos e objetos dados. Faça quaisquer mudanças necessárias para os pronomes reflexivos. Por exemplo:

Sie bricht sich die Hand.

(du / der Arm) Du brichst dir den Arm.

1. Er zieht sich einen Mantel an.

(sie s. / die Jacke) ______________________________ .

(ich / der Regenmantel) ______________________________ .

(du / das Sweatshirt)______________________________ .

2. Er hat sich die Fahrkarten gekauft.
(wir / eine Flasche Wein) ______________________________.
(ihr / die Handschuhe) ______________________________.
(sie *pl.* / ein Roman) ______________________________.

3. Er hat sich den Arm gebrochen.
(ich / der Finger) ______________________________.
(sie *pl.* / die Finger) ______________________________.
(du / die Beine) ______________________________.

Exercício Escrito 4

Reescreva a seguinte frase com as palavras entre parênteses. Mude os pronomes reflexivos adequadamente. Por exemplo:

Er kauft sich ein Sweatshirt.

(ich) *Ich kaufe mir ein Sweatshirt.*

1. Ich habe mir die Hände gewaschen.
(er) ______________________________.
(ihr) ______________________________.
(die Männer) ______________________________.
(wir) ______________________________.
(du) ______________________________.

Alguns Substantivos Masculinos Especiais

Certos substantivos masculinos têm uma declinação especial. Esses substantivos são palavras que requerem um terminação **-n** ou **-en** na declinação. Tendem a ser palavras antigas, palavras que terminam na vogal **-e** e palavras estrangeiras com o acento na última sílaba. Seguem algumas palavras de amostra:

Palavras Antigas		**Palavras Terminadas em -e**		**Palavras Estrangeiras**	
der Herr	*cavalheiro*	der Junge	*rapaz*	der Soldat	*soldado*
der Mensch	*humano*	der Löwe	*leão*	der Sozialist	*socialista*
der Held	*herói*	der Knabe	*menino*	der Elefant	*elefante*
der Graf	*conde, nobre*	der Matrose	*marinheiro*	der Musikant	*musicista*

Quando essas palavras são declinadas, elas requerem um terminação **-(e)n** e no plural elas terminam em **-(e)n** também. Por exemplo:

nom.	der Mensch	der Löwe	der Elefant
acus.	den Mensch**en**	den Löw**en**	den Elefant**en**
dat.	dem Mensch**en**	dem Löw**en**	dem Elefant**en**
gen.	des Mensch**en**	des Löw**en**	des Elefant**en**

Plural nominativo: die Mensch**en**, die Löw**en**, die Elefant**en**.

Observe que o caso genitivo não requer uma terminação **-s** nesta declinação.

Exercício Escrito 5

1. Decline cada frase nominal nos casos acusativo, dativo e genitivo.

	der Held	**der Junge**	**der Soldat**
acus.	________	________	________
dat.	________	________	________
gen.	________	________	________

	der Affe *(macaco)*	**der Prinz** *(príncipe)*	**der Diplomat** *(diplomata)*
acus.	________	________	________
dat.	________	________	________
gen.	________	________	________

Auxiliares Modais

Um auxiliar modal é um verbo conjugado que trabalha junto com um infinitivo. Quando um auxiliar modal é usado, o infinitivo é colocado no fim da frase. Os auxiliares modais colorem o significado do verbo na frase dizendo qual a obrigação, permissão ou habilidade o sujeito da ação tem. Vamos nos encontrar com os auxiliares modais.

dürfen	*pode, tem permissão de*	müssen	*deve, tem que*
können	*pode, é capaz de*	sollen	*deve, espera-se que faça*
mögen	*gostar, pode*	wollen	*querer*

No Presente

Com a maioria dos auxiliares modais, há uma diferença no tempo presente entre a raiz do verbo na conjugação singular e a raiz na conjugação plural.

	dürfen	**können**	**mögen**
ich	darf	kann	mag
du	darfst	kannst	magst
er	darf	kann	mag
wir	dürfen	können	mögen
ihr	dürft	könnt	mögt
sie	dürfen	können	mögen

	müssen	**sollen**	**wollen**
ich	muss	soll	will
du	musst	sollst	willst
er	muss	soll	will
wir	müssen	sollen	wollen
ihr	müsst	sollt	wollt
sie	müssen	sollen	wollen

Em frases, os auxiliares modais se parecem assim:

Darf ich diese Zeitung nehmen?	*Posso pegar este jornal?*
Niemand kann ihn verstehen.	*Ninguém consegue entendê-lo.*
Ich mag Butter nicht.	*Eu não gosto de manteiga.*
Wir müssen den Kindern helfen.	*Temos que ajudar as crianças.*
Was soll man tun?	*O que se deveria fazer?*
Er will sich die Zähne putzen.	*Ele quer escovar seus dentes.*

Exercício Oral

Pratique lendo em voz alta as frases abaixo:

Das darf man nicht tun.	*Você não deve fazer isso.*
Ihr dürft nicht Auto fahren.	*Você não tem permissão para dirigir um carro.*
Können Sie mich hören?	*Você pode me ouvir?*
Nein, ich kann nichts hören.	*Não, não consigo ouvir nada.*
Das mag wohl sein.	*Aquilo pode bem ser.*
Sie mögen mehr als zehn Jahre alt sein.	*Eles devem ter mais de dez anos.*
Sie müssen heute Briefe schreiben.	*Eles têm que escrever cartas hoje.*
Der Mann muss sehr krank sein.	*O homem deve estar muito doente.*
Ihr sollt jetzt fleißig arbeiten.	*Você deveria trabalhar agora diligentemente.*
Der Diplomat soll schwer krank sein.	*Supõe-se que o diplomata esteja seriamente doente.*
Was wollen Sie tun?	*O que você quer fazer?*
Ich will mir die Hände waschen.	*Eu quero lavar minhas mãos.*

No Passado

Ao conjugar no passado, os auxiliares modais parecem verbos regulares e nunca têm um trema, mesmo se houver um trema no infinitivo.

	dürfen	**können**	**mögen**
ich	durfte	konnte	mochte
du	durftest	konntest	mochtest
er	durfte	konnte	mochte
wir	durften	konnten	mochten
ihr	durftet	konntet	mochtet
sie	druften	konnten	mochten
	müssen	**sollen**	**wollen**
ich	musste	sollte	wollte
du	musstest	solltest	wolltest
er	musste	sollte	wollte
wir	mussten	sollten	wollten
ihr	musstet	solltet	wolltet
sie	mussten	sollten	wollten

Nos Tempos Perfeitos

Nos tempos perfeitos, todos os auxiliares modais usam **haben** como seu auxiliar. E como particípios eles se parecem com verbos regulares, mas nunca têm um umlaut.

er hat gedurft	*ele teve permissão*	er hat gemusst	*ele teve que*
er hat gekonnt	*ele foi capaz de*	er hat gesollt	*esperava-se que ele*
er hat gemocht	*ele gostou*	er hat gewolt	*ele queria*

Mas a conjugação do presente perfeito ilustrada aqui só é usada quando não há outro verbo na frase.

Mein Bruder hat es nicht gekonnt.	*Meu irmão não foi capaz.*
Das habe ich nicht gewolt.	*Eu não queria aquilo.*

Deve-se usar os auxiliares modais em conjunto com outros infinitivos. Você viu que nos tempos presente e passado, o segundo verbo (um infinitivo) na frase aparece no fim daquela frase, diferente do português.

Ich will eine Flasche Bier **trinken**.	*Quero **beber** uma garrafa de cerveja.*
Ich wollte eine Flasche Bier **trinken**.	*Queria **beber** uma garrafa de cerveja.*

Nos tempos perfeito e futuro, porém, isto requer uma nova estrutura: um duplo infinitivo. Quando as mesmas frases são conjugadas no perfeito ou no futuro, o infinitivo do auxiliar modal é o último elemento na frase e forma uma estrutura de duplo infinitivo com o segundo verbo. Um particípio passado não é usado nos tempos perfeitos.

Ich habe eine Flasche Bier **trinken wollen**.	*Eu **queria beber** uma garrafa de cerveja.*
Ich werde eine Flasche Bier **trinken wollen**.	*Eu **quererei beber** uma garrafa de cerveja.*

Exercício Oral

Faixa 66

Pratique lendo em voz alta a seguinte lista de frases:

Was hast du tun wollen?	*O que você queria fazer?*
Ich habe ins Kino gehen wollen.	*Eu queria ir ao cinema.*
Hast du mitkommen können?	*Você seria capaz de ir comigo?*
Nein, ich habe arbeiten müssen.	*Não, eu tinha que trabalhar.*
Wohin habt ihr gehen sollen?	*Onde se esperava que vocês fossem?*
Wir haben zum Hotel gehen sollen.	*Esperava-se que fôssemos ao hotel.*
Das darfst du nicht tun.	*Você não pode fazer isso.*
Ich habe das niemals tun dürfen.	*Eu nunca tive permissão para fazer isso.*
Ich habe niemals tanzen können.	*Eu nunca fui capaz de dançar.*

O auxiliar modal **mögen** (*gostar, poder*) é usado frequentemente de outra forma: **möchte** (*gostaria*). É uma substituição em linguagem polida para **wollen** (*querer*).

Ich möchte bitte eine Tasse Tee.	*Eu gostaria de uma xícara de chá, por favor.*
Wir möchten nach Südamerika fliegen.	*Gostaríamos de voar para a América do Sul.*

Exercício Escrito 6

Crie frases completas conjugando as seguintes frases com os pronomes dados. Use os tempos mostrados em negrito.

1. wollen einen Roman lesen

presente Ich ______________________________.

passado Ich ______________________________.

particípio passado Wir ______________________________.

futuro Wir ______________________________.

2. können sehr gut Schach spielen

presente Du ______________________________.

passado Du ______________________________.

particípio passado Ihr ______________________________.

futuro Ihr ______________________________.

3. müssen ein bisschen warten

presente	Sie *s.* ______________________________ .
passado	Sie *s.* ______________________________ .
particípio passado	Sie *pl.* ______________________________ .
futuro	Sie *pl.* ______________________________ .

4. sollen fleiβig arbeiten

presente	Ich______________________________ .
passado	Er______________________________ .
particípio passado	Wir ______________________________ .
futuro	Man ______________________________ .

Exercício Escrito 7

Reescreva as seguintes frases nos tempos passado e particípio passado.

1. Die Kinder können gut Klavier spielen.

   ______________________________ .

   ______________________________ .

2. Ich muss jeden Tag fleiβig arbeiten.

   ______________________________ .

   ______________________________ .

3. Du sollst dir die Hände waschen.

   ______________________________ .

   ______________________________ .

4. Sie mag kein Eis.

   ______________________________ .

   ______________________________ .

5. Hier kann man umsteigen.

   ______________________________ .

   ______________________________ .

6. Ihr müsst den Nachbarn helfen

   ______________________________ .

   ______________________________ .

TESTE RÁPIDO

1. Conjugue os seguintes verbos nos tempos mostrados com os pronomes dados.

		schicken	waschen	aussteigen	bekommen
pres.	ich	______	______	______	______
pass.	du	______	______	______	______
part. pass.	er	______	______	______	______
pass. perf.	wir	______	______	______	______
fut.	ihr	______	______	______	______
fut. perf.	sie	______	______	______	______

2. Nos espaços dados, escreva a letra que identifica o caso requerido por cada preposição: a = acusativo, d = dativo, a-d = acusativo ou dativo, e g = genitivo.

mit______	**von**______
wegen______	**trotz**______
in______	**anstatt**______
während______	**durch**______
für______	**neben**______
statt______	**zu**______

Reescreva cada frase usando as palavras entre parênteses.

3. Statt ______ wird Herr Keller ihm helfen.

(meine Schwester) ______

(dieser Matrose) ______

(seine Geschwister) ______

4. Wegen ______ musste Frau Benz in der Stadt bleiben.

(ihre Mutter) ______

(das Gewitter) ______

(der Regen)______

5. Usando as palavras entre parênteses, mude o sujeito e o pronome reflexivo em cada frase. Por exemplo:

Ich kaufte mir einen Wagen.

(er) *Er kaufte sich einen Wagen.*

Ich putze mir die Zähne.

(man) ______

(die Kinder)______

(niemand) ____

(wir) ____

(ihr) ____

(du) ____

(Sie) ____

(mein Sohn) ____

6. **Escreva as formas acusativa, dativa e genitiva dos seguintes substantivos:**

	die Kirche	ein Held	Ihre Eltern
nom.	________	________	________
acus.	________	________	________
dat.	________	________	________
gen.	________	________	________

7. **Escreva as conjugações no presente e passado dos seguintes auxiliares modais com os pronomes dados.**

		dürfen	können	mögen
presente	ich	________	________	________
passado	Sie	________	________	________

		wollen	sollen	müssen
presente	er	________	________	________
passado	ihrer	________	________	________

Circule a palavra ou frase que melhor completa cada frase.

8. **Die Männer werden eine Flasche Bier trinken.________________**

   A. bekommen

   B. haben

   C. wollen

   D. sein

9. **Mein Onkel hat ________ den Arm gebrochen.**

   A. sich

   B. ihn

   C. seinen

   D. wegen

10. **___________ des Sommers fliegen wir nach Spanien.**

   A. Der Schnee

   B. Während

   C. Des Wetters

   D. Wir freuen uns

capítulo 15

Reunindo Ideias

Neste capítulo, os pronomes relativos alemães e as formações das sentenças relativas serão apresentadas, assim como a função dos infinitivos duplos. Além disso, os auxiliares modais serão discutidos novamente juntos a mais informações sobre preposições e advérbios.

OBJETIVOS DO CAPÍTULO

Neste capítulo você aprenderá:

- Pronomes Relativos
- Mais Informações sobre Auxiliares Modais
- Infinitivos Duplos
- Preposições e Inanimados
- Mais Informações sobre Advérbios

Pronomes Relativos

Os pronomes relativos são usados para ligar duas frases que possuem um elemento comum. Por exemplo:

As garotas jogam futebol. As garotas frequentam esta escola.

Nessas duas frases, o elemento comum é, claro, ***as garotas***. As duas frases podem ser combinadas em uma mudando um dos exemplos de as garotas para um pronome relativo. Neste caso, o pronome relativo é *que*. *Que* é usado para acrescentar informação pertinente sobre a palavra antecedente (a palavra a qual o pronome relativo se refere). O resultado é:

As garotas *que* frequentam essa escola jogam futebol.

Em português há mais de um tipo de pronome relativo. *Quem* e *de quem* são usados para prover informação adicional mas não essencial sobre a antecedente.

O homem, *que* também é meu amigo, perdeu a eleição.
Uma eleição, *que* é rara nesse lugar, será amanhã.

Em português também tem um pronome relativo não aparente, isto é, um pronome que não aparece numa sentença relativa, mas é subentendido.

A pessoa presa ontem era um ladrão. (A pessoa *que* eles prenderam ontem era um ladrão.)

Os pronomes relativos em alemão são os artigos definidos (**der**, **die**, **das**). Eles são usados como conjunções subordinativas, significando que o verbo conjugado é o último elemento na sentença. O pronome relativo deve estar de acordo com o gênero e número de seus antecedentes. Por exemplo:

der Mann, der...	*o homem, que...*	sas Kind, das...	*a criança, que...*
die Frau, die...	*a mulher, que...*	die Leute, die...	*as pessoas, que...*

Mas, além de ser o mesmo gênero e número da palavra antecedente, o pronome relativo pode ser de qualquer caso: nominativo, acusativo, dativo ou genitivo. Depende de como o pronome relativo é usado na sentença relativa: como sujeito da sentença, como objeto direto, como objeto de uma preposição e assim por diante. Por exemplo:

der Mann, **der** in Bonn wohnt (sujeito)	*O homem* ***que*** *vive em Bonn.*
der Mann, **den** Tina kennt (obj. direto)	*O homem* ***que*** *Tina conhece.*
der Mann, **mit dem** sie tanzt (preposição dativa)	*O homem* ***com quem*** *ela dança.*

Antes de vermos várias frases com sentenças relativas, vamos ver a declinação dos pronomes relativos, dando atenção especial às poucas ocasiões em que a declinação difere do artigo definido.

	masculino	**feminino**	**neutro**	**plural**	
nom.	der	die	das	die	*que, quem, de quem*
acus.	den	die	das	die	*que, de quem, do qual*
dat.	dem	der	dem	denen	*que, de quem, do qual*
gen.	dessen	deren	dessen	deren	*cujo / cuja*

Agora vejamos algumas frases de exemplo. Observe como o pronome relativo está de acordo com o gênero e número de seu antecedente e está no caso necessário para sua função dentro da sentença relativa.

Der Lehrer, der in der Nähe wohnt, hat in England studiert. — *O professor, que mora na vizinhança, estudou na Inglaterra.*

Kennen Sie die Studentin, die die Touristen fotografieren? — *Você conhece a aluna que os turistas estão fotografando?*

Er findet das Buch, von dem der Professor gesprochen hat. — *Ele encontrou o livro do qual o professor falou.*

Ich besuche meine Verwandten, deren Sohn im Irak ist. — *Eu visitei meus parentes, cujo filho está no Iraque.*

Exercício Oral

Faixa 67

Pratique, lendo em voz alta, a lista de frases abaixo

Welches Haus hast du gekauft? — *Qual casa você comprou?*

Das Haus, das in der Haupstraβe steht. — *A casa que está na Rua Principal.*

Das Haus, in dem Bach gewohnt hatte. — *A casa onde Bach morou.*

Wo ist der Politiker, den sie interviewen wollen? — *Onde está o político que eles queriam entrevistar?*

Wo sind die Rockstars, mit denen sie sprechen wollen? — *Onde estão as estrelas do rock com quem eles queriam falar?*

Wo ist die Tänzerin, über die er einen Artikel schreiben will? — *Onde está a bailarina sobre quem ele quer escrever um artigo?*

Welche Gedichte willst du lernen? — *Que poemas você quer aprender?*

Die Gedichte, von denen mein Lehrer sprach. — *Os poemas sobre os quais meu professor falou.*

Die Gedichte, die auf deutsch geschrieben sind.	*Os poemas que são escritos em alemão.*
Das sind die Briefmarken, die Karl mir gegeben hat.	*Esses são os selos que Karl me deu.*
Das ist der Regenschirm, den Oma in Bonn gekauft hat.	*Esse é o guarda chuva que vovó comprou em Bonn.*
Das ist das Wörterbuch, unter dem ich das Geld gefunden habe.	*Aquele é o dicionário sob o qual eu encontrei o dinheiro.*
Das ist die Dame, deren Tochter Tänzerin werden will.	*Aquela é a mulher cuja filha quer se tornar bailarina.*

Exercício Escrito 1

Reescreva cada frase, mudando o antecedente em negrito para aqueles entre parênteses e fazendo quaisquer mudanças necessárias.

Wo ist **das Haus**, das Erik kaufen will?

(der Hut) *Wo ist der Hut, den Erik kaufen will?*

1. Ich habe **die Bücher**, die du verloren hast.

(das Heft) ______________________________.

(ein Regenschirm) ______________________________.

(die Flasche) ______________________________.

(der Artikel) ______________________________.

2. Robert besucht **die Tänzerin**, deren Vater Diplomat gewesen ist.

(der Matrose) ______________________________.

(dei Ausländer) ______________________________.

(eine Dame) ______________________________.

(das Mädchen) ______________________________.

3. Wo fandest du **das Geld**, nach dem der Polizist fragte?

(dia Schlüssel) ______________________________?

(der Wagen) ______________________________?

(der Ausländer)____?

(das Mädchen) ____?

(die Tasche)____?

4. **Das Mädchen**, das ich in Freiburg traf, wohnt jetzt in Wien.

(der Soldat) ____.

(die Touristen) ____.

(die Tänzerin)____.

(das Kind)____.

(der Polizist) ____.

5. **Das Kind**, dessen Schwester gestorben ist, will nicht mitgehen.

(die Kinder) ____.

(der Junge) ____.

(die Tänzerin)____.

(das Mädchen) ____.

(der Student)____.

Mais sobre os Auxiliares Modais

Como você sabe, os auxiliares modais nos tempos perfeito e futuro formam uma estrutura de duplo infinitivo.

Er hat er nicht verstehen können.	*Ele não foi capaz de entender isso.*
Wir werden zu Hause bleiben müssen.	*Nós teremos que ficar em casa.*

Mas quando um auxiliar modal numa estrutura de duplo infinito é usada numa sentença subordinativa, há uma questão de ordem de palavras a ser considerada. O auxiliar conjugado (**haben** ou **werden**) de uma estrutura de duplo infinitivo precederá diretamente o duplo infinitivo. Por exemplo:

Er sagt, dass er es nicht **hat** verstehen können	*Ele disse que não é capaz de entender isso.*
Weiβt du, ob wir zu Hause **werden** bleiben müssen?	*Você sabe se teremos que ficar em casa?*

Exercício Escrito 2

Complete cada frase com as frases dadas. Empregue a ordem adequada das palavras.

1. Die Mutter sagt, dass...

   Sie hat die Kinder gut erziehen wollen.

   ____

   Ihr Sohn wird Soldat werden müssen.

   ____

   Die Kinder haben kein Bier trinken dürfen.

   ____

2. Ich weiβ nicht, warum....

   Tina hat das Klavier nicht spielen können.

   ____

   Du wirst nach Belgien reisen sollen.

   ____

   Die Tänzerin wird in Bremen tanzen wollen.

   ____

Infinitivos Duplos

Há uma pequena lista de outros verbos que podem servir como auxiliares dos infinitivos e que, nos tempos perfeito e futuro, formam uma estrutura de duplo infinitivo.

Esses verbos são: **lassen**, **sehen**, **hören**, **helfen** e **lernen**. Vamos ver alguns exemplos com um desses verbos.

Ich lasse den Wagen reparieren.	*Eu tenho o carro consertado.*
Ich lieβ den Wagen reparieren.	*Eu tive o carro consertado.*
Ich habe den Wagen reparieren lassen.	*Eu tive o carro reparado.*
Ich werde den Wagen reparieren lassen.	*Eu terei o carro reparado.*

Exercício Oral

Faixa 68

Pratique lendo em voz alta a lista de frases abaixo:

Haben Sie das Radio reparieren lassen?	*Você teve o rádio consertado?*
Nein, ich habe es noch nicht reparieren lassen.	*Não, eu ainda não o tive consertado.*
Hast du die Kinder im Garten spielen sehen?	*Você viu as crianças brincando no parque?*
Ja, ich habe sie im Garten spielen sehen?	*Sim, eu as vi brincando no parque.*
Haben Sie Ihre Sohn singen hören?	*Você ouviu seu filho cantando?*
Ja, ich habe ihn schon singen hören.	*Sim, eu já o ouvi cantando.*
Wirst du deinem Bruder im Garten arbeiten helfen?	*Você ajudará seu irmão a trabalhar no jardim?*
Ja, ich werde ihm im Garten arbeiten helfen.	*Sim, eu o ajudarei a trabalhar no jardim.*
Sie wird schwimmen lernen.	*Ela aprenderá a nadar.*
Er wird tanzen lernen.	*Ele aprenderá a dançar.*
Wir werden Ski laufen lernen.	*Nós aprenderemos a esquiar.*

Exercício Escrito 3

Conjugue cada frase verbal nos tempos mostrados com os pronomes dados.

		können es reparieren	**hören sie sprechen**
pres.	Ich	______________________	______________________
pass.	ich	______________________	______________________
part. pass.	wir	______________________	______________________
fut.	wir	______________________	______________________

		lassen ein Hemd machen	**wollen ihn interviewen**
pres.	Sie	______________________	______________________
pass.	Sie	______________________	______________________
part. pass.	er	______________________	______________________
fut.	er	______________________	______________________

Preposições e Inanimados

Uma preposição pode ser seguida por muitos nomes ou por um pronome animado.

Ich sprach mit dem Herrn.	*Eu falei com o cavalheiro.*
Ich sprach mit ihm.	*Eu falei com ele.*

Mas quando um pronome representa um objeto inanimado, ele forma uma estrutura especial com uma preposição: um advérbio preposicional. A estrutura de um advérbio preposicional em alemão é **da-** mais a preposição. Por exemplo:

dafür	*para ele*	damit	*com ele*	davon	*a partir dele*

Quando uma preposição começa com uma vogal, use **dar-** mais a preposição.

darauf	*nele, a partir dele*	daraus	*a partir dele*	darin	*nele, a partir dele*

Vamos comparar alguns exemplos com animados e inanimados.

Animados:

Er wartet auf den Matrosen.	*Ele está esperando pelo marinheiro.*
Er wartetr auf ihn.	*Ele está esperando por ele.*

Inanimados:

Er wartet auf den Zug.	*Ele está esperando pelo trem.*
Er wartet darauf.	*Ele está esperando por ele.*

Algo similar ocorre ao se fazer perguntas com preposições e pronomes inanimados. Neste caso, use **wo-** mais a preposição.

womit	*com o que*	worin	*em que*	wovon	*do que*

Quando uma preposição começa com uma vogal, use **wor-** mais a preposição.

worauf	*em que*	woraus	*fora que*	worin	*em que, do qual*

Vamos ver algumas frases de exemplo:

Animado:

Von wem sprecht ihr?	*Sobre quem você está falando?*
Über wen schreibt der Mann?	*Sobre quem o homem está escrevendo?*

Inanimado:

Wovon sprecht ihr?	*Sobre o que você está falando?*
Worüber schreibt der Mann?	*Sobre o que o homem está escrevendo?*

Exercício Oral

Pratique, lendo em voz alta a lista de frases abaixo:

Von wem hast du es bekommen?	*De quem você pegou isso?*
Ich habe es von einem Fremden bekommen.	*Eu peguei isso de um estranho.*
Wovon habt ihr gesprochen?	*Sobre o que vocês estavam falando?*
Wir haben von dem Gewitter gesprochen.	*Nós estávamos falando sobre a tempestade.*
Worüber freute sie sich?	*Por que ela estava feliz?*
Sie freute sich über den Artikel.	*Ela estava feliz por causa do artigo.*
Worauf freuen sich die Kinder?	*Por quê as crianças estão esperando?*
Sie freuen sich auf das Wochenende.	*Elas estão esperando pelo fim de semana.*
Wofür interessiert er sich?	*Em que ele está interessado?*
Er interessiert sich für Sport.	*Ele está interessado em esportes.*
Womit hat er kommen wollen?	*De que ele queria vir?*
Er hat mit dem Bus kommen wollen.	*Ele queria vir de ônibus.*

Exercício Escrito 4

Reescreva cada frase preposicional duas vezes, mudando os substantivos para pronomes uma vez, como substituição para a frase preposicional e uma vez como pergunta.

vor dem Haus	*davor*	*wovor*
an einen Freund	*an ihn*	*an wen*
1. mit seinem Chef	________	________
2. mit dem Zug	________	________
3. von der Erde	________	________
4. in seine Freundin	________	________
5. in der Stadt	________	________
6. am Tisch	________	________
7. gegen die Leute	________	________
8. gegen die Tür	________	________
9. aus dem Wohnzimmer	________	________
10. nach seiner Tante	________	________

Exercício Escrito 5

Nos espaços dados, escreva a letra ou letras das frases à direita que respondem às perguntas à esquerda. Nem todas as letras serão usadas e algumas podem ser usadas mais de uma vez.

1. Wie oft bist du in Norwegen gewesen? ________	a. Mit einem Freund.
2. Ist Ihre Tante Ärztin geworden? _____	b. Hoffentlich.
3. Womit seid ihr gefahren? _______	c. Ziemlich oft.
4. Haben Sie heute mit Herrn Bach gesprochen? _______	d. Leider nicht.
5. Wann ist der alte Musikant gestorben? ______	e. Von einer Kusine.
6. Ist der Flughafen hier in der Nähe? _______	f. Nein, eine Tänzerin.
7. Könnt ihr ihn verstehen? _____	g. In einer Stunde.
8. Wann fängt das Konzert an? _____	h. Wegen des Wetters.
9. Wird sie das Auto reparieren können? _____	i. Mit dem Zug.
10. Haben Sie das Geld gefunden? ____	j. Vor einem Jahr.
	k. Ja, sehr gut.
	l. Nein, noch nicht.
	m. Nein, er ist weit von hier.

Mais sobre os Advérbios

Advérbios modificam verbos, outros advérbios e adjetivos. Vamos ver os tipos de advérbios que funcionam em cada um desses casos.

Alguns advérbios e locuções adverbiais descrevem frequência ou tempo. Por exemplo:

gewöhnlich	*usualmente*	oft	*frequentemente*
immer	*sempre*	selten	*raramente*
im Sommer	*no verão*	vor einem Jahr	*há um ano*
manchmal	*às vezes*	wieder	*novamente*

Numa frase, esses advérbios podem parecer assim:

Wir gehen **oft** ins Kino.	**Frequentemente** nós vamos ao cinema.

Outros advérbios descrevem uma direção a um lugar ou a partir de um lugar:

dorthin	*(para) lá*	hierher	*(para) aqui*	nach Hause	*(seio do) lar*

Por exemplo:

Die Jungen sind **dorthin** gelaufen.	*Os meninos correram* ***para lá.***

Alguns advérbios ou locuções adverbiais descrevem o local onde uma ação ocorre:

dort (da)	*lá*	oben	*Acima, em excesso, lá em cima*
draußen	*fora*	überall	*em todo lugar*
hier	*aqui*	unten	*embaixo, lá em baixo*
in der Stadt	*na cidade*	unter dem Tisch	*debaixo da mesa*

Por exemplo:

Draußen ist es sehr kalt. — *Está muito frio **lá fora**.*

Outros advérbios descrevem uma atitude em relação a alguém ou algo:

hoffentlich	*esperançosamente*	natürlich	*naturalmente*
leider	*infelizmente*	selbstverständlich	*claro, naturalmente*

Por exemplo:

Der Mann ist **leider** gestorben. — ***Infelizmente**, o homem morreu.*

Certos advérbios podem modificar outros advérbios ou adjetivos. Eles dizem a que grau o advérbio funciona. Vejamos alguns advérbios que podem modificar **langsam** (*devagar*, um advérbio) ou **kalt** (*frio*, um adjetivo).

außerordentlich kalt	*extraordinariamente frio*	sehr kalt	*muito frio*
außerordentlich langsam	*extraordinariamente devagar*	sehr langsam	*muito devagar*
relativ kalt	*relativamente frio*	ziemlich kalt	*realmente frio*
relativ langsam	*relativamente devagar*	ziemlich langsam	*realmente devagar*

Alguns advérbios são formados acrescentando o sufixo **-erweise** a um adjetivo. Alguns desses são:

Adjetivo	**Advérbio**	
brutal	brutalerweise	*brutalmente*
erstaunlich	erstaunlicherweise	*espantosamente*
glücklich	glücklicherweise	*felizmente*
möglich	möglicherweise	*possivelmente*
normal	normalerweise	*normalmente*

Lembre-se de que em frases alemãs há um padrão de ordem para os advérbios. Eles ocorrem dentro de frases em que os advérbios de tempo aparecem primeiro, os advérbios de modo em segundo e os advérbios de lugar em terceiro. Por exemplo:

Wir fahren **selten** (tempo) **mit dem Bus** (modo) **in die Stadt** (local). — ***Raramente** vamos **de ônibus para a cidade.***

Consulte o Capítulo 13 para mais detalhes sobre a ordem dos advérbios.

Exercício Escrito 6

Reescreva cada frase acrescentando os advérbios entre parênteses. Considere como o significado é mudado por esses advérbios.

1. Ihre Tochter ist _______ intelligent.

   (sehr)____.

   (außerordentlich) ____.

   (relativ) ____.

   (ziemlich) ____.

   (erstaunlicherweise) ____.

2. _______ sehen wir viele Probleme.

   (überall) ____.

   (hier)____.

   (dort)____.

   (in dieser Stadt) ____.

   (in Europa) ____.

3. Unsere Familie ist _______ in Griechenland gewesen.

   (oft) ____.

   (selten) ____.

   (manchmal) ____.

   (nie)____.

   (ziemlich oft) ____.

TESTE RÁPIDO

1. Escreva as formas corretas dos pronomes relativos.

	masculino	**feminino**	**neutro**	**plural**
nom	____	____	____	____
acus	____	____	____	____
dat	____	____	____	____
gen	____	____	____	____

2. Mude a frase em negrito para as que estão entre parênteses. Reescreva cada frase fazendo as mudanças necessárias para os pronomes relativos e os verbos usados.

Das Buch, das ich kaufen will, ist ziemlich alt.

(der Wagen) ____________________

(die Lampe) ____________________

(die Wörterbücher) ____________________

(das Kleid) ____________________

3. Escreva as seguintes expressões verbais nos quatro tempos mostradas com os pronomes dados.

		hören sie lachen	**lassen das Auto reparieren**
pres.	**er**	____	____
pass.	**wir**	____	____
pres. perf.	**ihr**	____	____
fut.	**Sie**	____	____

Escreva novas frases completando cada frase com as sentenças abaixo. Faça quaisquer mudanças necessárias na ordem das palavras.

4. Die Frauen sagen, dass...?

Der Reporter hat den Chef interviewen wollen.

____

Werner wird das Auto waschen lassen.

____

Sie interessieren sich nicht für Sport.

____

5. **Der Student fragt, ob...**

Werden wir den Krieg verlieren?

____

Haben die Touristen dorthin reisen dürfen?

____

Haben wir ihm ein Paket geschickt?

____

Circule a letra da palavra ou expressão que melhor complete cada frase.

6. **Ich werde ______ arbeiten.**

A. womit

B. fleiβig

C. lassen

D. von denen

7. **Der Mann, mit __________ wir gesprochen haben, kommt aus Deutschland.**

A. dem

B. damit

C. denen

D. dessen

8. **Die Tänzerin __________ so schön tanzt, ist mein Nichte.**

A. die

B. womit

C. mit der

D. deren

9. **Wir werden _______________ wohnen müssen.**

A. im Ausland.

B. leider

C. nach Amerika

D. zum Wohnzimmer

10. **__________ interessieren Sie sich?**

A. womit

B. von der Erde

C. wofür

D. darauf

TESTE DA PARTE TRÊS

Escreva o presente perfeito e o passado perfeito das conjugações para os seguintes verbos com os pronomes dados.

		Particípio Passado	Passado Perfeito
1. helfen	**ich**	______________	______________
	er	______________	______________
	wir	______________	______________
2. versprechen	**ich**	______________	______________
	sie s.	______________	______________
	ihr	______________	______________
3. fliegen	**du**	______________	______________
	er	______________	______________
	Sie	______________	______________
4. sein	**ich**	______________	______________
	du	______________	______________
	wir	______________	______________

5. Dê o particípio passado dos seguintes verbos com o auxiliar adequado: haben ou **sein.**

fragen__________________ **spazieren**__________________
essen__________________ **werden**__________________
haben__________________ **mitgehen**__________________

Usando a forma adequada do caso dativo, complete cada frase com as palavras ou expressões entre parênteses.

6. Warum glaubst du ______________ nicht?

(mein Bruder)____

(diese Dame) ____

(deine Kinder) ____

7. Ich werde mit ______________ tanzen.

(er) ____

(sie *s.*)____

(sie *pl.*)____

8. Sie haben ______________ ein Paket geschickt.

(der Ausländer)____

(du) ____

(wir) ____

Complete cada frase preenchendo os espaços com as formas corretas das palavras entre parênteses.

9. Sie ist vor __________ angekommen.

(zwei Tage) ______________________________

(eine Woche) ______________________________

(ein Jahr) ______________________________

10. Er hat drei Stunden auf _______ gewartet.

(ich) ______________________________

(er) ______________________________

(ihr) ______________________________

Escreva as formas acusativa, dativa e genitiva das seguintes palavras e frases:

	Acusativa	**Dativa**	**Genitiva**
11. ich	__________	__________	__________
12. du	__________	__________	__________
13. Sie	__________	__________	__________
14. meine Brüder	__________	__________	__________
15. das Kind	__________	__________	__________

Mude as frases conjugadas no presente para o presente perfeito e o futuro. Por exemplo:

Ich komme mit.

ich bin mitgekommen.

ich werde mitgekommen.

16. Wir bestellen ein Butterbrot.

____

____

17. Ihr wascht euch.

____

____

18. Wir steigen hier um.

____

____

19. Kannst du Schach spielen?

____

____

Reescreva a frase, mudando as palavras em negrito pelas que estão entre parênteses. Faça as mudanças adequadas para as sentenças relativas e verbos usados.

20. Der Junge, dessen Vater Zahnarzt ist, wohnt in diesem groβen Haus.

(die Kinder)______________________________________

(das Mädchen)____________________________________

(der Schüler)_____________________________________

Reescreva a frase para incluir cada pergunta que a segue. Faça quaisquer mudanças necessárias para a ordem das palavras.

21. Der Reporter fragt, ob...

Hat der Diplomat nicht gut fahren können?

____

Wir er den Helden interviewen wollen?

____

Circule a letra da palavra ou frase que melhor complete cada frase.

22. Es ist sehr heiβ _______.

A. gemacht C. geworden

B. versprochen D. gewartet

23. Sie irren _______ nicht.

A. sich C. schon

B. jetzt D. ihnen

24. Die Wohnung ___________ war sehr groβ.

A. meinen Onkel C. ihrem Enkel

B. unserer Nachbarin D. trotz des Wetters

25. ______ des Sommers bleibe ich der Stadt.

A. Warum C. Während

B. Vor D. Nach

Parte Quatro

Alguns Ajustes

capítulo 16

Comparando Coisas

Neste capítulo você encontrará as formas comparativas e superlativas. Além disso, haverá uma discussão posterior sobre os pronomes relativos, assim como uma descrição de várias expressões idiomáticas úteis.

OBJETIVOS DO CAPÍTULO

Neste capítulo você aprenderá:

- Mais a Respeito de Pronomes Relativos
- Algumas Expressões Idiomáticas Comuns
- Comparativo e Superlativo de Adjetivos e Advérbios
- Um Pouco da História Alemã

Mais sobre os Pronomes Relativos

Há ainda mais para conhecer sobre o uso dos pronomes relativos em alemão.

Welcher como um Pronome Relativo

É possível substituir uma forma de **welcher** por pronomes relativos que tomam a forma do artigo definido. A forma genitiva é a única exceção a isso. Compare as seguintes declinações dos pronomes relativos.

	masculino	**feminino**	**neutro**	**plural**
nom.	der, welcher	die, welche	das, welches	die, welche
acus.	den, welchen	die, welche	das, welches	die, welche
dat.	dem, welchem	der, welcher	dem, welchem	denen, welchen
gen.	dessen	deren	dessen	deren

Vejamos como **welcher** aparece nas frases.

Der Soldat, welcher im Irak war, ist wieder zu Hause.	*O soldado que estava no Iraque está em casa novamente.*
Der Soldat, welchen Tina kennt, ist wieder zu Hause.	*O soldado que Tina conhece está em casa novamente.*
Der Soldat, von welchem alle sprechen, ist wieder zu Hause	*O soldado sobre quem todos estão falando está em casa novamente.*
Der Soldat, dessen Schwester Ärztin ist, ist wieder zu Hause.	*O soldado cuja irmã é uma médica está em casa novamente.*

Exercício Escrito 1

Reescreva cada frase, mudando os trechos em negrito para os trechos dados entre parênteses. Use uma forma de **welcher** como o pronome relativo e faça as mudanças necessárias na frase. Por exemplo:

Das Haus, das er kaufen will, ist alt.

(das Auto) Das Auto, welches er kaufen will, ist alt.

1. **Das Buch**, das sie gelesen hat, ist interessant.

(der Brief) ______________________________.

(die Zeitung) ______________________________.

(der Roman) ______________________________.

(die Romane) ______________________________.

2. **Das Mädchen**, mit dem Karl sprechen will, kommt aus Polen.

(die Touristen) ______________________________.

(der Matrose) ______________________________.

(die Tänzerin) ______________________________.

(das Kind) ______________________________.

Was como um Pronome Relativo

É possível que toda uma sentença seja o antecedente de um pronome relativo. Se esse for o caso, em alemão, o pronome relativo se torna **was**. Vamos ver alguns exemplos:

Er ist Zahnarzt geworden, was uns sehr erstaunte.	*Ele se tornou um dentista, o que nos surpreendeu muito.*
Es fing an zu regnen, was das Picknick schnell verdorben hat.	*Começou a chover, o que rapidamente destruiu o piquenique.*
Es geht ihrem Mann jetzt gut, was uns sehr erfreute.	*Seu esposo está se sentindo bem agora, o que nos deixou muito felizes.*

Was também se torna o pronome relativo quando o demonstrativo **das** é o antecedente.

Ich verstehe das, was du sagen willst.	*Eu entendo o que você quer dizer.*
Verstehst du nichts von dem, was er sagt?	*Você não entende nada do que ele diz?*

E **was** é o pronome relativo quando o antecedente também é **alles**, **etwas**, **nichts**, **viel(es)**, ou um adjetivo neutro usado como nome. Por exemplo:

Das ist alles, was ich geben kann.	*Aquilo é tudo que eu posso dar.*
Sie lesen etwas, was ziemlich interessant ist.	*Eles estão lendo algo que é muito interessante.*
Der Lehrer versteht nichts, was das Kind schreibt.	*O professor não entende nada que a criança escreve.*
Es gibt vieles, was uns glücklich macht.	*Há muita coisa que nos faz felizes.*
Dar war das Letzte, was er hörte.	*Aquela foi a última coisa que ele ouviu.*

Exercício Oral

Faixa 69

Pratique lendo em voz alta a lista de frases abaixo:

Haben Sie etwas, was billig ist?	*Você tem alguma coisa barata?*
Nein, ich habe nichts, was billig ist.	*Não, não tenho nada barato.*
Ist das alles, was Sie haben?	*Isto é tudo que você tem?*
Nein, ich habe viel mehr.	*Não, eu tenho muito mais.*
Haben Sie etwas, was nicht so teuer ist?	*Você tem alguma coisa que não seja muito cara?*
Ja, ich habe vieles, was nicht so teuer ist.	*Sim, eu tenho muita coisa que não é muito cara.*
Karl hat den Preis gewonnen, was mich sehr erstaunte.	*Karl ganhou o prêmio, o que me surpreendeu muito.*
Gudrun ist schnell gerannt, was uns sehr erstaunte.	*Gudrun correu rápido, o que nos surpreendeu muito.*
Erik wollte Geige spielen, was den Vater sehr erstaunte.	*Erik queria aprender violino, o que muito surpreendeu seu pai.*

Se for necessário uma preposição junto com **was**, uma palavra composta com o prefixo **wo-** é formada com essa preposição, por exemplo: **womit**, **wofür**. Se a preposição começa com uma vogal, o prefixo **wor-** é usado: **worauf**, **worin**. A seguir, alguns exemplos de frases:

Ich habe etwas, wofür du dich interessieren wirst.	*Eu tenho algo em que você estará interessado.*
Er schreibt nichts, worüber er nicht sprechen soll.	*Ele não escreve nada sobre o que ele não poderia falar.*

Exercício Escrito 2

Combine a primeira frase com as frases que seguem. Forme uma sentença relativa com **was** ou um composto **wo-/wor-**, seguindo o padrão do exemplo:

Ich habe nichts

Nichts ist interessant

Ich habe nichts, was interessant ist.

1. Ich habe etwas.

   Ich habe etwas im Park gefunden.

   ____.

   Meine Mutter hat mir etwas gegeben.

   ____.

   Du wirst dich über etwas freuen.

   ____.

   Die Kinder können mit etwas spielen.

   ____.

2. Ist das alles?

   Du kannst alles sagen.

   ____.

   Tina wollte alles kaufen.

   ____.

   Er interessiert sich füs alles.

   ____.

   Sie wollen über alles sprechen.

   ____.

3. Ich lerne viel, ...

   Viel steht nicht in Büchern.

   ____.

   Goethe hatte über vieles geschrieben.

   ____.

   Vieles ist interessant.

   ____.

4. Ich verstehe nichts, ...

   Die alte Frau sagt nichts.

   ____.

   Du hast nichts in diesem Buch geschrieben.

   ____.

   Man lernt nichts in dieser Klasse.

   ____.

Algumas Expressões Idiomáticas Comuns

Expressões idiomáticas são frases especiais ou usos especiais de palavras, aceitas numa linguagem como um conceito compreensível, mas quando traduzida para outra língua, essas expressões não fazem qualquer sentido. Por exemplo, a expressão em inglês, *eat your heart out* [em português: "comer seu coração"], soaria ridícula se traduzida literalmente para o alemão. A mesma coisa ocorre quando se traduz expressões idiomáticas do alemão para o português.

Es gibt

O alemão tem uma expressão idiomática especial, composta simplesmente de duas palavras **es gibt**. Literalmente, essas palavras significam *ele (a coisa) dá*, mas esta expressão é usada quando se quer dizer ***há***. Há muitos brinquedos no chão (**Es gibt viele Spielzeuge auf dem Boden**). Em inglês há duas formas dessa expressão: no singular e no plural: *there is* e *there are*. Em português só há uma: **há**. Como em alemão só existe a forma **es gibt**.

As expressões em alemão funcionam do mesmo modo que as suas contrapartidas em inglês, exceto que o objeto que segue **es gibt** deve estar no caso acusativo. Procure lembrar que isto significa que todos os nomes masculinos terão uma mudança na declinação. Vejamos algumas frases de exemplo:

Es gibt viele Bücher in meiner Bibliothek.	*Há muitos livros em minha biblioteca.*
Heute mittag gibt es Bratwurst und Suppe.	*Para o almoço de hoje haverá salsichas assadas e sopa.*
Warum gibt es keinen Wein?	*Por que não há vinho?*

Exercício Oral

Pratique, lendo em voz alta a seguinte lista de frases:

Was gibt es zum Abendessen?	*O que há para a ceia?*
Es gibt Gemüsesuppe zum Abendessen.	*Há sopa de vegetais para a ceia.*
Es gibt Rindfleisch und Kartoffeln.	*Há bife e batatas.*
Es gibt Fisch und Reis.	*Há peixe e arroz.*
Was gibt es zu trinken?	*O que há para beber?*
Es gibt Kaffee oder Tee.	*Há café ou chá.*
Es gibt Sprudel oder Mineralwasser.	*Há água gasosa ou água mineral.*
Es gibt Bier oder Wein.	*Há cerveja ou vinho.*
Was gibt es zum Nachtisch?	*O que há para a sobremesa?*
Es gibt Eis oder Pudding.	*Há sorvete ou pudim.*
Es gibt einen Obstkuchen.	*Há um bolo de frutas.*

Wie geht's

Você aprendeu outra expressão idiomática em alemão logo no início deste livro: **Wie geht's?** (*Como vai você?*) Agora que você deu uma olhada com profundidade no caso dativo, é tempo de ver novamente esta expressão. Esta expressão idiomática usa o pronome **es** como seu sujeito (**Wie geht es?**) e seu objeto deve estar no caso dativo.

A pergunta **Wie geht's?** Mostra o pronome **es** como uma contração. Mas quando um objeto é acrescentado, a contração não é usada. A seguir, alguns exemplos:

Wie geht es dir?	*Como vai você?*
Es geht mir gut, danke. Und dir?	*Estou bem, obrigado. E você?*
Wie geht es Ihnen?	*Como vai você?*
Es geht mir sehr gut. Und Ihnen?	*Estou muito bem. E você?*
Ziemlich gut.	*Realmente bem.*
Wie geht es Ihrem Mann?	*Como vai seu esposo?*
Nicht so gut.	*Não muito bem.*
Es ging ihm letzte Woche viel besser.	*Ele estava bem melhor na semana passada.*
Hoffentlich geht es ihm nächste Woche wieder besser.	*Espero que ele esteja melhor novamente na próxima semana.*
Es wird mir auch besser gehen.	*Eu me sentirei melhor, também.*

O pronome **es** é o sujeito de outras expressões comuns, em que algum *it* misterioso seja a causa de condições meteorológicas.

Es regnet.	*Está chovendo.*
Es schneit.	*Está nevando.*

Ambos, **regnen** e **schneien** são verbos regulares e usam o auxiliar **haben** nos tempos perfeitos.

Gern Haben

Outra expressão idiomática útil é **gern haben**. Sua tradução é *gostar* ou *ser apaixonado por*. O verbo **haben** pode ser conjugado em qualquer tempo e o objeto desse verbo é então seguido por **gern**. Por exemplo:

Hast du mich nicht gern?	*Você não gosta de mim?*
Tina hatte den neuen Studenten gern.	*Tina gostou do novo aluno.*
Haben Sie sie gern gehabt?	*Você gostou dela?*
Ich werde diesen Mann nie gern haben.	*Eu nunca gostarei deste homem.*

Geboren

O infinitivo **gebären** significa *carregar* (uma criança no colo). Sua conjugação nos vários tempos assim se parece:

Presente

ich gebäre	*eu carrego*	sie gebärt (ou gebiert)	*ela carrega*

Passado

ich gebar	*eu carreguei*	sie gebar	*ela carregou*

Particípio Passado

ich habe geboren	*eu tenho carregado*	sie hat geboren	*ela tem carregado*

Futuro

ich werde gebären	*eu carregarei*	sie wird gebären	*ela carregará*

A expressão *eu nasci* é muito comum: *Eu nasci em julho*. Em alemão essa expressão é composta da conjugação do verbo **sein** e o particípio passado **geboren**. Em frases aparece assim:

Mein Vater ist im Jahre 1970 geboren.	*Meu pai nasceu em 1970.*
Wann bist du geboren?	*Quando você nasceu?*

Use **ist** com **geboren** ao falar de pessoas que ainda estejam vivas. Use **wurde** com **geboren** ao falar de pessoas que já morreram.

Mein Sohn ist vor drei Wochen geboren.	*Meu filho nasceu há três semanas.*
Goethe wurde im Jahre 1749 geboren.	*Goethe nasceu em 1749.*

Ao dizer o ano em que alguém nasceu, você pode usar a frase **im Jahre** com o ano. Também é possível usar só o ano. Neste caso, não use a preposição **im.**

Er ist im Jahre 1977 geboren.	*Ele nasceu em 1977.*
Er ist 1977 geboren.	*Ele nasceu em 1977.*

Não use **im Jahre** com um mês e um dia.

Er ist im Oktober 1977 geboren.	*Ele nasceu em outubro de 1977.*
Er ist am achten Oktober 1977 geboren.	*Ele nasceu no dia 8 de outubro de 1977.*

Exercício Oral

Pratique, lendo em voz alta a lista de frases abaixo:

Wann sind Sie geboren?	*Quando você nasceu?*
Ich bin im April geboren.	*Eu nasci em abril.*
In welchem Jahr bist du geboren?	*Em que ano você nasceu?*
Ich bin im Jahre 1988 geboren.	*Eu nasci em 1988.*

Wo seid ihr geboren?	*Onde vocês nasceram?*
Wir sind in Frankreich geboren.	*Nós nascemos na França.*
Wer ist in Deutschland geboren?	*Quem nasceu na Alemanha?*
Professor Benz ist in Deutschland geboren.	*Professor Benz nasceu na Alemanha.*
Mozart wurde in Österreich geboren.	*Mozart nasceu na Áustria.*
Wurde Bach in Deutschland geboren?	*Bach nasceu na Alemanha?*
Ja, Bach wurde in Deutschland geboren.	*Sim, Bach nasceu na Alemanha.*
Wo wurde John F. Kennedy geboren?	*Onde John F. Kennedy nasceu?*
Er wurde in den Vereinigten Staaten geboren.	*Ele nasceu nos Estados Unidos.*

Exercício Escrito 3

Usando os nomes e anos dados, escreva frases que nos digam quando alguém nasceu e quando alguém morreu. Por exemplo:

Benjamin Franklin, 1706-1790

Benjamin Franklin wurde 1706 geboren.

Er ist 1790 gestorben.

1. Wilhelm II, 1859-1941

   _______________.

   _______________.

2. Otto von Bismarck, 1815-1898

   _______________.

   _______________.

3. mein Bruder, 1995-2005

   _______________.

   _______________.

4. Karl der Große, 742-814

   _______________.

   _______________.

5. meine Mutter 1966-1998

   _______________.

   _______________.

Comparativo e Superlativo de Adjetivos e Advérbios

A forma básica de um adjetivo ou advérbio é chamada de forma positiva. Mas existem duas outras formas com papéis significativos na linguagem: a forma comparativa e a superlativa.

O comparativo de um adjetivo ou advérbio faz uma comparação entre duas pessoas ou coisas:

John é *maior* que Mary.	Ela corre *mais depressa* que seu irmão.

Como no inglês, o alemão forma o comparativo acrescentando **-er** ao adjetivo ou advérbio.

klein	*pequeno*	kleiner	*menor*
schnell	*rápido*	schneller	*mais rápido*
weit	*longe*	weiter	*mais longe*

Adjetivos ou advérbios com as vogais **a**, **o**, **u**, podem precisar de um umlaut no comparativo.

alt	*velho*	älter	*mais velho*
groβ	*grande*	gröβer	*maior*
jung	*jovem*	jünger	*mais jovem*

A palavra **als** (*que*) é usada para identificar a pessoa ou coisa que está sendo comparada ao sujeito: **Er ist älter als Erik** (*ele é mais velho que Erik*).

Os comparativos não têm terminações quando usados como adjetivos ou advérbios predicativos. Mas se o comparativo é um adjetivo que modifica diretamente um substantivo, ele terá uma terminação adjetiva.

Faixa 70

Advérbio:

Er spricht schneller.	*Ele fala mais rápido.*
Sie läuft langsamer als Tanja.	*Ela corre mais devagar que Tanja.*

Adjetivo Predicativo:

Unser Haus ist gröβer.	*Nossa casa é maior.*
Mein Sohn ist kleiner als Ihr Sohn.	*Meu filho é menor que seu filho.*

Terminação Adjetiva:

Der kleinere Junge ist mein Sohn.	*O menino menor é meu filho.*
Das jüngere Mädchen ist meine Tochter.	*A garota mais nova é minha filha.*

O superlativo em inglês termina em *-est: tallest, funniest, biggest,* etc. Em alemão, é parecido, mas não idêntico – a terminação **-sten** é acrescentada. Um adjetivo ou advérbio predicativo no superlativo alemão é formado usando uma frase preposicional com **an**. Muitos adjetivos e advérbios que contêm as vogais **a**, **o**, **u** podem precisar de um umlaut no superlativo.

hart	*difícil*	am härtesten	*o mais difícil*
jung	*jovem*	am jüngsten	*o mais jovem*
klein	*pequeno*	am kleinsten	*o menor*
rot	*vermelho*	am rötesten	*o mais vermelho*
schnell	*rápido*	am schnellsten	*o mais rápido*
weit	*longe*	am weitesten	*o mais longe*

Como você pode ver em **hart**, **rot** e **weit**, quando um adjetivo ou advérbio termina em **-d**, **-t**, **-s**, **-ss**, **-ß** ou **-z**, o sufixo superlativo será **-esten**.

am ältesten	*o mais velho*
am blödesten	*o mais*
am kürzesten	*o mais curto*

Se o superlativo é um adjetivo que modifica diretamente um nome, ele terá uma terminação adjetiva e a preposição **am** é omitida.

Faixa 70

Advérbio:

Er spricht am schnellsten.	*Ele é quem fala mais rápido.*
Sie läuft am langsamsaten.	*Ela é quem corre mais devagar.*

Adjetivo Predicativo:

Unser Haus ist am gröβten.	*Nossa casa é a maior.*
Mein Sohn ist am kleinsten.	*Meu filho é o menor.*

Terminação Adjetiva:

Der kleinste Junge ist mein Sohn.	*O menor dos meninos é meu filho.*
Das jüngste Mädchen ist meine Tochter.	*A mais nova das garotas é minha filha.*

Tal como no inglês, o alemão tem algumas formas irregulares de comparativo e superlativo.

Positivo		**Comparativo**		**Superlativo**	
bald	*logo*	eher	*mais cedo*	am ehesten	*o mais cedo*
groß	*grande*	größer	*maior*	am größten	*o maior*
gut	*bom*	besser	*melhor*	am besten	*o melhor*
hoch	*alto*	höher	*mais alto*	am höchsten	*o mais alto*
nah	*perto*	näher	*mais perto*	am nächsten	*o mais perto*

Exercício Escrito 4

Forme o comparativo e o superlativo dos seguintes adjetivos:

	Comparativo	Superlativo
klein	*kleiner*	*am kleinsten*
1. kalt	______	______
2. interessant	______	______
3. gut	______	______
4. lang	______	______
5. dunkel	______	______
6. warm	______	______
7. schwarz	______	______
8. ruhig	______	______
9. weiß	______	______
10. arm	______	______

Um Pouco da História Alemã

Nos dias do Império Romano, Tácito escreveu sobre as tribos do norte da Europa – as tribos germânicas (**die germanischen Stämme**). Eram um povo feroz que vivia uma existência mais primitiva que os romanos ou qualquer outro grupo étnico dentro do Império Romano.

O povo germânico evoluiu ao longo dos séculos para os modernos alemães, que viviam num grande número de pequenos principados. Esses principados, assim como outros grandes estados, eram parte do Santo Império Romano (**das heilige römische Reich deutscher Nation**) que, no início foi regido pelo Imperador Carlos Magno (**Kaiser Karl der Große**). A palavra **Kaiser** significa *Imperador* ou *Cesar.*

Os pequenos principados alemães foram conquistados por nobres menores que o Imperador Carlos Magno em *Aix-La-Chapelle* (**Aachen**). Esse nobres menores eram:

der Freiherr	*barão*	die Gräfin	*condessa*
die Freifrau	*baronesa*	der Herzog	*duque*
der Graf	*conde*	die Herzogin	*duquesa*

Quando a Prússia (**Preußen**) cresceu mais poderosa e influente, ela começou a dominar os principados menores e, no século XIX, sob a liderança de Otto von Bismarck, emergiu uma nova terra unida: a Alemanha (**Deutschland**). Ao mesmo tempo, o rei da Prússia reclamou o título de **Kaiser** e não mais era chamado de **König**.

Após a Primeira Guerra Mundial (**der erste Weltkrieg**), a monarquia entrou em colapso e a Alemanha se tornou uma república (**die Weimarer Republik**). Em 1933, Adolf Hitler tomou o poder e conduziu o país com o título de *"líder"* (**der Führer**). Seu partido político era chamado o partido nazista (**Nazi**), abreviatura de Partido Nacional Socialista dos Trabalhadores Alemães (**die Nationalsozialistische Deutsche Arbeiterpartei**). Logo após o fim da Segunda Guerra Mundial (**der**

zweite Weltkrieg), a Alemanha Ocidental se tornou novamente uma república (**die Bundesrepublik Deutschland** ou **BRD**) e a Alemanha Oriental se tornou uma república separada (**die Deutsche Demokratische Republik** ou **DDR**).

O novo cabeça da república da Alemanha Ocidental era chamado de chanceler (**der Kanzler**) e o Parlamento era chamado de **Bundestag**. Com o fim da Guerra Fria (**der kalte Krieg**), no final dos anos 80, a Alemanha conseguiu a reunificação (**die Wiedervereinigung**) que procurou desde o fim da Segunda Guerra Mundial. A capital (**die Haupstadt**) da Alemanha Ocidental era, na época, a cidade de Bonn. A capital da Alemanha Oriental era Berlim Oriental (**Ostberlin**). Hoje, a capital da Alemanha unificada é a capital histórica, **Berlin**. Acima, na entrada do prédio do Parlamento na capital está a inscrição: **Dem Deutschen Volke** (*Para o Povo Alemão*).

Exercício Oral

Pratique, lendo em voz alta as frases abaixo:

Ich finde Geschichte sehr interessant.	*Eu acho história muito interessante.*
Weiβt du etwas über die deutsche Geschichte?	*Você sabe alguma coisa sobre a história da Alemanha?*
Nein, ich weiβ wenig über die deutsche Geschichte.	*Não, eu conheço pouco sobre a história da Alemanha.*
Der erste Kaiser des ersten Reiches was Karl der Groβe.	*O primeiro Imperador do Primeiro Reino foi Carlos Magno.*
Der letze Kaiser des zweiten Reiches war Wilhelm II (der zweite).	*O último Imperador do Segundo Reino foi Wilhelm II.*
Adolf Hitler was der Führer des dritten Reiches.	*Adolf Hitler foi o líder do Terceiro Reich.*
Im Jahre 1989 endete der kalte Krieg.	*A Guerra Fria terminou em 1989.*
Die Mauer zwischen Ost- und Westberlin wurde abgerissen.	*O muro entre Berlim Oriental e Ocidental foi posto abaixo.*
Deutschland ist jetzt eine Republik.	*A Alemanha agora é uma república.*
Hat Deutschland einen Kanzler oder eine Kanzlerin?	*A Alemanha tem um chanceler ou uma chanceler?*
Was war die Haupstadt der Bundesrepublik Deutschland?	*Qual era a capital da República Federal da Alemanha?*
Die Haupstadt der Bundesrepublik war Bonn.	*A capital da República Federal da Alemanha era Bonn.*
Was war die Haupstadt der DDR?	*Qual era a capital da GDR?*
Die Haupstadt der DDR war Ostberlin.	*A capital da GDR era Berlim Oriental.*
Was ist die heutige Haupstadt Deutschlands?	*Qual é a atual capital da Alemanha?*
Die heutige Haupstadt ist Berlin.	*A capital atual é Berlim.*
Wie heiβt das deutsche Parlament?	*Qual o nome do Parlamento alemão?*
Das deutsche Parlament heiβt der Bundestag.	*O Parlamento alemão se chama Bundestag.*

Exercício Escrito 5

Circule a letra da palavra ou frase que melhor completa cada frase.

1. In welchem Jahr__________er geboren?
   (a) wart (c) sein
   (b) wurde (d) kann

2. Alles, _______sie sagte, war sehr interessant.
   (a) welches (c) dass
   (b) das (d) was

3. Hast du das schöne Mädchen__________?
   (a) gern (c) sehr gut
   (b) welche (d) gebären

4. Es gibt __________.
   (a) keinen Nachtisch (c) kein Wein
   (b) noch (d) wahrscheinlich

5. Unser Kind ist _____geboren.
   (a) Dezember (c) Donnerstag
   (b) 2001 (d) der zehnte Mai

6. Der Matrose, __________ich gesprochen habe, ist ein Held.
   (a) für wen (c) von welchem
   (b) darüber (d) über ihn

7. Wir besichtigen ___________, die mehr als 500 Jahre alt ist.
   (a) ein Schiff (c) einer Stadt
   (b) eine Kirche (d) der Stadtmauer

8. Ich ________im Januar 1980 geboren.
   (a) bin (c) konnte
   (b) wurde (d) habe

9. Wann kommt der Zug, ______wir dorthin fahren werden?
   (a) mit welchem (c) darin
   (b) von dem (d) worauf

10. Er gab mir etwas, _________ich lange gewartet habe.
    (a) wann (c) damit
    (b) worauf (d) welche

11. Berlin ist die __________ Deutschlands.
(a) Mauer (c) Kaiser
(b) Bundesrepublik. (d) Hauptstadt

12. Wilhelm II, war Kaiser des zweiten __________.
(a) Republik (c) Reiches
(b) Weltkrieg (d) Königs

13. Meine Tochter ist in Österreich __________.
(a) gewohnt (c) gegangen
(b) gelebt (d) geboren

14. Zu Hause sprechen wir ______ Deutsch.
(a) gewöhnlich (c) in einer Stunde
(b) brutalerweise (d) es gibt

15. Es gibt______, was uns glücklich macht.
(a) alle (c) kein Nachtisch
(b) vieles (d) welches

16. Mein Vater ist __________ als mein Onkel.
(a) schön (c) älter
(b) am schnellsten (d) arm

17. Wer kann ________ laufen?
(a) der langsame (c) weite
(b) am schnellsten (d) hoch

18. Erik ist der _______ Student.
(a) klein (c) größer
(b) am ärmsten (d) beste

19. Meine Schwester spielt das Klavier __________.
(a) am schlechtesten (c) kälter
(b) bessere (d) heißeste

20. Welche Stadt ist __________?
(a) kleinere (c) älteste
(b) näher (d) das größte

TESTE RÁPIDO

As formas do artigo definido de pronomes relativos são dadas abaixo. Escreva nas suas contrapartidas de **welcher**.

1.	**nom.**	**der_______**	**die_______**	**das_______**	**die_______**
2.	**acus.**	**den_______**	**die_______**	**das_______**	**die_______**
3.	**dat.**	**dem _______**	**der_______**	**dem_______**	**denen______**
4.	**gen.**	**dessen ______**	**deren_______**	**dessen______**	**deren______**

Combine a primeira frase com a seguinte, fazendo com cada uma delas uma sentença relativa com um pronome relativo. Em seguida, reescreva-as usando **welcher** como o pronome relativo. Por exemplo:

Der Seemann fuhr auf einem Schiff.

Das Schiff ging bei einer insel unter.

Der Seemann fuhr auf einem Schiff, das bei einer insel unterging.

Der Seemann fuhr auf einem Schiff, welches bei einer insel unterging.

5. Er hat ein Auto.

Er wird das Auto reparieren lassen.

____

____

6. Complete as seguintes frases com a que segue. Forme cada uma como uma sentença relativa.

Martin hat etwas, ...

Du wirst dich über etwas freuen.

____

Ich verstehe nichts, ...

Er hat nichts gesagt.

____

Escreva uma afirmação usando o exemplo como guia.

Der Präsident wurde im Jahre 1743 geboren.

Er ist im Jahre 1826 gestorben.

7. Goethe, 1749-1832

____

____

8. Forme o comparativo e superlativo dos adjetivos dados em parênteses. Por exemplo:

(schön)	*schöner*	*am schönsten*
(alt)	__________	__________
(klein)	__________	__________
(jung)	__________	__________
(gut)	__________	__________
(viel)	__________	__________
(groß)	__________	__________
(interessant)	__________	__________

Reescreva cada frase, preenchendo os espaços em branco comas formas adequadas dos substantivos ou pronomes dados.

9. Warum gibt es __________?

(kein Wein)______________________________

(nur eine Flasche Milch) ________________________

(kein Bier) ______________________________

(kein Sekt)______________________________

10. Hast du ________ gern?

(er) ______________________________

(der Soldat)______________________________

(sie *pl.*) ______________________________

(die Kinder)______________________________

(das Kind)

capítulo 17

Usando Comandos

Neste capítulo você aprenderá sobre a voz passiva e sufixos adjetivos. Além disso, o imperativo será apresentado, assim como um vocabulário útil sobre plantas e animais

OBJETIVOS DO CAPÍTULO

Neste capítulo você aprenderá:

- Voz Passiva
- Sufixos Adjetivos com Palavras *Der-*
- Imperativo
- Plantas
- Animais

Voz Passiva

Até agora, você lidou com verbos na voz ativa. Na voz ativa, o sujeito é quem realiza a ação.

João beija Maria.

João é quem realiza a ação, aquele que dá o beijo. Mas na voz passiva, o realizador da ação é colocado numa posição passiva na frase. E pode até ser omitido da frase. Por exemplo:

Maria está sendo beijada por João.

O sujeito desta frase é Maria. Mas ela não está realizando o beijo. Veja a mesma frase com o realizador omitido:

Maria está sendo beijada.

O sujeito ainda é Maria, mas o realizador da ação nem foi mencionado. Outro exemplo:

O dinheiro foi roubado do banco.

Quem pegou o dinheiro? Um ladrão? O presidente do banco? O realizador da ação nem foi mencionado.

A voz passiva em alemão consiste em uma conjugação de **werden** seguida por um particípio passado. Não confunda isto com o tempo futuro, que é **werden** seguido de um infinitivo. Vejamos alguns exemplos da voz passiva em alemão no presente.

Das Geld wird gefunden	*O dinheiro foi encontrado*
Maria wird geküsst	*Maria é beijada*
er wird oft gesagt	*é sempre dito*
die Schüler werden unterrichtet	*os alunos são instruídos*

O realizador da ação, quando adicionado à estrutura da voz passiva, se torna o objeto da preposição dativa **von**.

Das Geld wird von einem Jungen gefunden.	*O dinheiro foi encontrado por um menino.*
Was wird von ihr gesagt?	*O que foi dito por ela?*
Maria wird von Johannes geküsst.	*Maria é beijada por Johannes.*
Die Schüler werden von der Lehrerin unterrichtet.	*Os alunos são instruídos pela professora.*

Naturalmente, uma frase passiva pode ser expressa em outros tempos também. A conjugação passiva é simplesmente a conjugação de **werden** nos vários tempos com o acréscimo de um particípio passado.

Presente: er wird
Passado: er wurde
Particípio Passado: er ist geworden
Passado Perfeito: er war geworden
Futuro: er wird werden
Futuro Perfeito: er wird geworden sein

Há uma diferença significativa: na voz passiva, o particípio **worden** é usado em lugar de **geworden.** Vamos ver alguns exemplos:

Faixa 71

Presente:
Sie wird von ihren Eltern geliebt. *Ela é amada por seus pais.*

Passado:
Sie wurde von ihren Eltern geliebt. *Ela foi amada por seus pais.*

Particípio Passado:
Sie ist von ihren Eltern geliebt worden. *Ela tem sido amada por seus pais.*

Passado Perfeito:
Sie war von ihren Eltern geliebt worden. *Ela tinha sido amada por seus pais.*

Futuro:
Sie wird von ihren Eltern geliebt werden. *Ela será amada por seus pais.*

Futuro Perfeito:
Sie wird von ihren Eltern geliebt worden sein. *Ela terá sido amada por seus pais.*

É possível transformar uma frase ativa em uma frase passiva. Primeiro, determine o tempo da frase ativa, que será o tempo da frase passiva.

Mein Bruder fand den Regenschirm. (passado) *Meu irmão encontrou o guarda-chuva.*

Então mude o verbo da frase ativa para o particípio passado .

fand → **gefunden**

Mude o objeto direto (caso acusativo) da frase ativa para o sujeito (caso nominativo) da frase passiva.

den Regenschirm → **Der Regenschirm**...gefunden.

Conjugue **werden** para o novo sujeito no tempo da frase ativa original.

Der Regenschirm **wurde**... gefunden.

Transforme o sujeito da frase ativa no objeto da preposição **von** na frase passiva.

Der Regenschirm wurde **von meinem Bruder** gefunden.	*O guarda-chuva foi encontrado pelo meu irmão.*

Vamos tentar de novo com outra frase ativa.

Die Studentin hat den Brief geschrieben.	*O aluno escreveu a carta.*

Tempo: particípio passado
Particípio passado: geschrieben
Novo sujeito: der Brief
Conjugação de *werden*: ist...worden
Objeto de *von*: von der Studentin

E quando todos os elementos forem reunidos a frase passiva fica assim:

Der Brief ist von der Studentin geschrieben worden.	*A carta foi escrita pela aluna.*

Exercício Escrito 1

Mude as seguintes frases ativas no presente para frases passivas no presente. Considere como o significado mudou.

1. Der Lehrer kauft zwei Bücher.

   ____ .

2. Sie liest den Roman.

   ____ .

3. Der Bäcker bäckt das Brot.

   ____ .

4. Mein Vater ruft mich.

   ____ .

5. Die Soldaten singen viele Lieder.

____.

Mude as seguintes frases ativas no passado para frases passivas no passado.

6. Herr Bauer verkaufte das Haus.

____.

7. Meine Mutter rief Tante Gerda an.

____.

8. Sie tranken zwei Tassen Kaffee.

____.

9. Er lernte diese Gedichte.

____.

10. Die Wirtin brachte den Morgenkaffee.

____.

Mude as seguintes frases ativas no particípio passado para as frases passivas no presente perfeito.

11. Er hat den Roman geschrieben.

____.

12. Die Kinder haben einen Hut gefunden.

____.

13. Meine Schwester hat das Eis gegessen.

____.

Mude as frases do tempo futuro na voz ativa para frases do tempo futuro na voz passiva.

14. Der Reporte wird den Artikel schreiben.

____

15. Die Ausländer werden das Museum besuchen.

____

Exercício Oral

Pratique lendo em voz alta a seguinte lista de frases:

Die Lampe wurde gebrochen.	*A lâmpada foi quebrada.*
Die Vase wurde auch gebrochen.	*O vaso foi quebrado, também.*
Was wurde repariert?	*O que foi reparado?*
Der Wagen wurde repariert.	*O carro foi consertado.*
Ist das Radio auch repariert worden?	*O rádio foi consertado também?*
Ja, es ist von Herrn Benz repariert worden.	*Sim, ele foi consertado pelo sr. Benz.*
Was wird von Tina gebracht werden?	*O que será trazido pela Tina?*
Ein Obstkuchen wird von ihr gebracht werden.	*Um bolo de frutas será trazido por Tina.*
Eine Frasche Wein wird von Thomas gebracht werden.	*Uma garrafa de vinho será trazida por Thomas.*
Von wem werden eure Kinder unterrichtet?	*Por quem seus filhos são ensinados?*
Unsere Kinder werden von Frau Keller unterrichtet.	*Nossos filhos são ensinados pela srta. Keller.*
Der Kuchen ist von meinem Sohn gebacken worden.	*O bolo foi assado pelo meu filho.*
Die Lieder sind von meiner Tochter gesungen worden.	*As canções foram cantadas por minha filha.*
Die Kunsthalle ist von ihnen besucht worden.	*O museu de arte foi visitado por eles.*
Der Artikel ist von ihr geschrieben worden.	*O artigo foi escrito por ela.*
Was ist passiert?	*O que aconteceu?*
Der Bahnhof ist zerstört worden.	*A estação de trem foi destruída.*
Was ist geschehen?	*O que aconteceu?*
Mein Pass ist gestohlen worden.	*Meu passaporte foi roubado.*

Sufixos Adjetivos com Palavras *Der-*

Os artigos definidos (**der**, **die** e **das**) são chamados palavras **der-**. Mas há também outras palavras **der-**. É importante identificá-las, porque elas agem como sinais para as terminações adjetivas necessárias. A seguir, uma lista de palavras **der-** para você se familiarizar com elas:

alle	*(só plural) todos*	jeder	*cada*
derselbe	*o mesmo*	jener	*aquele/a*
dieser	*este*	welcher	*o/a qual*

Quando essas palavras **der-** são usadas no caso nominativo, o sinal de gênero (**-r**, para masculino e **-e** para feminino e **-s** para neutro) aparece na própria palavra **der-**. A terminação do adjetivo que segue então é sempre um **-e**.

Caso Nominativo			
masculino	der gute Lehrer	dieser nette Mann	jeder kleine Junge
feminino	die gute Frau	jene nette Dame	welche groβe Lampe
neutro	das gute Kind	jedes nette Mädchen	dasselbe alte Schiff

Nos casos remanescentes (excluído o acusativo feminino e neutro, que são sempre idênticos ao nominativo), a terminação para todos os adjetivos é **-en**. Vamos ver um quadro desses terminais adjetivos.

	Masculino	**Feminino**	**Neutro**	**Plural**
nom.	der gute Mann	die gute Frau	das gute Kind	die gut**en** Kinder
acus.	den gut**en** Mann	die gute Frau	das gute Kind	die gut**en** Kinbder
dat.	dem gut**en** Mann	der gut**en** Frau	dem gut**en** Kind	den gut**en** Kindern
gen.	des gut**en** Mannes	der gut**en** Frau	des gut**en** Kindes	der gut**en** Kinder

Este padrão de terminações adjetivos pode ser usado para qualquer palavra **der-**. Por exemplo, no masculino:

nom.	der gute Mann	dieser gute Mann	jeder gute Mann
acus.	den gut**en** Mann	diesen gut**en** Mann	jeden gut**en** Mann
dat.	dem gut**en** Mann	diesem gut**en** Mann	jedem gut**en** Mann
gen.	des gut**en** Mannes	dieses gut**en** Mannes	jedes gut**en** Mannes

Exercício Escrito 2

Escreva as seguintes frases nos casos acusativo, dativo e genitivo.

nom.	**jener nette Wirt**	**diese kleine Bluse**	**welches rote Auto**
acus.	____________	____________	____________
dat.	____________	____________	____________
gen.	____________	____________	____________
nom.	**derselbe alte Wagen**	**jenes neue Haus**	**alle fremden Leute**
acus.	____________	____________	____________
dat.	____________	____________	____________
gen.	____________	____________	____________

Exercício Oral

Faixa 72

Pratique lendo em voz alta a lista de frases abaixo:

Kennen Sie den alten Herrn?	*Você conhece o velho cavalheiro?*
Nein, ich kenne ihn nicht.	*Não, eu não o conheço.*
Hast du mit jener schönen Tänzerin gesprochen?	*Você falou com aquela linda dançarina?*
Nein, ich habe mit dieser netten Schauspielerin gesprochen.	*Não, eu falei com esta simpática atriz.*
Ist das das Fahrrad dieses kleinen Kindes?	*Aquela é a bicicleta desta criancinha?*
Nein, das ist das Fahrrad jenes groβen Jungen.	*Não, aquela é a bicicleta daquele menino grande.*
Ist das der Fuβball desselben groβen Jungen?	*Aquela é a bola de futebol do mesmo menino?*
Nein, das ist der Fuβball dieses schönen Mädchens.	*Não, aquela é a bola de futebol deste linda menina.*
Hast du mit jenen interessanten Ausländern getanzt?	*Você dançou com aqueles estrangeiros interessantes?*
Ja, ich habe mit allen Ausländern getanzt.	*Sim, eu dancei com todos os estrangeiros.*

Exercício Escrito 3

Reescreva cada frase com os adjetivos dados entre parênteses. Forneça as terminações adjetivas adequadas. Por exemplo:

Kennst du die ______ Frau?

(alt) *Kennst du die alte Frau?*

1. Die Kinder dieses ________ Mannes lernen gut.

   (jung) ______________________________.

   (krank) ______________________________.

2. Sie hat mit demselben ________ Diplomaten gesprochen.

   (neu) ______________________________.

   (schlau) ______________________________.

3. Jede ________ Tanne ist mehr als zwanzig Jahre alt.

   (grün) ______________________________.

   (groβ) ______________________________.

Imperativo

Um imperativo é a forma de comando de um verbo. Os imperativos em inglês são muito simples de formar: o infinitivo menos a partícula *to: Go! Be quiet! Have a nice time!*

Em alemão há três formas de imperativo porque há três formas da 2ª pessoa: **du**, **ihr** e **Sie**.

A Forma *Du*

Para a forma **du** do imperativo de muitos verbos, use a raiz do verbo e acrescente **-e** (na fala coloquial, o **-e** é quase sempre retirado).

Infinitivo	Forma *du* do Imperativo	
Kommen	Komm(e)!	*Vem!*
singen	Singe!	*Canta!*
fahren	Fahre!	*Dirije!*

Se o verbo tiver um prefixo inseparável, o imperativo não é afetado. Mas se o prefixo é separável, o prefixo aparece no fim da frase como ocorre na conjugação normal do verbo.

anrufen	Rufe an!	*Telefone!*
aussteigen	Steige aus!	*Desça! (transporte)*
erwarten	Erwarte!	*Espere!*
mitgehen	Gehe mit!	*Venha junto!*
verstehen	Verstehe!	*Entenda!*
zerstören	Zerstöre!	*Destrua!*

Se o verbo for irregular no presente e tiver a mudança de uma vogal de **-e** para **-i** ou **-ie**, essa mudança de vogal também aparecerá na forma **du** do imperativo.

Infinitivo	Terceira Pessoa	Forma *du*	
ansehen	Sieht an	Sieh an!	*Procure!*
helfen	hilft	Hilf!	*Ajude!*
stehlen	stiehlt	Stiehl!	*Roube!*

Quando esse tipo de irregularidade ocorre na forma **du** do imperativo, não há terminação **-e.**

A Forma *Ihr*

A forma **ihr** do imperativo é a mesma do tempo presente.

Infinitivo	Segunda Pessoa Plural	Forma ihr	
mitsingen	singt mit	Singt mit!	*Continue cantando!*
versprechen	versprecht	Versprecht!	*Prometa!*
warten	wartet	Wartet!	*Espere!*

A Forma *Sie*

A forma **Sie** do imperativo também é a mesma do tempo presente, mas o verbo no imperativo é seguido pelo pronome **Sie.**

Infinitivo	Terceira Pessoa Formal	Forma Sie	
Ausgeben	Geben aus	Geben Sie aus!	*Gaste!*
kommen	kommen	Kommen Sie!	*Venha!*
verstehen	verstehen	Verstehen Sie!	*Entenda!*

É importante considerar as formas imperativas de **haben**, **sein** e **werden** separadamente. Observe bem como esses imperativos são formados.

	haben	sein	werden
du	Habe!	Sei!	Werde!
ihr	Habt!	Seid!	Werdet!
Sie	Haben Sie!	Seien Sie!	Werden Sie!

OBSERVAÇÃO: *Todos os imperativos são pontuados com um ponto de exclamação em alemão.*

Use as três formas do imperativo do mesmo modo que você usa os três pronomes que significa você. **Du** é informal e singular (*você*). **Ihr** é informal e plural (*vocês*). E **Sie** é formal, singular ou plural (*tu* ou *vós*). Por exemplo:

Erik, steh auf! Es ist schon spät.	*Erik, levante-se! Já está tarde.*
Kinder, esst langsam!	*Crianças, comam devagar!*
Frau Keller, bitte warten Sie hier!	*Srta. Keller, espere aqui, por favor.*

Exercício Oral

Pratique, lendo em voz alta, a lista de frases abaixo.

Thomas, warte! Ich komme schon.	*Thomas, espere. Estou chegando.*
Bleibt an der Ecke!	*Fique no canto!*
Stehen Sie bitte auf!	*Por favor, levantem-se!*
Bleiben Sie bitte sitzen!	*Por favor, permaneçam sentados!*
Bleiben Sie bitte stehen!	*Por favor, permaneçam de pé!*
Tina, rauche nicht so viel!	*Tina, não fume tanto!*
Kinder, schreit nicht so laut!	*Crianças, não gritem tão alto!*
Herr Bauer, kommen Sie schnell!	*Sr. Bauer, venha rápido!*
Rufen Sie die Polizei an!	*Chame a polícia!*
Bringen Sie mir ein Glas Wasser!	*Traga-me um copo de água!*
Bitte setzen Sie sich!	*Por favor, sente-se!*
Jungen, spielt nicht im Garten!	*Meninos, não brinquem no jardim!*

Hilf mir!	*Ajude-me!*
Vergiss nicht!	*Não se esqueça!*
Mach schnell!	*Apresse-se!*
Sprich Deutsch!	*Fale alemão!*
Sei ruhig!	*Fique quieto!*

Exercício Escrito 4

Forme os três tipos de imperativo com os verbos dados.

	du	**ihr**	**Sie**
verkaufen	______	______	______
versprechen	______	______	______
trinken	______	______	______
vorstellen	______	______	______
tun	______	______	______
zumachen	______	______	______
lesen	______	______	______
laufen	______	______	______
sein	______	______	______

Usando *Wir*

Há outro tipo de imperativo dirigido não só à outra parte, mas inclui também o interlocutor.

Vamos ao show hoje à noite.	*Não vamos discutir mais.*

Em alemão, este tipo de imperativo é formado conjugando um verbo na primeira pessoa do plural (**wir**) do presente, seguido pelo verbo com o pronome **wir**.

Gehen wir nach Hause!	*Vamos para casa.*
Stellen wir die Gäste vor!	*Vamos apresentar as visitas.*

Exercício Escrito 5

Com os verbos dados, construa ambas as formas de imperativo e a forma **wir** que inclui o interlocutor no comando. Considere o significado das duas formas.

	du	**wir**
sprechen	______	______
sagen	______	______
aufmachen	______	______
zerstören	______	______

warten	__________	__________
essen	__________	__________
erhalten	__________	__________
ausgeben	__________	__________

Uma expressão é formada com o verbo **lassen** e **uns**. Com esta expressão, use a forma imperativa de **lassen** para **du**, **ihr** ou **Sie**.

du	Lasse uns gehen!	*Vamos!*
ihr	Lasst uns darüber sprechen!	*Vamos falar sobre isto!*
Sie	Lassen Sie uns mitgehen!	*Vamos juntos!*

Usando Infinitivos

Há ainda outra forma de imperativo usado basicamente para comandos oficiais para grupos ou pessoas não específicas. A forma verbal é o infinitivo e não implica em qualquer relacionamento formal ou informal. Por exemplo:

Zurückbleiben!	*Voltar!* (Pode-se ouvir numa plataforma de trem)
Nicht rauchen!	*Não fumar!* (Pode-se ver num cartaz numa parede)

Plantas

A seguir está uma lista de nomes de plantas que você ouve com frequência em alemão. Vamos conhecê-las.

das Gëmuse	*vegetais*	der Mais	*milho*
das Gras	*grama*	der Rasen	*relva*
das Korn	*cereais*	die Beere	*baga*
das Obst	*fruta*	die Blume	*flor*
der Baum	*árvore*	die Nelke	*cravo*
der Blumenstrauβ	*buquê*	die Pflanze	*planta*
der Busch	*arbusto*	die Tanne	*abeto, pinheiro*

Exercício Oral

Pratique, lendo em voz alta a seguinte lista de frases:

In diesem Garten wachsen viele Pflanzen.	*Muitas plantas crescem neste jardim.*
Hier wachsen Rosen und Nelken.	*Rosas e cravos crescem aqui.*
Hier wächst nur Gemüse.	*Só vegetais crescem aqui.*

Hier wurden viele Bäume gepflanzt.	*Muitas árvores foram plantadas aqui.*
Der Busch wurde neben dem Haus gepflanzt.	*Os arbustos foram plantados perto da casa.*
Zwischen den Tannen wachsen Tulpen.	*Tulipas crescem entre os pinheiros.*
Die Bauern haben Korn, Mais und Beeren gepflanzt.	*Os fazendeiros plantaram cereais, milho e bagas.*
Die Obstbäume sind kleiner.	*As árvores frutíferas são menores.*

Animais

Abaixo, uma lista de nomes de animais que você ouve com frequência em alemão.

das Huhn	*galinha*	der Fuchs	*raposa*
das Kaninchen	*coelho*	der Hase	*lebre*
das Nilpferd	*hipopótamo*	der Tiger	*tigre*
das Pferd	*cavalo*	der Wolf	*lobo*
das Schaf	*ovelha*	die Katze	*gato*
das Schwein	*porco*	die Kuh	*vaca*
der Bär	*urso*	die Schlange	*cobra*

Exercício Oral

Pratique, lendo em voz alta, a lista de frases abaixo:

Ich bin nie auf einem Pferd geritten.	*Nunca andei a cavalo.*
Auf dem Bauernhof leben viele Tiere.	*Muitos animais vivem na fazenda.*
Auf dem Bauernhof leben Kühe, Schafe und Schweine.	*Vacas, ovelhas e porcos vivem na fazenda.*
Der Bauer füttert die Hühner, Pferde und Schweine.	*O fazendeiro alimenta as galinhas, cavalos e porcos.*
Lebt ein Bär oder ein Wolf im Walde?	*Um urso ou um lobo vive nos bosques?*
Ein Fuchs ist sehr schlau.	*Uma raposa é muito esperta.*
Ein Nilpferd lebt an einem Fluss.	*Um hipopótamo vive perto de um rio.*
Die Tiger leben in Asien.	*Os tigres vivem na Ásia.*
Nicht alle Schlangen sind gefährlich.	*Nem todas as cobras são perigosas.*
Die Löwen sind auf der Jagd.	*Os leões estão sendo caçados.*
Habt ihr Haustiere?	*Você tem animais domésticos?*
Ja, wir haben zwei Katzen und einen Igel.	*Sim, nós temos dois gatos e um ouriço.*
Nein, wir dürfen keine Haustiere halten.	*Não, não temos permissão para termos animais domésticos.*

Exercício Escrito 6

Circule a letra da palavra ou frase que melhor completa cada lacuna.

1. _____ ruhig! Ich kann nichts hören.
   (a) Bleiben (c) Schlau
   (b) Sei (d) Liegen

2. Die alte Dame hat ihre Tasche ____________.
   (a) gefallen (c) vergessen
   (b) aufgestanden (d) verlieren

3. Hier darf man keine _____ halten.
   (a) Kaiser (c) Haustiere
   (b) Busch (d) Wohnungen

4. Warum musst du immer so laut _________?
   (a) schlafen (c) Hunger haben
   (b) schreien (d) gern haben

5. Im Garten _____________ keine Nelken mehr.
   (a) wachsen (c) rufen an
   (b) blieb (d) angerufen

6. Wer hat die Pferde und _______ gefüttert?
   (a) Schafe (c) Bäume
   (b) Busch (d) Tulpen

7. Kinder, ___________ bitte auf!
   (a) warten (c) standen
   (b) steht (d) erwartet

8. Diese grüne _____________ ist sehr lang.
   (a) Schlange (c) Igel
   (b) Flaschen (d) Kuh

9. Es ist kalt und ____________ wieder.
   (a) schneit (c) bleibt
   (b) vergisst (d) wächst

10. Ein Fuchs kann sehr ____________ sein.
    (a) schlau (c) wahrscheinlich
    (b) letzte (d) ruhigen

11. Nilpferde und Löwen leben in ____________.

(a) Asien (c) Afrika
(b) Norddeutschland (d) zu Hause

12. Herr Professor, ________________mich bitte an!

(a) rufen Sie (c) sieh
(b) seht (d) bleiben Sie

13. Der ___________ hat hier viele Bäume gepflanzt.

(a) Katze (c) Wolf
(b) Mais (d) Bauer

14. Sein Sohn isst kein _______________.

(a) Gemüse (c) Igel
(b) Nächtisch (d) Obstbäume

15. Hast du diesen __________Artikel gelesen?

(a) neue (c) ruhig
(b) interessanten (d) schlaue

TESTE RÁPIDO

Reescreva cada verbo no presente da voz passiva com o pronome dado. Por exemplo:

er singt *wird gesungen*

1. **er spielt** ____________________

   man arbeitet ____________________

   wir machen zu ____________________

   er verspricht ____________________

   ich nehme mit ____________________

2. **Escreva cada uma das seguintes frases passivas nos tempos e pronomes dados.**

		werden gesehen	**werden besucht**	**werden genannt**
pres.	**Ich**	______	______	______
pass.	**du**	______	______	______
part. pass.	**er**	______	______	______
fut.	**Sie**	______	______	______

		werden gelernt	**werden gefüttert**	**werden aufgemacht**
pres.	**es**	______	______	______
pass.	**er**	______	______	______
part. pass.	**sie *s.***	______	______	______
fut.	**sie *pl.***	______	______	______

Mude as seguintes frases na voz ativa para a voz passiva. Mantenha os tempos das frases ativas.

3. **Der Präsident hat die neue Kanzierin vorgestellt.**

   ____

4. **Sie hatten die alte Kirche abgerissen.**

   ____

5. **Ich pflanzte den Busch neben dem Haus.**

   ____

Reescreva cada frase, acrescentando o adjetivo dado entre parênteses. Por exemplo:

Ich besuchte ____________ Frau.

(alt) *Ich besuchte eine alte Frau.*

6. Haben Sie jenen ________________ Bären gesehen?

(groβ) ____

(braun) ____

7. Diese ________________ Männer werden uns helfen.

(jung) ____

(alt) ____

8. Wann kommt der ______________ Zug?

(nächst) ____

(letzt) ____

Circule a letra da palavra ou frase que melhor completa cada frase.

9. Wir dürfen jeine Haustiere __________.

a. versuchen

b. mitgenommen

c. halten

d. ausgegeben werden

10. Forme os três imperativos para os verbos dados.

	du	**ihr**	**Sie**
treffen	______________	______________	______________
pflanzen	______________	______________	______________
schlafen	______________	______________	______________
werden	______________	______________	______________
sein	______________	______________	______________
mitkommen	______________	______________	______________
besuchen	______________	______________	______________
geben	______________	______________	______________
sehen	______________	______________	______________
sprechen	______________	______________	______________

capítulo 18

Usando a Voz Passiva

Neste capítulo você encontrará uma discussão mais ampla sobre a voz passiva e como ela funciona com auxiliares modais. as terminações adjetivas que acompanham palavras em **ein-** serão também apresentados, assim como algum vocabulário sobre profissões.

OBJETIVOS DO CAPÍTULO

Neste capítulo você aprenderá:

- Mais sobre Voz Passiva
- Auxiliares Modais na Voz Passiva
- *Sich Lassen* e a Voz Passiva
- Terminais Adjetivos com Palavras *Ein-*
- Profissões

Mais sobre a Voz Passiva

O aprendizado sobre a voz passiva ainda não acabou. Por exemplo, algumas frases ativas têm nelas um objeto dativo e quando tais frases são mudadas para a voz passiva, o objeto dativo, naturalmente reaparece na frase passiva.
Objetos diretos que estejam no caso acusativo se tornam sujeitos nominativos na voz passiva, mas os objetos do caso dativo não mudam seu caso quando colocados numa frase passiva. Compare os dois pares de exemplos abaixo:

Objeto Direto do Caso Acusativo Mudado para Caso Nominativo na Voz Passiva

Das Kind findet **den Ball**.	*A criança encontra **a bola**.*
Der Ball wird von dem Kind gefunden.	***A bola** é encontrada pela criança.*

Objeto do Caso Dativo na Voz Passiva

Sie haben **dem Kind** geholfen.	*Eles ajudaram **a criança**.*
Dem Kind ist von ihnen geholfen worden.	***A criança** foi ajudada por eles.*

O objeto dativo na frase passiva não pode ser sujeito da frase, porque está no caso dativo. Sujeitos estão no caso nominativo. Vamos ver mais alguns exemplos que mostram uma frase ativa mudada para frase passiva.

Die Lehrerin dankte allen Eltern.	*A professora agradeceu a todos os pais.*
Allen Eltern wurden von der Lehrerin gedankt.	*Todos os pais receberam o agradecimento da professora.*
Niemand wird ihm glauben.	*Ninguém acreditará nele.*
Ihm wird von niemandem geglaubt werden	*Ele não será acreditado por ninguém.*

Exercício Escrito 1

Mude cada uma das frases abaixo no presente para o passado, particípio passado e futuro.

1. Mir wird ihm geholfen.

____ .

____ .

____ .

2. Der Lehrerin wird nicht geglaubt.

____.

____.

____.

3. Ihm wird dafür gedankt.

____.

____.

____.

4. Wird dem Professor imponiert?

____?

____?

____?

Às vezes o sujeito de uma frase que contém um objeto dativo é o pronome **es**, que em muitas ocasiões é elíptico, isto é, é entendido, mas não falado ou escrito. Porém, a voz passiva é às vezes expressa, começando a sentença principal da frase com o pronome **es** – mas, neste caso, **es** não é realmente o sujeito. O sujeito ocorre após o verbo conjugado e determina o tipo de conjugação necessária. Vamos ver alguns exemplos:

Es wird hier nut Deutsch gesprochen.	*Aqui só se fala alemão.*
Es wurden viele Häuser zerstört.	*Muitas casas foram destruídas.*
Es wurde uns dafür gedankt.	*Nós estávamos agradecidos por isso.*

Auxiliares Modais na Voz Passiva

Do mesmo modo como os modais auxiliares são usados na voz ativa junto com um infinitivo (**muss...trinken**), eles podem ser usados na voz passiva com um infinitivo passivo. Um passivo infinitivo é um particípio passado seguido por **werden** (**muss...gesehen werden**). Vamos comparar os dois usos dos auxiliares modais.

Voz Ativa

Ich kann die Musik nicht **hören**.	*Não consigo* ***ouvir*** *a música.*
Sie wolte mit Hans **tanzen**.	*Ela queria* ***dançar*** *com Hans.*

Voz Passiva

Mir kann nicht **geholfen werden**.	*Não posso* ***ser ajudado****.*
Sie wollte von allen **bewundert werden**.	*Ela queria* ***ser admirada*** *por todos.*

Os auxiliares modais nas frases de voz passiva podem ser conjugados em todos os tempos, exceto no futuro perfeito, que se torna uma estrutura estranha e é evitada. Mesmo no presente e passado perfeito tende a ser substituída pelo passado simples. Mas como propósito de ilustração, vamos ver um auxiliar modal na voz passiva em todos os tempos pertinentes.

Presente
Etwas muss gesagt werden. *Algo deve ser dito.*

Passado
Etwas musste gesagt werden. *Algo tinha que ser dito.*

Particípio Passado
Etwas hat gesagt werden müssen. *Algo teve que ser dito.*

Passado Perfeito
Etwas hatte gesagt werden müssen. *Algo teve que ser dito.*

Futuro
Etwas wird gesagt werden müssen. *Algo terá que ser dito.*

Exercício Escrito 2

Reescreva as seguintes frases na voz ativa com os modais dados. Mantenha os tempos verbais das frases originais. Por exemplo:

Er ging zur Schule.

(müssen) *Er musste zur Achule gehen.*

1. Frau Schäfer wird nach Hannover fahren.

   (sollen) ______________________________.

   (wollen) ______________________________.

   (müssen) ______________________________.

2. Haben Sie Ihre Nachbarn eingeladen?

   (können) ______________________________?

   (müssen) ______________________________?

   (dürfen) ______________________________?

Siga as mesmas orientações, mas observe que a frase original está agora na voz passiva.

3. Hans wird von seiner Schwester geküsst.

(wollen)____ .

(müssen)____ .

(sollen)____ .

4. Ist der Wagen repariert worden?

(können)____ ?

(müssen)____ ?

(sollen)____ ?

5. Ihm wird sofort geholfen.

(sollen)____ .

(können)____ .

(müssen)____ .

Exercício Escrito 3

Reescreva cada frase substituindo o auxiliar modal original pelos dados entre parênteses. Mantenha o tempo original da frase.

1. Das Haus soll geräumt werden.

(können)____ .

(müssen)____ .

2. Es konnte nicht repariert werden.

(dürfen)____ .

(müssen)____ .

3. Das Kind wird fotografiert werden müssen.

(wollen)____ .

(können)____ .

Exercício Oral

Faixa 73

Pratique, lendo em voz alta, a lista de frases abaixo:

Was muss gewaschen werden?	*O que tem que ser lavado?*
Der Wagen muss gewaschen werden.	*O carro tem que ser lavado.*
Wer kann eingeladen werden?	*Quem pode ser convidado?*
Unsere Verwandten können eingeladen werden.	*Nossos parentes podem ser convidados.*
Herr Benz soll nicht eingeladen werden.	*O sr. Benz não deve ser convidado.*
Was durfte nicht geschrieben werden?	*O que não teve permissão para ser escrito?*
Diese Geschichte durfte nicht geschrieben werden.	*Esta história não teve permissão para ser escrita*
Sein Lebenslauf durfte nicht geschrieben werden.	*Sua autobiografia não teve permissão para ser escrita.*
Kann ihm nicht geholfen werden?	*Ele não pode ser ajudado?*
Kann ihr nicht geglaubt werden?	*Ela não pode ser acreditada?*
Kann dir nicht imponiert werden?	*Você não pode ser surpreendido?*

Exercício Escrito 4

Reescreva cada frase com os novos sujeitos dados entre parênteses. Faça quaisquer mudanças necessárias.

1. Ist ________ abgeschleppt worden?

   (es) ____?

   (sie *pl.*)____?

   (der Wagen) ____?

   (die Autos) ____?

   (der Bus) ____?

2. ________ konnte nicht verstanden werden.

   (sein Freund) ____.

   (die Kinder) ____.

   (ich)____.

   (du) ____.

   (wir) ____.

3. ________ wird niemals geglaubt werden.

(sie *pl.*) ____.

(sie s.) ____.

(er) ____.

(meine Frau) ____.

(der Physiker) ____.

Sich Lassen e a Voz Passiva

É possível evitar estruturas passivas usando uma conjugação de **sich lassen** acompanhada por um infinitivo (**lässt sich...machen**). Este par de palavras é traduzida como *pode ser*. Em português essa é uma forma de voz passiva com um auxiliar modal, mas em alemão é um verbo reflexivo usado no lugar de uma conjugação de voz passiva. Vamos ver alguns exemplos:

Das alte Radio **lässt sich** nicht reparieren.	*O velho rádio não* ***pode ser*** *consertado.*
Diese Probleme **ließen sich** leicht lösen.	*Esses problemas* ***poderiam ser*** *resolvidos facilmente.*

Quando esta estrutura é conjugada nos vários tempos, você observará que uma estrutura de duplo infinitivo ocorre nos tempos perfeito e futuro. Por exemplo:

Presente

Das lässt sich nicht tun.	*Isso não pode ser feito.*

Passado

Das ließ sich nicht tun.	*Isso não podia ser feito.*

Particípio Passado

Das hat sich nicht tun lassen.	*Isso não podia ter sido feito.*

Futuro

Das wird sich nicht tun lassen.	*Isso não poderá ser feito.*

Exercício Escrito 5

Reescreva cada frase passiva com **sich lassen**. Mantenha o tempo das frases originais. Observe a mudança de significado que ocorre. Por exemplo:

Das lange Wort wird leicht geschrieben.

Das lange Wort lässt sich leicht schreiben.

1. Der Fernsehapparat wurde nicht repariert.

____.

2. Diese Romane sind schnell gelesen worden.

____.

3. Die Bären wurden nicht fotografiert.

____.

4. Das wird sehr leicht geändert.

____.

Exercício Escrito 6

Reescreva as seguintes frases passivas nos tempos mostrados.

1. **presente** ____.

   passado Das ließ sich nicht verstehen.

   part. pass. ____.

   futuro ____.

2. **presente** Wird dem Gast gut gedient?

   passado ____?

   part. pass. ____?

   futuro ____?

3. **presente** ____.

   passado ____.

   part. pass. ____.

   futuro Du wirst gesehen werden.

4. **presente** ____.

   passado Der kranken Katze konnte nicht geholfen werden.

   part. pass. ____.

   futuro ____.

5. **presente** Nichts kann getan werden.

passado ____.

part. pass. ____.

futuro ____.

Sufixos Adjetivos com Palavras *Ein-*

Você já aprendeu sobre as terminações adjetivas com palavras **der-**. As terminações adjetivos com palavras **ein-** funcionam levemente diferente.

As palavras **ein-** são **ein** e **kein**, mais os adjetivos possessivos (**mein**, **dein**, **sein**, **ihr**, **unser**, **euer**, **ihr**, **Ihr**). Com as palavras **ein-**, a identificação do gênero de um substantivo é dado no adjetivo no caso nominativo. Com as palavras **der-**, o gênero é identificado na própria palavra **der-**. Vamos comparar a diferença.

Palavra *Der-* + adjetivo

masculino	**Feminino**	**Neutro**	**Plural**
d**er** nette Herr	di**e** nette Frau	d**as** nette Kind	di**e** netten Frauen

Palavra *Ein-* + adjetivo

masculino	**Feminino**	**Neutro**	**Plural**
ein nett**er** Herr	eine nett**e** Frau	ein nett**es** Kind	keine nett**en** Frauen

Independente de qual seja a palavra **ein-**, as terminações adjetivas funcionam do mesmo modo.

ihr guter Mann	ihr junger Mann
seine kleine Schwester	seine kranke Schwester
kein schönes Mädchen	kein intelligentes Mädchen

Esta diferença entre palavras **der-** e palavras **ein-** não existe no plural. Com qualquer tipo de determinante, a terminação adjetivo é sempre **-en** nos quatro casos.

nom.	diese roten Autos
acus.	unsere deutschen Verwandeten
dat.	jenen alten Leuten
gen.	ihrer netten Kinder

O feminino e neutro são sempre idênticos nos casos nominativo e acusativo, portanto, as terminações adjetivas com palavras **ein-** usadas no nominativo também serão usadas no acusativo.

nom.	ihre kleine Schwester	sein neues Heft
acus.	ihre kleine Schwester	sein neues Heft

Em todos os outros casos, a terminação adjetiva sempre será **-en**.

	Masculino	Feminino	Neutro	Plural
nom.	ein nett**er** Herr	eine nett**e** Frau	ein nett**es** Kind	Keine nett**en** Frauen
acus.	einen nett**en** Herrn	eine nett**e** Frau	ein nett**es** Kind	keine nett**en** Frauen
dat.	einem nett**en** Herrn	einer nett**en** Frau	einem nett**en** Kind	keinen nett**en** Frauen
gen.	eines nett**en** Herrn	einer nett**en** Frau	eines nett**en** Kindes	keiner nett**en** Frauen

Exercício Escrito 7

Dê as terminações adjetivas adequadas nos quatro casos para os nomes dados.

	mein jung Freund	unser alt Tante	ihr neu Fahrrad
nom	________	________	________
acus	________	________	________
dat	________	________	________
gen	________	________	________

	dein klein Haus	jed- groβ Stuhl	dies- grau Katze
no	________	________	________
acus	________	________	________
dat	________	________	________
gen	________	________	________

Com as seguintes frases, dê os casos omissos:

non	________	________
acus	ihren kleinen Sohn	
dat	________	deiner jungen Schwester
gen	________	________
nom	________	________
acus	________	________
dat	einer kranken Dame	unserem letzten Brief
gen	________	________

Exercício Oral

Pratique, lendo em voz alta as seguintes frases:

Wer hat meinen neuen Hut gefunden? *Quem encontrou meu chapéu novo?*
Robert hat deinen neuen Hut gefunden. *Robert encontrou seu chapéu novo.*

Welches Auto hat sie verkauft?	*Qual carro ela vendeu?*
Sie hat ihr schwarzes Auto verkauft.	*Ela vendeu seu carro preto.*
Sie hat ihr altes Auto verkauft.	*Ela vendeu seu carro antigo.*
Welchen Gürtel wollte er kaufen?	*Qual cinto ele quis comprar?*
Er wollte einen braunen Gürtel kaufen.	*Ele queria comprar um cinto marrom.*
Er wollte Ihren neuen Gürtel kaufen.	*Ele queria comprar teu cinto novo.*
Wessen Hund ist das?	*De quem é aquele cachorro?*
Das ist der Hund eines neuen Lehrers.	*Aquele é o cachorro do novo professor.*
Das ist der Hund meiner amerikanischen Kusine.	*Aquele é o cachorro da minha prima americana.*

Exercício Escrito 8

Reescreva cada frase com as frases dadas entre parênteses, fazendo as mudanças necessárias para as terminações adjetivas.

1. Ist das der Bruder______________?

   (dein amerikanischer Gast) ______________________________ ?

   (Ihre nette Kusine) ______________________________ ?

   (eure jungen Freunde) ______________________________ ?

2. Kennen Sie__________?

   (meine neue Freundin)______________________________ ?

   (sein alter Onkel) ______________________________ ?

   (ihr intelligenter Sohn)______________________________ ?

3. Hans wollte mit________spielen.

   (unser kleiner Hund) ______________________________ .

   (jene netten Kinder) ______________________________ .

   (sein neuer Fuβball)______________________________ .

Exercício Escrito 9

Preencha os espaços com um adjetivo adequado e sua terminação necessária.

1. Der __________________ Rechtsanwalt ist ein Freund von mir.
2. Kennst du meine ____________________ Gärtnerin?
3. Thomas hat mit seinen _________________________ Geschwistern gearbeitet.

4. Gudrun will von allen ____________ Jungen bewundert werden.
5. Ihre ____________ Wohnung soll geräumt werden.
6. Sie habe sein ____________ Auto abgeschleppt.
7. Habt ihr euren ____________ Dolmetscher eingeladen?
8. Ist das ein ____________ Gürtel?
9. Sie hatte keine ____________ Flaschen gefunden.
10. Unser ____________ Wohnzimmer ist dunkel.

Profissões

Quando você pergunta a profissão de alguém, você diz:

Was sind Sie von Beruf?	*Qual é a sua profissão?*
Was bist du von Beruf?	*Qual a sua profissão?*

As respostas são numerosas, porque há muitas palavras que descrevem profissões ou ocupações. Ao ler a lista abaixo, lembre-se que a versão mostrada é a masculina. A versão feminina é, em muitos casos, a mesma palavra, mas com acréscimo de -in no final da palavra. Também, às vezes uma vogal será substituída por um umlaut (**-ä-**, **-ö-** ou **-ü-**) para a versão feminina.

der Arbeiter	*escriturário*	der Mechaniker	*mecânico*
der Architekt	*arquiteto*	der Pfleger	*enfermeiro, cuidador, assistente de médico* (masc.)
der Beamte	*funcionário do governo*	der Physiker	*físico*
der Chemiker	*químico*	der Politiker	*político*
der Dichter	*poeta*	der Rechtsanwalt	*advogado*
der Dolmetscher	*tradutor*	der Schaffner	*motorista* (transporte)
der Erzieher	*professor maternal*	der Schrifsteller	*escritor, autor*
der Fotograf	*fotógrafo*	der Sekretär	*secretário*
der Geschäftsmann (die –frau)	*negociante*	der Sportler	*atleta*
der Kaufmann (die –frau)	*comerciante*	der Taxifahrer	*motorista de táxi*
der Maurer	*pedreiro*	der Trainer	*treinador*

Há diferentes modos de descrever o que você faz como profissão. Por exemplo:

Ich arbeite als Pflegerin.	*Eu trabalho como enfermeira.*
Ich arbeite in der Firma als Dolmetscher.	*Eu trabalho na empresa como tradutor.*
Ich bin in dieser Firma als Mechaniker beschäftigt.	*Sou empregado na empresa como mecânico.*
Ich bin Taxifahrer aber will Architekt werden.	*Sou motorista de táxi mas quero me tornar um arquiteto.*

Exercício Escrito 10

Circule a letra da palavra ou frase que melhor completa cada lacuna.

1. Wen haben Sie __________?
   (a) abschleppen (c) gepflanzt
   (b) änderten (d) eingeladen
2. Wird________damit geholfen?
   (a) ihnen (c) euren Rechtsanwalt
   (b) unsere (d) keine Leute
3. Der kranke Mann_______________sofort nach Hause gebracht werden.
   (a) musste (c) hat
   (b) ist (d) gekonnt
4. Ist dein Wagen wieder_______worden?
   (a) gewachsen (c) bewurderten
   (b) abgeschleppt (d) können
5. Die Geschäftsfrau kann nicht __________werden.
   (a) soll (c) gefunden
   (b) hat (d) geglaubt
6. Ist deine Mutter Hausfrau oder ____________?
   (a) Physikerin (c) Gärtnerinnen
   (b) Politiker (d) Erzieher
7. Werner hat ein neues________angezogen.
   (a) Ball (c) Affen
   (b) Pflanze (d) Hemd

8. Tanja hat ________ neues Auto.
   (a) diese (c) welches
   (b) ein (d) jenen

9. Was ist Ihr Vater von______________ ?
   (a) zu Hause (c) Beruf
   (b) bewundert (d) Arbeiter

10. Meine Tochter ist jetzt als Architektin __________ .
   (a) gearbietet (c) eingeladen
   (b) beschäftigt (d) geändert

Exercício Oral

Pratique, lendo em voz alta a lista de frases abaixo:

Was sind Sie von Beruf?	*Qual é a sua profissão?*
Ich bin Gärtner.	*Eu sou jardineiro.*
Ich arbeite als Dolmetscherin.	*Eu trabalho como tradutora.*
Ich bin als Maurer beschäftigt.	*Estou empregado como pedreiro.*
Was ist deine Schwester von Beruf?	*Qual a profissão de sua irmã?*
Sie ist Geschäftsfrau.	*Ela é mulher de negócios.*
Sie arbeitet als Chemikerin.	*Ela trabalha como química.*
Sie ist bei einer Firma als Sekretärin besschäftigt.	*Ela é empregada numa empresa como secretária.*
Mein Vater was Arbeiter.	*Meu pai era funcionário de escritório.*
Jetzt arbeitet er als Beamter.	*Agora ele trabalha como funcionário do governo.*
Meine Mutter was Erzieherin.	*Minha mãe era professora de maternal.*
Jetzt ist sie als Fotografin beschäftigt.	*Agora ela é empregada como fotógrafa.*
Mein Sohn will Kaufmann werden.	*Meu filho quer se tornar comerciante.*
Meine Tochter ist Sportlerin.	*Minha filha é atleta.*
Ist Ihr Onkel Rechtsanwalt?	*Seu tio é advogado?*
Nein, er ist Politiker.	*Não, ele é político.*
War Ihre Tante Schriftstellerin?	*Sua tia era escritora?*
Nein, sie was Dichterin.	*Não, ela era poetisa.*
Dem Schaffner wurde gedankt.	*O motorista estava agradecido.*
Dem Taxifahrer konnte nicht geglaubt werden.	*O motorista de táxi não podia ser confiável.*
Sein Wagen musste abgeschleppt werden.	*Seu carro teve que ser rebocado.*
Deu neue Trainer war Mechaniker.	*O novo treinador era um mecânico.*

TESTE RÁPIDO

Reescreva as seguintes frases nos tempos mostrados.

1. **presente** ____________________
   passado *Der Wagen musste abgeschleppt werden.*
   part. pass. ____________________
   futuro ____________________

2. **presente** *Ihnen wird dafür gedankt*
   passado ____________________
   part. pass. ____________________
   futuro ____________________

3. **presente** ____________________
   passado ____________________
   part. pass. ____________________
   futuro *Es wird sich nicht leicht ändern lassen.*

Reescreva a seguinte frase passiva com os novos sujeitos dados entre parênteses.

4. **__________ wurde von ihnen geholfen.**

   (er) ____________________
   (wir) ____________________
   (der Beamte) ____________________
   (die Dichterin) ____________________
   (du) ____________________

Preencha os casos omissos, dando as terminações adjetivas adequados.

5.

nom.	*ein netter Mann*	
acus.		
dat.		*seiner neuen Freundin*
gen.		

6.

nom.		*ihre alten Stühle*
acus.	*kein interessantes Buch*	
dat.		
gen.		

Circule a letra da palavra ou frase que melhor completa a lacuna.

7. Das ist mein __________ Gedicht.

a. letzte
b. erstes
c. langen
d. ruhig

8. Mein Vater ______________ als Mechaniker.

a. arbeitet
b. beschäftige
c. dienen
d. sein Beruf

9. Die kranke Frau ____________ nach Hause gebracht werden.

a. ist
b. konnten
c. muss
d. werdet

10. Nein, das __________ sich nicht tun.

a. lieβ
b. können
c. werden
d. Heft

capítulo 19

Usando o Modo Subjuntivo

Neste capítulo você aprenderá sobre o Modo Subjuntivo. Além disso, serão apresentadas palavras estrangeiras em alemão e algumas expressões idiomáticas.

OBJETIVOS DO CAPÍTULO

Neste capítulo você aprenderá:

- Modo Subjuntivo
- Discurso Indireto
- Palavras Estrangeiras em Alemão
- Mais Expressões Idiomáticas

Modo Subjuntivo

O modo subjuntivo é uma função gramatical que está perdendo terreno em outros idiomas. Muitos usuários o evitam e alguns provavelmente não podem identificá-lo quando o ouvem ou o leem. Alguns exemplos da conjugação subjuntiva em português são:

Que o Rei viva muito!
Eu sugiro *que você seja* pontual amanhã.
Se meu marido estivesse aqui.

O modo subjuntivo tem um papel significativo na linguagem alemã, porém. Vamos ver primeiro como as conjugações no subjuntivo são formadas.

Em alemão há dois tempos subjuntivos: o presente do subjuntivo (também chamado subjuntivo I) e o passado do subjuntivo (também chamado subjuntivo II).

Presente do Subjuntivo / Subjuntivo I

O presente do subjuntivo tem a aparência de um verbo no presente, mas há pequenas diferenças entre a conjugação subjuntiva e o indicativo (a conjugação normal do presente). Isto é verdade, mesmo com os auxiliares modais. As terminações de conjugação no presente subjuntivo são: **-e**, **-est**, **-e**, **-en**, **-et**, e **-en**. Para conjugar o subjuntivo, remova a terminação infinitivo da raiz do verbo e acrescente esses terminais. Por exemplo:

	kommen	**versprechen**	**zumachen**	**können**
ich	komme	verspreche	mache zu	könne
du	kommest	versprechest	machest zu	könnest
er	komme	verspreche	mache zu	könne
wir	kommen	versprechen	machen zu	können
ihr	kommet	versprechet	machet zu	könnet
sie	kommen	versprechen	machen zu	können

Há algumas coisas importantes para observar sobre essa conjugação:

1. A primeira e a terceira pessoa do singular (**ich** e **er**) são sempre idênticas.
2. As irregularidades do presente, como acrescentar um umlaut (**ich fahre**, **du fährst**, **er fährt**) ou trocando uma vogal (**ich sehe**, **du siehst**, **er sieht**) não ocorrem.
3. A primeira pessoa do singular ou plural (**ich** e **wir**) e a terceira pessoa do plural (**sie**) são idênticas à conjugação do modo indicativo. Isto é, às vezes verdade com a forma **ihr** com raízes dos verbos que terminem em **-t** ou **-d**. Este fato se tornará importante mais tarde.
4. Os prefixos não são afetados pela conjugação subjuntiva e continuam a seguir as mesmas regras dadas anteriormente.

Claro, é sábio examinar a conjugação subjuntiva presente de **haben**, **sein** e **werden** separadamente. Eles sempre têm um papel especial na conjugação dos verbos.

	haben	**sein**	**werden**
Ich	habe	sei	werde
du	habest	seiest	werdest
er	habe	sei	werde
wir	haben	seien	werden
ihr	habet	seiet	werdet
sie	haben	seien	werden

Exercício Escrito 1

Conjugue os seguintes verbos no subjuntivo presente com os pronomes dados. Coloque um X após os verbos idênticos à conjugação indicativa presente.

	schlafen	**vergessen**	**mitnehmen**
ich	__________	__________	__________
du	__________	__________	__________
er	__________	__________	__________
wir	__________	__________	__________
ihr	__________	__________	__________
sie	__________	__________	__________

	fragen	**aussehen**	**sein**
ich	__________	__________	__________
du	__________	__________	__________
er	__________	__________	__________
wir	__________	__________	__________
ihr	__________	__________	__________
sie	__________	__________	__________

Subjuntivo do Passado / Subjuntivo II

O subjuntivo do passado é formado pela conjugação nos verbos no passado. Se um verbo é regular no indicativo passado, ele terá a mesma conjugação no subjuntivo passado. Vejamos o subjuntivo passado de alguns verbos regulares.

	fragen	**aufmachen**	**besuchen**
ich	fragte	machte auf	besuchte
du	fragtest	machtest auf	besuchtest
er	fragte	machte auf	besuchte
wir	fragten	machten auf	besuchten
ihr	fragtet	machtet auf	besuchtet
sie	fragten	machten auf	besuchten

Verbos irregulares são outra história. A raiz irregular no tempo passado é usada na conjugação subjuntiva e as terminações **-e**, **-est**, **-e**, **-en**, **-et** e **-en** são acrescentadas. Você deve ter notado que essas são as mesmas terminações usadas no subjuntivo do presente. Além disso, o passado irregular que tenha um **a**, **o**, **u** acrescentará um umlaut nessa conjugação. Seguem alguns exemplos:

	verlieren	**sprechen**	**beschreiben**
ich	verlöre	spräche	beschriebe
du	verlörest	sprächest	beschriebest
er	verlöre	spräche	beschriebe
wir	verlören	sprächen	beschrieben
ihr	verlöret	sprächet	bescriebet
sie	verlören	sprächen	beschrieben

	mitgehen	**bleiben**	**fahren**
ich	ginge mit	bliebe	führe
du	gingest mit	bliebest	führest
er	ginge mit	bliebe	führe
wir	gingen mit	blieben	führen
ihr	ginget mit	bliebet	führet
sie	gingen mit	blieben	führen

E, claro, temos que isolar **haben**, **sein** e **werden** para um exame especial.

	haben	**sein**	**werden**
ich	hätte	wäre	würde
du	hättest	wärest	würdest
er	hätte	wäre	würde
wir	hätten	wären	würden
ihr	hättet	wäret	würdet
sie	hätten	wären	würden

Os auxiliares modais no subjuntivo do passado parecem muito com as conjugações do passado indicativo. Porém, esses modais que têm um umlaut no infinitivo acrescentam um umlaut no subjuntivo do passado.

	können	**wollen**	**dürfen**
ich	könnte	wollte	dürfte
du	könntest	wolltest	dürftest
er	könnte	wollte	dürfte
wir	könnten	wollten	dürften
ihr	könntet	wolltet	dürftet
sie	könnten	wollten	dürften

Muitos verbos irregulares que têm uma terminação **-te** no passado têm algo especial no subjuntivo passado. A vogal no tempo passado **-a-** muda para **-e-**. Vamos comparar o indicativo passado com o subjuntivo desta categoria de verbos.

Passado do Indicativo

	kennen	**senden**	**nennen**
ich	kannte	sandte	nannte
du	kanntest	sandtest	nanntest
er	kannte	sandte	nannte
wir	kannten	sandten	nannten
ihr	kanntet	sandtet	nanntet
sie	kannten	sandten	nannten

Passado do Subjuntivo

	kennen	**senden**	**nennen**
ich	kennte	sendete	nennte
du	kenntest	sendetest	nenntest
er	kennte	sendete	nennte
wir	kennten	sendeten	nennten
ihr	kenntet	sendetet	nenntet
sie	kennten	sendeten	nennten

O verbo **wissen**, que normalmente está de acordo com o tipo de conjugação ilustrada acima (ele acrescenta a terminação **-te**), não usa a vogal **-e-** no subjuntivo passado. Vamos comparar este verbo no subjuntivo do presente e subjuntivo do passado.

	Presente do Subjuntivo	**Passado do Subjuntivo**
Ich	wisse	wüsste
du	wissest	wüsstest
er	wisse	wüsste
wir	wissen	wüssten
ihr	wisset	wüsstet
sie	wissen	wüssten

Como no subjuntivo do presente, as conjugações na primeira e terceira pessoa do singular (**ich** e **er**) são sempre as mesmas no subjuntivo do passado.

ich fragte	er fragte *(verbo regular)*
ich käme	er käme *(verbo irregular com umlaut)*
ich ginge	er ginge *(verbo irregular)*
ich dürfte	er düfte *(auxiliar modal)*

Discurso Indireto

O discurso indireto é uma citação direta do que alguém disse: João disse: "eu gosto de tomar café preto." O discurso indireto é redizer o que alguém disse.

João disse que ele gosta de tomar café preto.

Em alemão, também existem os discursos direto e indireto. As citações são escritas tal como em português.

Johann sagte, "Ich trinke gern schwarzen Kaffee."

Mas, discurso indireto é uma outra questão. Uma regra em alemão sobre discurso indireto exige que o verbo seja conjugado no presente do subjuntivo.

Johann sagte, dass er gern schwarzen Kaffee **trinke**.

O uso de **dass** (*que*) também pode ser omitido no discurso indireto.

Johann sagte, er **trinke** gern schwarzen Kaffee.

Não é somente o verbo **sagen** que apresenta uma afirmativa no discurso indireto. Há muitos outros que fazem a mesma coisa.

antworten	*responder*	glauben	*acreditar*
berichten	*reportar*	meinen	*achar, ter a opinião, querer dizer*
denken	*pensar*	mitteilen	*informar*
erzählen	*dizer, relatar*	schreiben	*escrever*
fragen	*perguntar*		

Esses verbos ficam no passado quando usados com o discurso indireto.

Karl **antwortete**, er habe heute keine Zeit.	*Karl respondeu que ele não tem tempo hoje.*
Meine Tante **erzählte**, dass ein Unglück geschehen sei.	*Minha tia (nos) contou que aconteceu um acidente.*

Exercício Escrito 2

Mude as citações diretas para discurso indireto usando as frases dadas. Por exemplo:

Er sagte, dass...

"Karl ist krank gewesen."

Er sagte, dass Karl krank gewesen sei.

1. Er sagte, dass...

   "Zwei Autos sind abgeschleppt worden."

   ____.

   "Die Regierung wird den armen Menschen helfen."

   ____.

   "Er geht nur selten ins Theater."

   ____.

2. Ein Freund schrieb uns, dass...

   "Er kann nächste Woche kommen."

   ____.

   "Sein Bruder ist in Gudrun verliebt."

   ____.

   "Seine Familie hat das Geld noch nicht erhalten."

   ____.

Exercício Oral

Faixa 74

Pratique, lendo em voz alta a lista de frases abaixo:

Er sagte, dass das Wetter schlecht sei.	*Ele disse que o tempo está ruim.*
Er sagte, dass er wenig Zeit habe.	*Ele disse que tem pouco tempo.*
Sie sagte, Frau Benz sei wieder schwanger.	*Ela disse que a srta. Benz está grávida novamente.*
Sie sagte, Erik wolle Sportler werden.	*Ela disse que Erik quer se tornar um atleta.*
Er berichtete, dass der Politiker gut angekommen sei.	*Ele relatou que o político chegou em segurança.*
Er berichtete, die Kanzlerin reise morgen ab.	*Ele relatou que a chanceler está partindo amanhã.*
Sie teilte uns mit, dass der alte Dichter sterbe.	*Ela nos informou que o velho poeta está morrendo.*
Sie teilte uns mit, der Fluss habe das Dorf überschwemmt.	*Ela nos informou que o rio inundou a cidade.*

Considere cuidadosamente os exemplos abaixo. Eles ilustram como os vários tempos no discurso direto aparecem no discurso indireto. O passado simples, o particípio passado e o passado perfeito, todos têm a mesma forma no discurso indireto.

Presente
"Er hat kein Geld." Er sagte, dass er kein Geld habe.

Passado
"Er hatte kein Geld." Er sagte, dass er kein Geld gehabt habe.

Particípio Passado
"Er hat kein Geld gehabt." Er sagte, dass er kein Geld gehabt habe.

Passado Perfeito
"Er hatte kein Geld gehabt." Er sagte, dass er kein Geld gehabt habe.

Futuro
"Er wird kein Geld haben." Er sagte, dass er kein Geld haben werde.

Exercício Escrito 3

Reescreva as seguintes citações diretas como discuso indireto usando as frases dadas. Use a forma adequada do subjuntivo presente.

1. Sie berichtete, ...

   "Die Regierung half dem alten König."

   ______________________________.

   "Der Kanzler wird morgen ankommen."

   ______________________________.

   "Es gibt nichts Schöneres als Wien."

   ______________________________.

2. Martin schrieb mir, dass...

   "Seine Freundin war in Russland."

   ______________________________.

   "Der Fluss hatte das Land überschwemmt."

   ______________________________.

   "Die warme Sonne muss jeden Menschen gesund machen."

   ______________________________.

Questões Indiretas

Uma pergunta indireta funciona do mesmo modo que o discurso indireto. Mas as perguntas indiretas são apresentadas pelo verbo **fragen**. Se não houver palavra interrogativa (**was**, **warum**, **wo**, etc.) na pergunta, a conjunção **ob** (*se*) começa a sentença. Por exemplo:

Sie fragte, ob Hans noch krank sei.	*Ela perguntou se Hans ainda está doente.*
Sie fragte, wohin der Gärtner jetzt gehe.	*Ela perguntou para onde o jardineiro está indo agora.*
Sie fragte, was der Schriftsteller berichtest habe.	*Ela perguntou o que o escritor relatou.*

Exercício Escrito 4

Mude as seguintes perguntas diretas para questões indiretas usando as frases dadas. Use a conjunção **ob** onde não houver palavra interrogativa.

1. Mein Mann fragte, ...

"Wo ist mein neuer Pullover?"

____ .

"Kann Erik den Wagen reparieren?"

____ .

Wessen Tasche hat der Dieb gestohlen?"

____ .

"Waren sie schon in der Haupstadt?"

____ .

"Wie viel wird Herr Bauer dafür ausgeben?"

____ .

Até aqui, você esteve usando a conjugação do subjuntivo do presente só no discurso indireto e perguntas indiretas. Mas o subjuntivo do passado tem aqui um papel também. Quando o indicativo do presente e o subjuntivo do presente são idênticos, use o subjuntivo do passado. Por exemplo:

"Sie haben kein Geld."	*Eles não têm dinheiro.*

O verbo é o mesmo no indicativo presente (**haben**) como é no subjuntivo presente (**haben**). Portanto, o subjuntivo passado é usado quando esta frase é afirmada no discurso indireto.

Herr Bauer erzählte, dass sie kein Geld **hätten**.	*O sr. Bauer disse que eles não têm dinheiro.*

Vamos ver mais alguns exemplos:

"Die Kinder sollen zu Hause bleiben."	*As crianças devem ficar em casa.*
Herr Bauer erzählte, dass die Kinder zu Hause bleiben **sollten**.	*O sr. Bauer disse que as crianças deveriam ficar em casa.*
"Ihr werdet alles in der Küche finden."	*Você encontrará tudo na cozinha.*
Herr Bauer erzählte, dass ihr alles in der Küche finden **würdet**.	*O sr. Bauer disse que você encontrará tudo na cozinha.*
"Sie verkaufen das groβe Haus."	*Eles vendem a casa grande.*
Herr Bauer erzählte, dass sie das groβe Hause **verkauften**.	*O sr. Bauer disse que eles estão vendendo a casa grande.*

Há uma tendência na linguagem falada de evitar a conjugação do subjuntivo presente e usar o subjuntivo passado exclusivamente. Compare os seguintes exemplos:

Alemão falado:

Sie sagte, dass ihr Mann wieder gesund **wäre**.	*Ela disse que seu marido está bem novamente.*
Sie sagte, dass ihr Mann in England gearbeitet **hätte**.	*Ela disse que seu marido tinha trabalhado na Inglaterra.*

Alemão escrito:

Sie sagte, dass ihr Mann wieder gesund **sei.**	*Ela disse que seu marido está bem novamente.*
Sie sagte, dass ihr Mann in England gearbeitet **habe.**	*Ela disse que seu marido tinha trabalhado na Inglaterra.*

Exercício Oral

Pratique, lendo em voz alta, a lista de frases abaixo.

Thomas sagte, dass Tina beim Arzt wäre.	*Tomas disse que Tina está no consultório do médico.*
Er sagte, dass Tina beim Arzt gewesen wäre.	*Ele disse que Tina estava no consultório do médico.*
Er sagte, dass Tina nicht arbeiten könnte.	*Ele disse que Tina não pode trabalhar.*
Er sagte, dass sie zu Hause bleiben müsste.	*Ele disse que ela tem que ficar em casa.*
Er sagte, dass sie sich den Arm gebrochen hätte.	*Ele disse que ela tinha quebrado o braço.*

Er sagte, dass sie nicht nach Bonn fahren würde.	*Ele disse que ela não viajaria para Bonn.*
Sie fragte, ob Erik in Berlin arbeiten wollte.	*Ela perguntou se Erik quer trabalhar em Berlim.*
Sie fragte, ob Erik Jura studiert hätte.	*Ela perguntou se Erik tinha estudado direito.*
Sie fragte, wo er früher gewohnt hätte.	*Ela perguntou onde ele tinha vivido anteriormente.*
Sie fragte, warum er nicht verheirat wäre.	*Ela perguntou por que ele não se casou.*
Sie fragte, wie viel er in Berlin verdienen könnte.	*Ela perguntou quanto ele pode ganhar em Berlim.*

Palavras Estrangeiras em Alemão

O alemão é muito parecido com o português em sua receptividade para adotar palavras estrangeiras visando enriquecer a linguagem. Há uma grande categoria de verbos alemães de origem estrangeira que terminam em **-ieren.** Você já encontrou vários deles. A lista abaixo o familiarizará com mais alguns verbos de alta frequência de uso desse tipo.

delegieren	*enviar como delegado, delegar*		
demonstrieren	*demonstrar*	notieren	*tomar nota de algo, anotar*
faszinieren	*fascinar*	produzieren	*produzir*
kontrollieren	*controlar*	programmieren	*programar*
kopieren	*copiar*	protestieren	*protestar*
manifestieren	*manifestar*	restaurieren	*restaurar*

Esses são apenas alguns exemplos. Esta é uma grande categoria de verbos e, à medida que você ganhar experiência com o alemão, você encontrará muitos mais.

O alemão emprestou vocabulário de várias fontes estrangeiras, incluindo o inglês. Aqui estão algumas dessas palavras a considerar:

anklicken	*clicar (num ícone)*	die Farce	*farsa*
chatten	*conversar (numa sala de bate papo)*	die Gala	*gala*
das Derby	*derby (corrida de cavalos)*	die Hardware	*hardware (computador)*
das Design	*design*	die Software	*Software*
das Happening	*acontecimento*	faxen	*fax*
das Internet	*internet*	intuitiv	*intuitivo*
das Motocross	*motocross*	invalid	*inválido (deficiente físico)*

der Browser	*browser*	nonchalant	*indiferente*
der Computer	*computador*	posten	*postar*
der Favorit	*favorito*	surfen	*surfar, navegar na internet*
der Manager	*gerente*	updated	*atualizado*

Embora esta lista de palavras e suas definições possam parecer óbvias, é sempre sábio consultar um dicionário para encontrar o significado preciso de uma palavra estrangeira em alemão. Há sempre nuances de significado ou usos da palavra que podem não estar aparente.

O verbo **fixieren**, por exemplo, é um verbo **-ieren**, que parece muito provável ter vindo de uma fonte estrangeira. E a raiz **fix-** sugere que o verbo significa consertar. Isto é bem verdade, mas o verbo não significa reparar. Este verbo significa *fixar os olhos em alguém ou algo.* Confie num dicionário para encontrar precisão.

Mais Expressões Idiomáticas

Expressões idiomáticas requerem uma explicação especial. Como no português e no inglês, o alemão tem uma variedade de expressões idiomáticas que nem sempre podem ser traduzidas literalmente. Considere esta frase em inglês: *Get a load of her.* Cada uma das palavras pode ser encontrada separadamente num dicionário, mas o significado (*Olhe para ela*) não será descoberto assim.

Vamos ver alguns exemplos úteis de expressões idiomáticas alemãs e frases especiais com suas traduções em português.

Das kommt darauf an.	*Isso depende.*
Du nimmst mich auf dem Arm.	*Você está puxando meu tapete.*
Er erzählte mir ein Ammenmärchen.	*Ele me contou uma história para boi dormir.*
Er hat schon lange ins Gras gebissen.	*Ele juntou as pernas há muito tempo.*
Er kam vom Regen in die Traufe.	*Ele saiu da panela para cair na frigideira.*
Er trägt sein Herz auf der Zunge.	*Ele está com o coração na boca.*
Es tut mir leid.	*Desculpe-me.*
Gott sei Dank!	*Graças a Deus.*
Hau ab!	*Saia fora!*
Ich brach das Schweigen, indem ich ihn zuerst anredete.	*Quebrei o gelo falando primeiro com ele.*
Ich habe ein Hühnchen mit dir zu rupfen.	*Tenho um osso para disputar com você.*
Stell dir mal vor!	*Só imagine!*
Was ist los?	*Qual é o problema?*
Wir wollen darum losen. Kopf oder Zahl?	*Vamos tirar a sorte. Par ou ímpar?*

TESTE RÁPIDO

Escreva as conjugações do subjuntivo presente e passado com os pronomes dados para cada um dos seguintes verbos:

1.	**Presente versuchen**	**Passado**	**Presente kommen**	**Passado**
ich	________	________	________	________
du	________	________	________	________
wir	________	________	________	________

2.	**Presente fahren**	**Passado**	**Presente gehen**	**Passado**
du	________	________	________	________
er	________	________	________	________
ihr	________	________	________	________

3.	**Presente brauchen**	**Passado**	**Presente aussehen**	**Passado**
ich	________	________	________	________
sie *(s.)*	________	________	________	________
Sie	________	________	________	________

4.	**Presente werden**	**Passado**	**Presente sein**	**Passado**
ich	________	________	________	________
du	________	________	________	________
sie *(pl.)*	________	________	________	________

Mude cada citação direta para discurso indireto, usando as frases dadas. Por exemplo:

Erik sagte, dass...

"Seine Mutter ist sehr krank."

Erik sagte, dass seine Mutter sehr krank sei.

5. Erik sagte, dass...

"Seine Freundin will in Darmstadt arbeiten."

____

"Niemand hat ihm etwas über den Film erzählt."

____

"Martin wird ein Buch für seine Frau kaufen."

____

"Unserer Freunde wollen einen neuen VW kaufen."

____

Die Lehrerin fragte, ob...

"Ist Herr Schneider bei euch zu Gast?"

____

"Hat Felix einen Bleistift gefunden?"

____

"Lernten die Schüler lesen und schreiben?"

____

"Wird die warme Sonne den Kranken gesund machen?"

____

Circule a letra da palavra ou frase que melhor completa cada lacuna.

6. Er sagte, dass ihre Eltern ein Kind adoptieren ______________.

a. wollten c. werde
b. mussten d. hätten

7. Die Zeitung ______________, dass die Dichterin gestorben sei.

a. konnte c. berichtete
b. sagt d. könnte

8. Niemand hat ihn gefragt, ______________ er unsere Verwandten kenne.

a. dass
b. weil
c. müsste
d. ob

9. Ich sagte zu der Wirtin, dass mein Zimmer zu klein ______________.

a. wäre
b. hätte
c. seien
d. habe

10. Sie fragte Frau Benz, ______________ sie sich die Hände waschen könnten.

a. dass
b. wo
c. denn
d. für wen

capítulo 20

Expressando Desejos e Condições

Neste capítulo você encontrará mais uma discussão sobre o modo subjuntivo e seus usos. Além disso, sentenças infinitivas serão apresentadas.

OBJETIVOS DO CAPÍTULO

Neste capítulo você aprenderá:

- Desejos com o Subjuntivo
- Subjuntivo com *Als Ob*
- Condições com o Subjuntivo
- Verbos Irregulares no Subjuntivo
- A Ser Polido com o Subjuntivo
- Sentenças Infinitivas

Expressando Desejos com o Subjuntivo

O passado do subjuntivo é usado de outros modos além do discurso indireto. É a forma conjugacional necessária para expressar desejos. Em tais expressões é frequentemente acompanhado pela conjunção **wenn** (se). Mas a declaração de um desejo ainda fica correta se o **wenn** for omitido. Considere os seguintes exemplos:

Wenn ich nur noch jung wäre! Wäre ich nur noch jung!	*Se eu ainda fosse jovem!*
Wenn wir nur mehr Geld hätten! Hätten wir nur mehr Geld!	*Se nós tivéssemos mais dinheiro.*

Exercício Oral

Pratique, dizendo em voz alta, a lista de frases abaixo:

Wären wir doch in unserer Heimat! Wenn wir doch in unserer Heimat wären!	*Se estivéssemos na nossa terra natal!*
Hätte sie doch ihren Mann nie verlassen! Wenn sie doch ihren Mann nie velassen hätte!	*Se ela nunca tivesse deixado seu marido!*
Hätte er doch mehr Mut! Wenn er doch mehr Mut hätte!	*Se ele tivesse tido mais coragem!*
Könnte ich ihm doch helfen! Wenn ich ihm doch helfen könnte!	*Se eu pudesse ajudá-lo!*
Wäret ihr nur bei mir! Wenn ihr nur bei mir wäret!	*Se você ficasse só comigo!*
Wäre das Kind nur wieder gesund! Wenn das Kind nur wieder gesund wäre!	*Se as crianças ficassem saudáveis novamente!*
Hätten wir doch mehr Glück gehabt! Wenn wir doch mehr Glück gehabt hätten!	*Se nós tivéssemos tido mais sorte!*
Wäre er nur früher gekommen! Wenn er nur früher gekommen wäre!	*Se ele tivesse chegado mais cedo!*

Você notará que há dois tempos inferidos pelos desejos como esses ilustrados: um desejo no presente e um desejo no passado. Por exemplo:

Wenn er doch mehr Mut hätte!	*Se ele tivesse mais coragem!*
Wenn er doch mehr Mut gehabt hätte!	*Se ele tivesse tido mais coragem!*

Expressões de desejo ocorrem só nessas duas formas. Naturalmente, se o desejo no passado usa um verbo de movimento ou um verbo intransitivo, o auxiliar **sein** deve ser usado.

Käme sie nur früher!	*Se ela chegasse mais cedo!*
Wäre sie nur früher gekommen!	*Se ela tivesse chegado mais cedo!*

Subjuntivo com *Als Ob*

A conjunção **als ob** (*como se*) (às vezes usada como **als wenn**) apresenta uma sentença subordinativa que requer um verbo no subjuntivo passado. Já que a sentença é uma sentença subordinativa, o verbo conjugado é o último elemento da sentença.

Er tut so, als ob er alles wüsste.	*Ele agiu como se soubesse tudo.*
Sie sprach, als ob sie viel intelligenter wäre.	*Ela falou como se fosse muito mais inteligente.*

Exercício Escrito 1

Complete cada frase com as frases dadas.

1. Erik tat so, als ob...

   Er ist sehr klug. (**klug** = *esperto*)

   ____.

   Er ist plötzlich reich geworden.

   ____.

   Er kann diese Probleme lösen.

   ____.

   Er hat den Kanzler schon kennen gelernt.

   ____.

2. Sie schrie, als ob...

   Sie hat ein Ungeheuer gesehen. (**das Ungeheuer** = *monstro*)

   ____.

   Sie muss sterben.

   ____.

Sie ist washnsinnig. (**wahnsinnig** = *insano / insana*)

____.

Sie kann nicht schwimmen.

____.

Expressando Condições com o Subjuntivo

A conjunção **wenn** é usada para expressar uma condição (o subjuntivo condicional). Ela afirma que se uma certa condição é obtida, certo resultado ocorrerá. Por exemplo:

Condição →	**Resultado**
Wenn Bonn nicht so weit wäre,	führen wir dorthin.
Condição: *Se Bonn não fosse tão longe,*	Resultado: nós *teríamos dirigido por lá.*

Na sentença que mostra o resultado (a sentença sem **wenn**), é comum usar **würde** mais um infinitivo no lugar do verbo no subjuntivo passado. Nesse caso, o exemplo anterior ficará assim:

Wenn Bonn nicht so weit wäre, **würden** wir dorthin **fahren**.	*Se Bonn não fosse tão longe, nós teríamos dirigido por lá.*

A estrutura de **würde** mais um infinitivo é amplamente usada na sentença sem **wenn**. Porém, se o tempo do verbo for um tempo perfeito ou se o verbo conjugado é um modal, a estrutura **würde + infinitivo** pode ser evitada. Por exemplo:

Um Verbo Único: brauchen

Wenn ich gesund wäre, würde ich den Arzt nicht brauchen.	*Se eu estivesse bem, não precisaria de um médico.*

Futuro:

Wenn ich gesund wäre, würde ich morgen nach Spanien reisen.	*Se eu estivesse bem, viajaria para a Espanha amanhã.*

Auxiliar Modal:

Wenn ich gesund wäre, könnte ich ins Kino gehen.	*Se eu estivesse bem, poderia ir ao cinema.*

Tempo Perfeito:

Wenn ich gesund gewesen wäre, hätte ich meinen Onkel in Bonn besucht.	*Se eu tivesse estado bem, eu teria visitado meu tio em Bonn.*

Exercício Escrito 2

Usando **wenn** na primeira sentença, combine os seguintes pares de frases. Por exemplo:

Wir haben mehr Zeit. Wir gehen ins Kino.

Wenn wir mehr Ziet hätten, würden wir ins Kino gehen.

1. Ich verstehe Deutsch. Ich lese diese Bücher.

____.

2. Wir können ihm helfen. Er ist glücklich.

____.

3. Sie haben ihm mehr Geld gegeben. Er hat das neue Haus gekauft.

____.

4. Ich habe im Lotto gewonnen. Ich bin nach Amerika geflogen.

____.

5. Der Schüler ist fleiβiger gewesen. Er hat das Gedicht auswendig gelernt.

____.

Verbos Irregulares no Subjuntivo

Alguns verbos não formam o subjuntivo passado da maneira normal. Examine a lista abaixo e tome nota dessas exceções das formas do passado do subjuntivo.

Infinitivo		**Passado do Subjuntivo**
empfehlen	*recomendar*	empföhle
gelten	*ser válido; valer*	gölte *ou* gälte
helfen	*ajudar*	hülfe
schwimmen	*nadar*	schwömme
schwören	*jurar, amaldiçoar*	schwüre
stehen	*ficar de pé*	stünde *ou* stände
sterben	*morrer*	stürbe
verderben	*arruinar, estragar*	verdürbe
verstehen	*entender*	verstünde *ou* verstände
werben	*recrutar, cortejar*	würbe
werfen	*jogar fora, arremessar*	würfe

Exercício Oral

Faixa 75

Pratique, lendo em voz alta a lista de frases abaixo:

Wenn ich älter wäre, würde ich in Frankreich arbeiten.	*Se eu fosse mais velho, poderia trabalhar na França.*
Wenn ich älter wäre, könnte ich in Berlin studieren.	*Se eu fosse mais velho, poderia estudar em Berlim.*
Wenn ich älter wäre, müsste ich bei meinem Onkel wohnen.	*Se eu fosse mais velho, poderia viver na casa do meu tio.*
Wenn ich älter wäre, müsste ich meinen eigenen Wagen kaufen.	*Se eu fosse mais velho, eu teria que comprar meu próprio carro.*
Sie hätte mir geholfen, wenn sie mehr Zeit gehabt hätte.	*Ela teria me ajudado, se ela tivesse tido mais tempo.*
Sie hätte mir geholfen, wenn sie in der Nähe gewohnt hätte.	*Ela teria me ajudado, se ela morasse na área.*
Sie hätte mir geholfen, wenn sie nicht so krank gewesen wäre.	*Ela teria me ajudado, se ela não estivesse tão doente.*
Sie hätte mir geholfen, wenn ihr Wagen repariert worden wäre.	*Ela teria me ajudado, se seu carro não estivesse sendo consertado.*

Sendo Polido com o Subjuntivo

Para soar mais polido, é comum usar o subjuntivo passado **möchte** (gostaria) no lugar de **wollen** (querer).

Ich will ein Stück Kuchen.	*Eu quero um pedaço de bolo.*
Ich **möchte** ein Stück Kuchen.	*Eu **gostaria** de um pedaço de bolo.*
Was wollen Sie essen?	*O que você quer comer?*
Was **möchten** Sie essen?	*O que você **gostaria** de comer?*

Sentenças Infinitivas

Às vezes, em alemão, **zu** é adicionado ao infinitivo. Essa combinação é chamada de sentença infinitiva. Sentenças infinitivas são frequentemente usadas acompanhando **viel (es)**, **etwas** e **nichts**. Por exemplo:

Es gibt viel zu tun.	*Há muita coisa a fazer.*
Ich habe etwas zu sagen.	*Eu tenho algo a dizer.*
Gibt es nichts zu trinken?	*Não há nada para beber?*

Se um infinitivo tem um prefixo inseparável (**be-**, **emp-**, **ent-**, **er-**, **ge-**, **ver-** ou **zer-**), **zu** numa frase infinitiva precederá o verbo.

Er hatte etwas zu verkaufen. — *Ele tinha algo para vender.*

Se o infinitivo tem um prefixo separável (**an-**, **ein-**, **durch-**, **mit-**, **vor-** ou **zu-**), **zu** ficará entre o prefixo e o infinitivo e a frase será escrita como uma palavra.

Er findet etwas anzuziehen. — *Ele encontra algo para vestir.*

Você também deve usar uma frase infinitiva após **etwas** e **nichts** quando elas são seguidas por um adjetivo usado como um substantivo.

Der Soldat hat nichts **Neues** zu berichten. — *O soldado não tem nada* ***novo*** *para relatar.*

Der Künstler fand etwas **Interessantes** zu malen. — *O artista encontrou algo* ***interessante*** *para pintar.*

Es como um Sinal para uma Sentença Infinitiva

Frases que usam o pronome **es** como seu sujeito podem indicar a necessidade de uma sentença infinitiva.

Es ist wichtig sich jeden Tag zu duschen. — *É importante tomar banho todos os dias.*

Es war schwer mit dem alten Mann zu reden. — *Foi difícil falar com o ancião.*

Es fiel mir micht ein, Geld von ihm zu borgen. — *Não me ocorreu pedir dinheiro emprestado para ele.*

Exercício Escrito 3

Mude as frases entre parênteses para sentenças infinitivas, anexando-as às frases dadas. Por exemplo:

Es was schwer...

(Sie tanzt mit Erik)

Es war schwer mit Erik zu tanzen.

1. Es ist sehr wichtig...

   (Die Kinder trinken genug Milch.)

   ____ .

(Er arbeitet fleiβig).

______________________________.

(Wir kommen pünktlich an.)

______________________________.

(Sie helfen alten Menschen.)

______________________________.

(Sie hat gute Freunde.)

______________________________.

(Wir sind höflich. [höflich = *polido*])

______________________________.

Frases que Requerem uma Sentença Infinitiva

Há algumas frases específicas que sempre requerem uma sentença infinitiva. Elas começam com uma preposição e terminam com a sentença infinitiva.

Anstatt...zu *Ao invés de* Ohne...zu *sem (fazer algo)* um...zu *com a finalidade de*

Sentenças formadas com essas três estruturas podem preceder ou seguir a sentença principal da frase.

Helga borgte Geld, anstatt Arbeit zu suchen.	*Helga pegou dinheiro emprestado ao invés de procurar emprego.*
Er fuhr nach Hause, ohne uns zu helfen.	*Ele foi para casa sem nos ajudar.*
Um Geld zu verdienen, musste Erik nach Leipzig ziehen.	*Com a finalidade de ganhar dinheiro, Erik teve que se mudar para Leipzig.*

Exercício Escrito 4

Mude as frases entre parênteses para sentenças infinitivas, anexando-as às frases dadas. Por exemplo:

Er kam in die Küche, ohne...

(Er wäscht sich die Hände.)

Er kam in die Küche, ohne sich die Hände zu waschen.

1. Er kam in die Küche, ohne...

   (Er grüsst seine Mutter.)

   ______________________________.

(Er hilft seine Mutter.)

____.

(Er macht die Tür zu.)

____.

2. Karin arbeitet in Berlin, um...

(Sie verdient mehr Geld.)

____.

(Sie wohnt bei einer Tante.)

____.

(Sie besucht die großen Museen.)

____.

3. Die Kinder stehen an der Ecke, anstatt...

(Sie gehen zur Schule.)

____.

(Sie besuchen ihren kranken Onkel.)

____.

(Sie beeilen sich nach Hause zu kommen.)

____.

Outras Estruturas Verbais com Sentenças Infinitivas

Até aqui, você lidou com sentenças infinitivas que consistem de **zu** e um único verbo: **zu gehen**, **anzuziehen**, **zu besuchen** e assim por diante. Mas outras estruturas verbais também podem ocorrer em sentenças infinitivas.

Modais

Er **kann** seinen Onkel **besuchen**.	*Ele **pode visitar** seu tio.*
Er spart sein Geld, um seinen Onkel **besuchen zu können**.	*Ele economiza seu dinheiro **para poder visitar** seu tio.*

Perfeito

Er **hat** einen Schatz **gefunden**.	*Ele **encontrou** um tesouro.*
Er glaubt einen Schatz **gefunden zu haben**.	*Ele acredita **ter encontrado** um tesouro.*
Er **ist** in die Hauptstadt **geflogen**.	*Ele **voou** para a capital.*
Er behauptet in die Hauptstadt **geflogen zu sein**.	*Ele declara **ter voado** para a capital.*

Passivo

Er **wird** von einem Freund **besucht**.	*Ele **é visitado** por um amigo.*
Er behauptet von einem Freund **besucht zu werden**.	*Ele declara **ter sido visitado** por um amigo.*
Er **ist verhaftet worden**.	*Ele **foi** preso.*
Er schämte sich **verhaftet worden zu sein**.	*Ele teve vergonha de **ter sido** preso.*

Em cada um dos exemplos anteriores, o verbo conjugado da primeira frase se torna o infinitivo precedido por **zu** na sentença infinitiva. Isto ocorre se o verbo conjugado for um auxiliar modal, o auxiliar num tempo perfeito ou o auxiliar de uma estrutura passiva.

Kann besuchen	→	*besuchen zu können*
hat gefunden	→	*gefunden zu haben*
ist geflogen	→	*geflogen zu sein*
wird besucht	→	*besucht zu werden*
ist besucht worden	→	*besucht worden zu sein*

Exercício Escrito 5

Reescreva cada uma das seguintes frases verbais como uma sentença infinitiva com **zu**. Considere o que cada sentença infinitiva significa.

1. muss arbeiten ____________________
2. soll vergessen ____________________
3. will sprechen ____________________
4. hat gelernt ____________________
5. hat verstanden ____________________
6. ist gewesen ____________________
7. ist mitgegangen ____________________
8. wird zerstört ____________________
9. wurde aufgemacht ____________________
10. ist bewundert worden ____________________

Exercício Escrito 6

Circule a letra da palavra ou frase que melhor complete cada lacuna.

1. Das Kind schrie, ______ es ein Ungeheuer gesehen hätte.
   (a) wenn (c) ob
   (b) wohin (d) als ob

2. Karl hilft Karin, ______ uns zu helfen.
   (a) anstatt (c) von ihm
   (b) als wenn (d) von ihnen

3. Der Dieb wäre glücklich gewesen, wenn ihn niemand__________.
   (a) geblieben wäre (c) gesehen hätte
   (b) ankommen würde (d) geglaubt würde

4. __________ du mir glaubtest, könnte ich dir damit helfen.
   (a) Als ob (c) Anstatt
   (b) Wenn (d) Ohne zu

5. Thomas ging zur Schule, _________ sich die Haare zu kämmen.
   (a) ohne (c) wenn
   (b) als ob (d) denn

6. Wenn er dich kennte,_________ er dich einladen.
   (a) soll (c) würde
   (b) möchten (d) hätte

7. ______ mein Mann, nur hier!
   (a) Wäre (c) Möchte
   (b) Könnte (d) Hätte

8. Wenn der alte Mann _______, würde seine Frau weinen.
   (a) verstand (c) gehabt habe
   (b) müsste (d) stürbe

9. Die Schauspielerin lächelte, als ob ich etwas Dummes_________.
   (a) gesagt hätte (c) verkaufen werde
   (b) geflogen wäre (d) bewundert worden wäre

10. Wenn ich doch bei meinen Eltern ___________ !
    (a) hülfe (c) müsste
    (b) wäre (d) möchte

11. Wenn ich plötzlich reich würde, dann __________ ich viele neue Freunde.
    (a) fände (c) gegeben hätte
    (b) gäbe (d) gefunden worden wäre

12. Felix ________, als ob er nicht verstanden hätte.
    (a) machte zu (c) tat so
    (b) sprecht (d) glaubte

13. Gudrun redete, als ob sie alles _______ .
    (a) wüsste (c) geschrieben würde
    (b) erwartet (d) fahren möchte

14. Es ist wichtig gut fahren _______ können.
    (a) hätte (c) ob
    (b) wäre (d) zu

15. Wenn ich das Geld gefunden hätte, hätte ich es Ihnen ___________ .
    (a) verloren (c) geben können
    (b) verhaftet worden (d) vorgestellt

TESTE RÁPIDO

Escreva o subjuntivo do passado e o condicional presente dos seguintes verbos na terceira pessoa do singular. Por exemplo:

gehen *ginge* *würde gehen*

1. **tragen** ________ ________
   bringen ________ ________
   versuchen ________ ________
   werden ________ ________
   sein ________ ________
   lassen ________ ________
   aussehen ________ ________
   helfen ________ ________
   verstehen ________ ________
   wissen ________ ________

Reescreva cada frase para incluir as frases entre parênteses, tornando-as o resultado de uma afirmativa condicional. Por exemplo:

Wenn er hier wäre, ________

(Er hilft mir.)

Wenn er hier wäre, würde er mir helfen.

2. **Wenn er hier wäre,** ________
   (Er spricht mit Onkel Peter.)
   ____
   (Ich kann ihm ein Geschenk geben.)
   ____
   (Er muss auf dem Sofa schlafen.)
   ____

3. **Wenn das Wetter besser gewesen wäre,** ________
   (Die Kinder haben im Garten gespielt.)
   ____
   (Der Wagen ist repariert worden.)
   ____
   (Ich bin früher nach Hause gegangen.)
   ____

4. Wenn ____________, würde sie uns Eis kaufen.

(Sie hat mehr Geld.)

____

(Die jüngeren Kinder sind hier.)

____

(Es wird sehr heiβ.)

____

Reescreva cada frase para incluir as frases entre parênteses. Por exemplo:

Er lacht, als ob...

(Die Geschichte ist dumm.)

Er lacht, als ob die Geschichte dumm wäre.

5. Sie tat so, als ob...

(Sie kann alles verstehen.)

____

(Sie ist so klug.)

____

(Wir werden ihr damit helfen.)

____

Reescreva cada frase formando sentenças infinitivas a partir das frases entre parênteses. Por exemplo:

Es ist wichtig...

(Wir verstehen das Problem.)

Es ist wichtig das Problem zu verstehen.

6. Es ist oft schwer...

(Wir glauben einem Dieb.)

____

(Ich finde interessante Bücher.)

____

(Sie bleiben im Hotel, wenn das Wetter schön ist.)

____

7. Er ist nach Wien gereist, um...

(Er sucht Arbeit.)

____

(Er kann an der Universität studieren)

____

(Er geht in die Oper.)

____

8. **Er hat immer behauptet...**

   (Er ist ein Freund von mir.)

   ____

   (Er kann vier Sprachen sprechen.)

   ____

   (Er hat die Kanzlerin kennen gelernt.)

   ____

9. **Die Kinder kamen nach Hause, ohne...**

   (Sie waschen sich die Hände.)

   ____

   (Sie haben Brot und Milch gekauft.)

   ____

   (Sie haben ihre Freunde mitgebacht.)

   ____

10. **Martin wollte bis zehn Uhr schlafen, anstatt...**

    (Er fährt in die Stadt.)

    ____

    (Er lässt den alten Wagen reparieren.)

    ____

    (Er hilft seinem Vater.)

    ____

Ainda com Dificuldades?

As declinações em alemão requerem estar atento aos sinais que determinam qual caso usar e as preposições são importantes sinais desse tipo. Não deixe de consultar o Apêndice B: Preposições e Seus Casos Obrigatórios, no final deste livro.

TESTE DA PARTE QUATRO

Combine cada primeira frase com a frase que a segue, de modo que cada frase tenha uma sentença relativa com um artigo definido e um pronome relativo. Então reescreva as novas frases usando **welcher** como o pronome relativo. Por exemplo:

Er hat ein Auto.

Er wird das Auto reparieren lassen.

Er hat ein Auto, das er wird reparieren lassen.

Er hat ein Auto, welches er wird reparieren lassen.

1. Die Männer haben wenig Freizeit.

Ich arbeite mit den Männern in einer Fabrik.

____

____

2. Sie haben das Dorf besichtigt.

Meine Tante ist in dem Dorf geboren.

____

____

Complete a seguinte frase com a que segue, formando-a como uma sentença relativa.

3. Die Kinder finden alles, ...

Ihre Eltern haben alles versteckt.

____

____

Escreva cada uma das seguintes frases passivas nos tempos mostrados com os pronomes dados.

4. werden vorgestellt

pres. **ich** ____________________________

passado **du** ____________________________

part. pass. **er** ____________________________

futuro **wir** ____________________________

5. muss verhaftet werden

pres. **ich** ______________________________

passado **du** ______________________________

part. pass. **ihr** ______________________________

futuro **Sie** ______________________________

Reescreva as seguintes frases da voz ativa na voz passiva. Mantenha os tempos das frases originais da voz ativa.

6. Die Lehrer haben das Examen diskutiert.

____

7. Wir werden ein neues Haus kaufen.

____

8. Die Wirtin stellt den neuen Mieter vor.

____

Reescreva cada frase, acrescentando os adjetivos dados entre parênteses. Por exemplo:

Ich besuche eine __________ Frau.

(alt) *Ich besuche eine alte Frau.*

9. Habt ihr einen ______________ Bären gesehen?

(groβ) ______________________________

10. Die Töchter dieser ______________ Frau arbeiten in Kiel.

(alt) ______________________________

11. Alle ________________ Kinder müssen an der Ecke warten.

(jünger) ______________________________

Forme os três imperativos para os verbos dados.

12.	**du**	**ihr**	**Sie**
treffen	________	________	________
aufmachen	________	________	________
sehen	________	________	________
sein	________	________	________
werden	________	________	________

Dê as terminações adjetivas adequadas para cada espaço, nos casos dados.

13.	nom.	ein guter Mann	______
	acus.	______	deine letzte Frage
	dat.	______	______
	acus.	dieses kleine Haus	______
	dat.	______	______
	gen.	______	meiner alten Handschuhe

Escreva as conjugações do subjuntivo presente e passado com os pronomes dados para cada um dos seguintes verbos.

		Presente do Subjuntivo	Passado do Subjuntivo
14.	vorstellen	______	______
	ich	______	______
	du	______	______
	er	______	______
15.	werden	______	______
	wir	______	______
	ihr	______	______
	Sie	______	______
16.	sein	______	______
	ich	______	______
	sie *s.*	______	______
	Sie pl.	______	______

Reescreva cada frase com as citações diretas, formando uma afirmativa em discurso indireto. Por exemplo:

Erik sagte, dass...

"Seine Mutter ist sehr krank."

Erik sagte, dass seine Mutter sehr krank sei.

17. Frau Schneider sagte, dass...

"Ihr Bruder will in der Hauptstadt wohnen."

____

"Niemand wird ihr darüber erzählen."

____

"Die Touristen werden sich morgen mit der Kanzlerin treffen."

____

Der Beamte fragte, ob...

"Ist das ihr Koffer?"

____

"Ist der Wagen repariert worden?"

____

"Haben die Ausländer ihre Fahrkarten bekommen?"

____

Complete cada frase com as frases entre parênteses, usando-as como resultado de uma declaração condicional. Por exemplo:

Wenn er hier wäre...

(Er hilft mir.)

Wenn er hier wäre, würde er mir helfen.

18. Wenn er hier wäre, ...

(Tina kann mit ihm sprechen.)

____

(Wir fahren mit ihm in die Stadt.)

____

19. Wenn das Wetter besser gewesen wäre, ...

(Ich bin in die Berge gefahren.)

____

(Sie haben zum Stadtpark gehen können.)

____

Complete cada frase com as frases entre parênteses. Por exemplo:

Er lacht, als ob...

(Die Geschichte ist dumm.)

Er lacht, als ob die Geschichte dumm wäre.

20. Er tat so, als ob...

(Er hat alles verstanden.)

____

(Er kann sein Geld nicht finden.)

____

(Er hat mich gar nicht gesehen.)

____

Der Student spricht, als ob...

(Er ist sehr klug.)

____

(Wir wollen ihm nicht helfen.)

____

(Er kennt mich nicht.)

____

Complete a seguinte frase formando sentenças infinitivas a partir das frases entre parênteses. Por exemplo:

Es ist wichtig...

(Wir verstehen das Problem.)

Es ist wichtig das Problem zu verstehen.

21. Sie fahren in die Schweiz, um...

(Sie besuchen Freunde.)

____

(Sie kaufen ein kleines Haus in den Bergen.)

____

(Sie fotografieren die alten Dörfer.)

____

Circule a letra das palavras ou frases que melhor completam cada lacuna.

22. Martin hat die neue Schülerin _______________.

(a) gefallen (c) gern

(b) würde sehen (d) besuchen

23. Tina, __________ mich bitte an!

(a) ruf (c) bleiben Sie

(b) kommt (d) aussehen

24. Mein Sohn will sein braunes ________________ anziehen.

(a) Leute (c) Schuhe

(b) Hemd (d) Handschuh

25. Der alte Mann fragt uns, ________ der nächste Zug kommen wird.

(a) wenn (c) wie viel

(b) haben gewusst (d) um wie viel Uh

Teste Final

Circule a letra da palavra ou frase que melhor completa cada frase.

1. **__________ ist das?**

   A. Frau Schneider B. Name C. Was D. Nicht

2. **Der Student ________ Martin.**

   A. heißt B. wie C. Herr D. Frau

3. **____________ ist das Konzert?**

   A. Wann B. Gestern C. Ja D. Wer

4. **Ist die Frau Ihre Mutter __________ Ihre Tante?**

   A. oder B. trotz C. wenn D. sehr

5. **Wie ______________ CDs hast du?**

   A. keine B. lange C. viele D. mehr

6. **______________ wird heiß.**

   A. Diese Uhr B. Der Ofen C. Seine Briefe D. Unsere Blumen

7. **Mein Sohn ____________ seine Lehrerin.**

   A. sieht B. besuchen C. bekamt D. wurden

8. **Das Kind nimmt ein ____________ Milch.**

   A. groß B. kleine C. Dorf D. Glas

9. **Wir _________ sie, wo das neue Restaurant ist.**

   A. fragen B. spielen C. werden D. haben

10. **____________ fahrt ihr morgen?**

    A. Heute B. Wohin C. Wer D. Zu Hause

11. **Wir wohnen _________in der Hauptstadt.**
    A. sehr **B.** neu **C.** spät **D.** jetzt

12. **Die__________ist nicht sehr groß.**
    A. Brief **B.** Schule **C.** Haus **D.** Kinder

13. **Die Touristen sind_____________gefahren.**
    A. zu Fuß **B.** mit dem Zug **C.** zu Hause **D.** nächste Woche

14. **Kennen Sie___________ Bruder?**
    A. meinen **B.** euer **C.** Ihre **D.** unserem

15. **Meine Freundin kommt _______________ spät zur Party.**
    A. warum **B.** wie viel **C.** sehr **D.** kein

16. **Der alte Mann _______________ ein neues Hemd.**
    A. brauchten **B.** trägt **C.** wollt **D.** gekauft

17. **Ich_______________nicht, wer da wohnt.**
    A. weiß **B.** habe **C.** kennen **D.** sagen

18. **Sie können_______________Freitag warten.**
    A. bis **B.** ans **C.** an **D.** mit

19. **Ihre Kinder_______________kein Brot.**
    A. hatte B. gingen mit C. aßen **D.** verstanden

20. **Sie hatten nur sechs ___________.**
    A. Affe **B.** Wohnung **C.** Bleistifte **D.** Schwester

21. **Bist du vom Theater _______________Bahnhof gegangen?**
    A. im **B.** zum **C.** ohne **D.** wider

22. **Wir haben mehr als eine Stunde ____________euch gewartet.**
    A. heute **B.** vom **C.** getan **D.** auf

23. **Hast du diesen Roman___________?**
    A. ohne einen Freund **B.** gelesen **C.** schreibst **D.** zu deinen Eltern

24. **Die junge Dame hat mit meinem Kind_____________.**
    A. gespielt **B.** aufgemacht **C.** verstanden **D.** erkannt

25. **Der neue Schüler hat _______________gespielt.**
    A. besser **B.** schlechten **C.** gute **D.** keiner

26. Ihre Groβmutter_________sehr krank ausgesehen.

A. hat B. nach C. noch D. war

27.Die neue Wohnung____________ist sehr klein.

A. unserer Nachbarin B. meinem Enkel C. dieser Ausländer D. der Zeit

28. Er hatte ein Geschenk für____________.

A. diesem Herrn B. seinen Sohn C. ihr D. dir

29. _________Brille hat er gefunden?

A. Wessen B. Unserer C. Mein D. Etwas

30. Morgen fliegen wir ____________München.

A. im B. ohne C. in D. nach

31. Meine Tochter studiert____________einer Universität in Deutschland.

A. vor B. vom C. durch D. an

32. Deutschland liegt in____________.

A. Europa B. April C. Winter D. Berlin

33. Die ____________Italiens ist Rom.

A. Leute B. Haupstadt C. Länder D. Osten

34. Ich kann dir nicht______________.

A. helfen B. finden C. sehen D. gehabt

35. Wann_____________Tina nach Hause kommen?

A. können B. würde C. wird D. ist

36. Meine Schwester ist________als mein Bruder.

A. älter B. klein C. am schnellsten D. junge

37. Während des ____________wohnten sie in London.

A. Haus B. Krieges C. Sommer D. Wagens

38. Ich ziehe ______________eine blaue Bluse an.

A. unser B. dich C. mir D. sich

39. Die Männer,_________in einer Fabrik arbeiten, sind meine Freunde.

A. der B. die C. denen D. deren

40. Wir fahren nach Paris, _______________Freunde zu besuchen.

A. ob B. um C. wegen D. trotz

41. **Der Kanzler hat etwas ___________ zu sagen.**
A. wichtiges B. nichts C. neu D. intelligent

42. **Die Fenster sind aufgemacht_____________.**
A. geworden B. haben C. worden D. gehabt

43. **Sie erzählte, dass der alte Mann kein Geld __________.**
A. bekommt B. habe C. wollen D. gegeben

44. **Wenn ich in Bonn wäre, _____________ ich bei meiner Tante wohnen.**
A. kann B. könne C. würde D. worden

45. **Martin fragte, _______________ Helga bei euch zu Gast wäre.**
A. ob B. als ob C. dass D. wessen

46. **_____________ er mehr Geld hätte, könnte er eine Afrikareise machen.**
A. Als B. Weil C. Als ob D. Wenn

47. **Die Tochter des Lehrers tanzte_____________.**
A. schlechte B. am besten C. konnte D. längere

48. **Der Film fängt um_________ Uhr an.**
A. neunzehn B. einundzwanzigste C. zweiundzwanzigsten D. spät

49. **Die Schauspielerin ist_____________ 1941 gestorben.**
A. Haupstadt B. geboren C. im Jahre D. jünger

50. **Martin hat die neue Studentin _____________.**
A. gewesen B. etwas C. studieren D. gern

Apêndice A

Partes Principais dos Verbos Irregulares

As segunda e terceira pessoas do singular são apresentados no tempo presente em toda a lista abaixo. No passado e no subjuntivo passado, somente a terceira pessoa do singular é ilustrada. Você verá, porém, que nas conjugações do presente dos verbos **sein** e **tun**, todas as pessoas estão ilustradas.

Indicativo Infinitivo	**Presente**	**Passado**	**Particípio Passado**	**Subjuntivo Passado**
backen	bäckst bäckt	buk / backte	gebacken	büke / backte
befehlen	befiehlst befiehlt	befahl	befohlen	beföhle
beginnen	beginnst beginnt	begann	begonnen	begönne
beiβen	beiβt beiβt	biss	gebissen	bisse
bergen	birgst birgt	barg	geborgen	bürge
bersten	birst birst	barst	geborsten	börste
betrügen	betrügst betrügt	betrog	betrogen	betröge
bewegen	bewegst bewegt	bewog	bewogen	bewöge
biegen	biegst biegt	bog	gebogen	böge

Indicativo Infinitivo	Presente	Passado	Particípio Passado	Subjuntivo Passado
bieten	bietest bietet	bot	geboten	böte
binden	bindest bindet	band	gebunden	bände
bitten	bittest bittet	bat	gebeten	bäte
blasen	bläst bläst	blies	geblasen	bliese
bleiben	bleibst bleibt	blieb	geblieben	bliebe
bleichen	bleichst bleicht	blich	geblichen	bliche
braten	brätst brät	briet	gebraten	briete
brechen	brichst bricht	brach	gebrochen	bräche
brennen	brennst brennt	brannte	gebrannt	brennte
bringen	bringst bringt	brachte	gebracht	brächte
denken	denkst denkt	dachte	gedacht	dächte
dingen	dingst dingt	dingte / dang	gedungen	dingte
dreschen	drischst drischt	drosch	gedroschen	drösche
dringen	dringst dringt	drang	gedrungen	dränge
dürfen	darfst darf	durfte	gedurft	dürfte
empfangen	empfängst empfängt	empfing	empfangen	empfinge
empfehlen	empfiehlst empfiehlt	empfahl	empfohlen	empföhle
empfinden	empfindest empfindet	empfand	empfunden	empfände
erlöschen	erlischst erlischt	erlosch	erloschen	erlösche
erschrecken	erschrickst erschrickt	erschrak	erschrocken	erschäke

Indicativo				Subjuntivo
Infinitivo	**Presente**	**Passado**	**Particípio Passado**	**Passado**
erwägen	erwägst erwägt	erwog	erwogen	erwöge
essen	isst isst	aβ	gegessen	ässe
fahren	fährst fährt	fuhr	gefahren	führe
fallen	fällst fällt	fiel	gefallen	fiele
fangen	fängst fängt	fing	gefangen	finge
fechten	fichtest ficht	focht	gefochten	föchte
finden	findest findet	fand	gefunden	fände
flechten	flichtst flicht	flocht	geflochten	flöchte
fliegen	fliegst fliegt	flog	geflogen	flöge
fliehen	fliehst flieht	floh	geflohen	flöhe
flieβen	flieβt flieβt	floss	geflossen	flösse
fressen	frisst frisst	fraβ	gefressen	frässe
frieren	frierst friert	fror	gefroren	fröre
gären	gärst gärt	gor	gegoren	göre
gebären	gebierst gebiert	gebar	geboren	gebäre
geben	gibst gibt	gab	gegeben	gäbe
gedeihen	gedeihst gedeiht	gedieh	gediehen	gediehe
gehen	gehst geht	ging	gegangern	ginge
gelten	giltst gilt	galt	gegolten	gälte / gölte
genesen	genest genest	genas	genesen	genäse

Indicativo Infinitivo	Presente	Passado	Particípio Passado	Subjuntivo Passado
genießen	gebießt genießt	genoss	genossen	genösse
geraten	gerätst gerät	geriet	geraten	geriete
gewinnen	gewinnst gewinnt	gewann	gewonnen	gewänne / gewönne
gießen	gießt gießt	goss	gegossen	gösse
gleichen	gleichst gleicht	glich	geglichen	gliche
gleiten	gleitest gleitet	glitt	geglitten	glitte
glimmen	glimmst glimmt	glomm/ glimmte	geglommen / geglimmt	glömme
graben	gräbst gräbt	grub	gegraben	grübe
greifen	greifst greift	griff	gegriffen	griffe
haben	hast hat	hatte	gehabt	hätte
halten	hältst hält	hielt	gehalten	hielte
hängen	hängst hängt	hing	gehangen	hinge
hauen	haust haut	hieb	gehauen	hiebe
heben	hebst hebt	hob	gehoben	höbe
heißen	heißt heißt	hieß	geheißen	hieße
helfen	hilfst hilft	half	geholfen	hülfe
kennen	kennst kennt	kannte	gekannt	kennte
klimmen	klimmst klimmt	klomm / klimmte	geklommen / geklimmt	klömme
klingen	klingst klingt	klang	geklungen	klänge
kneifen	kneifst kneift	kniff	gekniffen	kniffe
kommen	kommst	kam	gekommen	käme

Indicativo				**Subjuntivo**
Infinitivo	**Presente**	**Passado**	**Particípio Passado**	**Passado**
	kommt			
können	kannst kann	konnte	gekonnt	könnte
kriechen	kriechst kriecht	kroch	gekrochen	kröche
laden	lädst / ladest lädt / ladet	lud / ladete	geladen / geladet	lüde / ladete
lassen	lässt lässt	lieβ	gelassen	lieβe
laufen	läufst läuft	lief	gelaufen	liefe
leiden	leidest leidet	litt	gelitten	litte
leihen	leihst leiht	lieh	geliehen	liehe
lesen	liest liest	las	gelesen	läse
liegen	liegst liegt	lag	gelegen	läge
lügen	lügst lügt	log	gelogen	löge
mahlen	mahlst mahlt	mahlte	gemahlen	mahlte
meiden	meidest meidet	mied	gemieden	miede
melken	melkst melkt	melkte	gemelkt / gemolken (*adj.*)	mölke
messen	misst misst	maβ	gemessen	mässe
mögen	magst mag	mochte	gemocht	möchte
müssen	musst muss	musste	gemusst	müsste
nehmen	nimmst nimmt	nahm	genommen	nähme
nennen	nennst nennt	nannte	genannt	nennte
pfeifen	pfeifst pfeift	pfiff	gepfiffen	pfiffe
pflegen	pflegst	pflegte / pflog	gepflegt / gepflogen	pflegte / pflöge

Indicativo Infinitivo	Presente	Passado	Particípio Passado	Subjuntivo Passado
preisen	preist preist	pries	gepriesen	priese
quellen	quillst quillt	quoll	gequollen	quölle
raten	rätst rät	riet	geraten	riete
reiben	reibst reibt	rieb	gerieben	riebe
reiβen	reiβt reiβt	riss	gerissen	risse
reiten	reitest reitet	ritt	geritten	ritte
rennen	rennst rennt	rannte	gerannt	rennte
riechen	riechst riecht	roch	gerochen	röche
ringen	ringst ringt	rang	gerungen	ränge
rinnen	rinnst rinnt	rann	geronnen	rönne
rufen	rufst ruft	rief	gerufen	riefe
salzen	salzst salzt	salzte	gesalzt/ gesalzen (fig)	salzte
saufen	säufst säuft	soff	gesoffen	söffe
saugen	saugst saugt	sog	gesogen	söge
schaffen	schaffst schafft	schuf	geschaffen	schüfe
schallen	schallst schallt	scholl	geschallt	schölle
scheiden	scheidest scheidet	schied	geschieden	schiede
scheinen	scheinst scheint	schien	geschienen	schiene
schelten	schiltst schilt	schalt	gescholten	schölte
scheren	schierst schiert	schor	geschoren	schöre

Indicativo Infinitivo	Presente	Passado	Particípio Passado	Subjuntivo Passado
schieben	schiebst schiebt	schob	geschoben	schöbe
schießen	schießt schießt	schoss	geschossen	schösse
schinden	schindest schindet	schund	geschunden	schünde
schlafen	schläfst schläft	schlief	geschlafen	schliefe
schagen	schlägst schlägt	schlug	geschlagen	schlüge
schleichen	schleichst schleicht	schlich	geschlichen	schliche
schleifen	schleifst schleift	schliff	geschliffen	schliffe
schleißen	schleißt schleißt	schliss	geschlissen	schlisse
schliefen	schliefst schlieft	schloff	geschloffen	schlöffe
schließen	schließt schließt	schloss	geschlossen	schlösse
schlingen	schlingst schlingt	schlang	geschlungen	schlänge
schmeißen	schmeißt schmeißt	schmiss	geschmissen	schmisse
schmelzen	schmilzt schmilzt	schmolz	geschmolzen	schmölze
schneiden	schneidest schneidet	schnitt	geschnitten	schnitte
schrecken	schrickst schrickt	schrak	geschrocken	schräke
schreiben	schreibst schreibt	schrieb	geschrieben	schriebe
schreien	schreist schreit	schrie	geschrien	schriee
schreiten	schreitest schreitet	schritt	geschritten	schritte
schweigen	schweigst schweigt	schwieg	geschwiegen	schwiege
schwellen	schwillst schwillt	schwoll	geschwollen	schwölle

Indicativo Infinitivo	Presente	Passado	Particípio Passado	Subjuntivo Passado
schwimmen	schwimmst schwimmt	schwamm	geschwommen	schwömme
shwinden	schwindest schwindet	schwand	geschwunden	schwände
schwingen	schwingst schwingt	schwang	geschwungen	schwänge
schwören	schwörst schwört	schwur	geschworen	schwüre
sehen	siehst sieht	sah	gesehen	sähe
sein	bin bist ist sind seid sind	war	gewesen	wäre
senden	sendest sendet	sandte / sendete	gesandt / gesendet	sendete
sieden	siedest siedet	sott / siedete	gesotten	sötte / siedete
singen	singst singt	sang	gesungen	sänge
sinken	sinkst sinkt	sank	gesunken	sänke
sinnen	sinnst sinnt	sann	gesonnen	sänne
sitzen	sitzt sitzt	saß	gesessen	säße
sollen	sollst soll	sollte	gesollt	sollte
spalten	spaltest spaltet	spaltete	gerspalten/ gespaltet	spaltete
spein	speist speit	spie	gespien	spie
spinnen	spinnst spinnt	spann	gesponnen	spönne
spleißen	spleißt spleißt	spliss	gesplissen	splisse
sprechen	sprichst spricht	sprach	gesprochen	spräche
sprießen	sprießt sprießt	spross	gespossen	sprösse
springen	springst springt	sprang	gesprungen	spränge

Indicativo Infinitivo	Presente	Passado	Particípio Passado	Subjuntivo Passado
stechen	stichst sticht	stach	gestochen	stache
stecken	steckst steckt	steckte / stak	gesteckt	steckte / stäke
stehen	stehst steht	stand	gestanden	stünde/ stände
stehlen	stiehlst stiehlt	stahl	gestohlen	stöhle / stähle
steigen	steigst steigt	stieg	gestiegen	stiege
sterben	stirbst stirbt	starb	gestorben	stürbe
stieben	stiebst stiebt	stob / stiebte	gestoben / gestiebt	stöbe / stiebte
stinken	stinkst stinkt	stank	gestunken	stänke
stoβen	stöβt stöβt	stieβ	gestoβen	stieβe
streichen	streichst streicht	strich	getrichen	striche
streiten	streitest streitet	stritt	gestritten	stritte
tragen	trägst trägt	trug	getragen	trüge
treffen	triffst trifft	traf	getroffen	träfe
treiben	treibst treibt	trieb	getrieben	triebe
treten	trittst tritt	trat	getreten	träte
triefen	triefst trieft	troff	getrieft / getroffen	tröffe
trinken	trinkst trinkt	trank	getrunken	tränke
tun	tue tust tut tun tut tun	tat	getan	täte
verderben	verdirbst verdirbt	verdarb	verdorben	verdürbe
verdrieβen	verdrieβst verdrieβt	verdross	verdrossen	verdrösse

Indicativo				Subjuntivo
Infinitivo	**Presente**	**Passado**	**Particípio Passado**	**Passado**
vergessen	vergisst vergisst	vergaβ	vergessen	vergäβe
verhehlen	verhehlst verhehlt	verhehlte	verhehlt / verhohlen	verhehlte
verlieren	velierst verliert	verlor	verloren	verlöre
verwirren	verwirsst verwirrt	verwirrte	verwirrt / verworren (adj.)	verwirrte
wachsen	wächst wächst	wuchs	gewaschen	wüchse
wägen	wägst wägt	wog / wägte	gewichen	wöge / wägte
waschen	wäschst wäscht	wusch	gewiesen	wüsche
weichen	weichst wericht	wich	gewandt / gewendet	wiche
weisen	weist weist	wies	gewiesen	wiese
wenden	wendest / wendet	wandte / wendete	gewandt / gewen- det	wendete
werben	wirbst wirbt	warb	geworben	würbe
werden	wirst wird	wurde	geworden	würde
werfen	wirfst wirft	warf	geworfen	würfe
wiegen	wiegst wiegt	wog	gewogen	wöge
winden	windest windet	wand	gewunden	wände
wissen	weiβt weiβ	wusste	gewusst	wüsste
wollen	willst will	wollte	gewolt	wollte
zeihen	zeihst zeiht	zieh	geziehen	ziehe
ziehen	ziehst zieht	zog	gezogen	zöge
zwingen	zwingst zwingt	zwang	gezwungen	zwänge

Alguns verbos irregulares são usados em expressões impessoais e são conjugados apenas na terceira pessoa do singular.

Indicativo				**Subjuntivo**
Infinitivo	**Presente**	**Passado**	**Particípio Passado**	**Passado**
dünken	dünkt deucht	dünkte / deuchte	gedünkt / gedeucht	dünkte / deuchte
gelingen	gelingt	gelang	gelungen	gelänge
geschehen	gesschieht	geschah	geschehen	geschähe
misslingen	misslingt	misslang	misslungen	misslänge

Apêndice B

Preposições e Seus Casos Obrigatórios

Acusativo	Dativo	Acusativo-Dativo	Genitivo
bis	aus	an	(an) statt
durch	außer	auf	angesichts
für	bei	hinter	anlässlich
gegen	gegenüber	in	außerhalb
ohne	mit	neben	beiderseits
um	nach	über	bezüglich
wider	seit	unter	diesseits
	trotz	vor	hinsichtlich
	von	zwischen	jenseits
	wegen		trotz
	zu		unterhalb
			während
			wegen

Dicionário Português-Alemão

(feito) por bei
a partir de, de von
à tarde Abend (m.)
abeto, pinheiro Tanne (f.)
abril April (m.)
abrir aufmachen
acontecer, ocorrer geschehen, passieren
açougueiro Metzger (m.)
adeus auf Wiedersehen
admirar bewundern
adotar adoptieren
advogado Rechtsanwalt (m.)
aeroporto Flughafen (m.)
afetuosamente gern
agora jetzt
agosto August (m.)
agradecer danken
água Wasser (n.)
água gasosa Sprudel (m.)
água mineral Mineralwasser (n.)
ainda noch
ajudar helfen
ajustar anpassen
aldeia Dorf (n.)
Alemanha Deutschland
alemão Deutsche (m./f.)
alguém jemand
Alpes Alpen (pl.)
alto hoch
alto (falar) laut
amanhã morgen
amar lieben
amarelo gelb
América Amerika
América do Norte Nordamerika
América do Sul Südamerika
americano Amerikaner (m.)
amigo Freund (m.)
animal de estimação Haustier (n.)
ano Jahr (n.)
anotar, tomar nota notieren
ao invés de anstatt (statt)
aonde wohin
apaixonar-se sich verlieben
apartamento Wohnung (f.)
apesar de trotz
após nach
aprender lernen
apresentar vorstellen
aquele/a jener

aqui hier
árabe arabisch
arbusto Busch (m.)
armário Schrank (m.)
arquiteto Architekt (m.)
arrancar reiβen
arranhar, coçar kratzen
arroz Reis (m.)
árvore Baum (m.)
assar backen
até, até agora (aqui) bis
atleta Sportler (m.)
atraente attraktiv
atrás hinter
através durch
Austrália Australien
Áustria Österreich
avião Flugzeug (n.)
avó Groβmutter (f.)
avô Groβvater (m.)
baga Beere (f.)
baía Hafen (m.)
Banco Bank (f.)
barão Baron (m.)
barato billig
barbear rasieren
baronesa Baronin (f.)
batata Kartoffel (f.)
bater (na porta) klopfen
beber trinken
bebida Getränk (n.)
beijo Kuss (m.)
biblioteca Bibliothek (f.)
bicicleta Fahrrad (m.)
bife Rindfleisch (n.)
bilhão Milliarde (f.)
bilhete Fahrkarte (f.)
blusa Bluse (f.)
boa manhã (bom dia) guten Morgen
boa noite gute Nacht
boa tarde guten Tag
bola Ball (m.)
bolso Tasche (f.)
bom gut
bom dia, alô guten Tag
bonito schön
braço Arm (m.)
branco weiβ
buquê Blummenstrauβ (m.)
caçado Jagd (f.)
cada jeder
cadeira Stuhl (m.)
caderno Heft (n.)
café Kaffee (m.)
cair fallen
calmo, quieto ruhig
cama Bett (n.)
camiseta Sweatshirt (n.)
Canadá Kanada
canção Lied (n.)
caneta esferográfica Kuli (m.)
cansado müde
cantar singen
canto, esquina Ecke (f.)
cantor Sänger (m.)
capital (cidade) Hauptstadt (f.)
capitalista Kapitalist (m.)
carne Fleisch (n.)
caro teuer
carregar (bebê) gebären
carro Auto, Wagen (n.)
cartão postal Ansichtskarte (f.), Postkarte (f.)
cartaz, poster Poster (n.)
casa Haus (n.)
casaco Mantel (m.)
casado verheiratet
castelo Burg (f.)
catedral Dom (m.)
cavalo Pferd (n.)
CD CD (f.)
cedo früh
cego blind
ceias Abendessen (n.)
cem hundert
centro da cidade Stadtzentrum (n.)
cereal Korn (n.)
cerveja Bier (n.)

cerveja clara, chope Pils (n.)
céu Himmel (m.)
chá Tee (m.)
champagne alemã Sekt (m.)
chanceler Kanzler (m.)
chão Boden (m.)
chapéu Hut (m.)
chave Schlüssel (m.)
chefe Chef (m.)
chegar ankommen
chorar weinen
chover regnen
chuva Regen (m.)
cidade Stadt (f.)
cientista Wissenschaftler (m.)
cinco fünf
cinema Kino (n.)
cinquenta funfzig
cinto Gürtel (m.)
cinza grau
circo Zirkus (m.)
claro hell
clima Klima (n.)
clima, tempo Wetter (n.)
cobra Schlange (f.)
coelho Kaninchen (n.)
colecionar sammeln
colocar, por stellen
Colônia Köln
com mit
começar, iniciar anfangen
comer essen
comer (animais) fressen
comerciante Kaufmann (m.)
comida Essen (n.)
como als
como, do mesmo modo wie
comprar kaufen
computador Computer (m.)
comunista Kommunist (m.)
concerto Konzert (n.)
conflito Konflikt (m.)
conhecer wissen
constituição Konstitution (f.)
conta Rechnung (f.)
continente Erdteil (m.)
contra gegen/wider
controlar kontrollieren
conversar reden
convidar einladen
copiar kopieren
coração Herz (n.)
correio Post (f.)
correr laufen, rennen
cortar schneiden
cozinha Küche (f.)
cravo Nelke (f.)
crescer wachsen
criança Kind (n.)
cumprimentar grüssen
curto kurz
dançar tanzen
dar geben
de cor auswendig
de onde woher
de pé zu Fuβ
debaixo, sob unter
deixar lassen
delegar, enviar como delegieren
deliciar-se erfreuen
demonstrar demonstrieren
dentista Zahnarzt (m.)
dentro in
depois nachdem
depressa Beeil dich!
depressa schnell
descrever beschreiben
desde seit
despachar absenden
destruir zerstören
Deus Gott (m.)
devagar langsam
dezembro Dezember (m.)
dezenove neunzehn
dezesseis sechzehn
dezessete siebzehn
dezoito achtzehn
dialeto Dialekt (m.)

diante, em frente de vor
dicionário Wörterbuch (n.)
difícil schwer
diligente fleiβig
Dinamarca Dänemark
diplomata Diplomat (m.)
direita rechts
dirigir, viajar de carro fahren
dizer sagen
doente kranke (m.)
dois zwei
domingo Sonntag (m.)
dormir schlafen
doze zwölf
drogaria Drogerie (f.)
duque Herzog (m.)
durante während
e und
eficaz effektiv
em an
em casa zu Hause
em cima, acima über
em torno de um
empresária Geschäftsfrau (f.)
empresário Geschäftsmann (m.)
empurrar schieben
encontrar finden
encostar, reclinar liegen
endereço Adresse (f.)
enfermeira Krankenschwester (f.)
enfermeiro Pfleger(m.)
engraçado komisch
entender verstehen
entre zwischen
enviar schicken, senden
enxaguar spülen
ervilhas Erbsen (pl.)
escada, degraus Treppe (f.)
escala Skala (f.)
escola secundária Gymnasium (n.), Schule (f.)
escrever schreiben
escritor Schriftsteller (m.)
escrivaninha Schreibtisch (m.)
escuro dunkel
esperar warten
esperar, ter expectativas erwarten
esperto klug
esporte (forma de) Sportart (f.)
esposa, mulher Frau (f.)
esquecer vergessen
esquerda links
esquiar Ski laufen
estação de trem Bahnhof (m.)
estação de trem principal Hauptbahnhof (m.)
estação do ano Jahreszeit (f.)
estar ciente de kennen
estar errado sich irren
estar feliz, alegre sich freuen
este/a dieser
estragar, destruir zerstören
estrangeiro Ausländer (m.)
estudar studieren
exame Examen (n.)
exceto auβer
excursão na cidade Sttadtrundfahrt (f.)
excursão pela baía Hafenrundfahrt (f.)
fácil leicht
falar sprechen
falar para, conversar anreden
família Familie (f.)
faminto hungrig
farmácia Apotheke (f.)
fascinar faszinieren
fazendeiro Bauer (m.)
fazer tun, machen
fazer artesanato basteln
fechar zumachen
feliz, sortudo glücklich
festa Party (f.)
fevereiro Februar (m.)
ficar, permanecer bleiben
filha Tochter (f.)
filho Sohn (m.)
filme Film (m.)
fim de semana Wochenende (n.)
físico Physiker

flor Blume (f.)
fonte (de água) Quelle
fora auswärts
forno Ofen (m.)
fotografar fotografieren
fotógrafo Fotograf (m.)
frequentemente oft
frio kalt
fruta Obst (n.)
fumar rauchen
funcionário público Beamte (m.)
futebol Fuβball (m.)
galinha Huhnchen, Huhn (n.)
garrafa Flasche (f.)
gastar ausgeben
gato Katze (f.)
gelo, sorvete Eis (n.)
gêmeos Zwillinge (pl.)
gente Leute (pl.)
germânico germanisch
giz Kreide (f.)
gostar, agradar gefallen
governo Regierung (f.)
gramado Rasen (m.)
grávida schwanger
gritar schrein
guarda-chuva Regenschirm (m.)
guerra Krieg (m.)
guerra mundial Weltkrieg (m.)
há es gibt
hipopótamo Nilpferd (n.)
história Geschichte (f.)
história p/boi dormir Ammenmärchen (n.)
hoje heute
hoje (de) (adj.) heutig
hóquei hockey (n.)
hora Stunde (f.)
hospital Krankenhaus (n.)
igreja Kirche (f.)
imaginar sich vorstellen
imigrar immigrieren
imitar imitieren
imperador Kaiser (m.)
império Reich (n.)
impressionar imponieren
indo para fora Ausflug (m.)
infelizmente leider
inferno Hölle (f.)
informar, notificar mitteilen
insano/a wahnsinnig
instalar setzen
instruir, ensinar unterrichten
instrutor Lehrer (m.)
inteiro, o todo ganz
interessante interessant
interromper unterbrechen
inundar überschwemmen
inverno Winter (m.)
ir gehen
ir embora weglaufen
ir junto mitgehen
ir para fahren
irmã Scwester (f.)
irmão Bruder (m.)
irmãos Geschwister (pl.)
irritar reizen
Itália Italien
já schon
janeiro Januar (m.)
janela Fenster (n.)
jaqueta Jacke (f.)
jazer legen
jogador de futebol Fuβballspieler (m.)
jogar, brincar spielen
jornal Zeitung (f.)
jovem jung
julho Juli (m.)
junho Juni (m.)
juntar, coletar sammeln
junto com dabei
jurar schwören
lá da, dort
ladrão Dieb (m.)
lâmpada Lampe (f.)
lâmpada de piso Stehlampe (f.)
lápis Bleistift (m.)
lar Hause

lavar waschen
lebre Hase (m.)
legal coll, nett
lei Jura (n./pl.)
leite Milch (f.)
ler lesen
leste Osten (m.)
levantar stehen
levar junto mitnehmen
leve, fácil leicht
líder Führer (m.)
linda schön
língua Zunge (f.)
livro Buch (n.)
lobo Wolf (m.)
logo bald
loja de departamento Kaufhaus (n.)
loja, armazém Laden (m.)
longe weit
longo lang
luva Handschuh (m.)
luz Licht (n.)
mãe Mutter (f.)
maio Mai (m.)
mais mehr
mais plus
mal, mau schlecht
manhã Morgen (m.)
manifestar manifestieren
marchar marschieren
março März (m.)
marrom braun
mas aber
mecânico Mechaniker (m.)
médico Arzt (m.)
menina Mädchen (n.)
menino Junge (m.)
menos minus, weniger
mentir, omitir a verdade lügen
mercado Marktplatz (m.)
mês Monat (m.)
mesa Tisch (m.)
mesmo derselbe
metade halb
meu/minha meine
mil tausend
milhão Million (f.)
milho Mais (m.)
monstro Ungeheuer (m.)
morte Tod (m.)
motocicleta Motorrad (n.)
motorista Schaffner (m.)
motorista de táxi Taxifahrer (m.)
mudar ändern
muito sehr
muito, muitos viel (e)
Munique München
muro da cidade Stadtmauer (f.)
música Musik (f.)
nação Nation (f.)
nada nichts
nadar schwimmen
namorada Freundin (f.)
não nicht
navio Schiff (n.)
nenhum, nada kein
neto Enkel (m.)
nevar schneien
neve Schnee (m.)
ninguém niemand
no/na, em auf
noite Nacht (f.)
nome Name (m.)
nomear nennen
norte Norden (m.)
nosso unser
nove neun
novela, romance Roman (m.)
novembro November (m.)
novo/a neu
nunca nie
oeste Westen (m.)
oitenta achtzig
oito acht
olhar para ansehen
onde wo
ônibus Bus
ontem gestern

onze elf
oposto gegenüber
ordenar, pedir bestellen
organizar arrangieren, organisieren
ou oder
ouriço Igel (m.)
outono Herbst (m.)
outubro Oktober (m.)
ouvir hören
ovelha Schaf (n.)
paciente Kranke (m.)
pacote Paket (n.)
padeiro Bäcker (m.)
pai Vater (m.)
pais Eltern (pl.)
paisagem Landschaft (f.)
palavra Wort (n.)
pão Brot (n.)
para für, zu
parecer-se com aussehen
parede, muro Wand (f.)
parente Verwandte (m.)
parlamento Parlamento (n.)
parlamento federal Bundestag (n.)
parque Park (m.)
partido político Partei (f.)
passaporte Pass (m.)
passear, cavalgar reiten
passear, dar uma volta spazieren
passear, vagar wandern
pátio Flur (m.)
pedalar Rad fahren
pedreiro Maurer (m.)
peixe Fisch (m.)
pendurar hängen
pensar denken
pequeno klein
perder verlieren
perguntar fragen
perigoso gefärlich
pertencer a gehören
perto nah
perto de neben
pesado schwer
pessimista Pessimist (m.)
pessoa humana Mensch (m.)
piano Klavier (n.)
piloto Pilot (m.)
pintura Bild (n.)
piquenique Picknick (n.)
planta Pflanze (f.)
plantar pflanzen
pobre Arm
poeta Dichter (m.)
polícia Polizei (f.)
polido höflich
político Politiker (m.)
ponte Brücke (f.)
por causa de wegen
por favor bitte
por que warum
porco Schwein (n.)
porque denn, weil
porta Tür (f.)
posição Position (f.)
possuir, ser dono besitzen
pouco weniger
pouquinho bisschen
povo, nação Volk (n.)
precisar brauchen
prefeitura Rathaus (n.)
prender verhaften
presente Geschenk (n.)
presidente Präsident (m.)
presunto Schinken (m.)
preto schwarz
problema Problem (n.)
procurar suchen
produzir produzieren
professor Professor (m.)
professor de maternal Erziehr (m.)
programar programmieren
prometer versprechen
pronunciar aussprechen
proteger schützen
protestar protestieren
provavelmente wahrscheinlich
qual welcher

quando wann
quando quer que wenn
quarenta vierzig
quarta-feira Mittwoch (m.)
quarto (um) Viertel (n.)
quatorze vierzehn
quatro vier
que dass
quebrar brechen
queijo Käse (m.)
quem wer
quente heiβ
quente warm
químico Chemiker (m.)
quinta-feira Donnerstag (m.)
quinze fünfzehn
radio Radio (n.)
rainha Königin (f.)
raposa Fuchs (m.)
rebocar abschleppen
receber bekommen
recomendar empfehlen
recrutar werben
refletir widerspiegeln
rei König (m.)
relatar erzählen
relógio, horário Uhr (f.)
relva Rasen (m.)
repolho Kohl (m.)
reportar berichten
república Republik (f.)
requerer bitten
responder antworten
restaurar restaurieren
reunificação Wiedervereinigung (f.)
rio Fluss (m.)
rir lachen
romano römisch
rosa Rose (f.)
roubar stehlen
roupas Kleider (pl.)
rua Straβe (f.)
russo russisch
sábado Samstag, Sonnabend (m.)
saber, estar ciente de kennen
sala Zimmer (n.)
sala de estar Wohnzimmer (n.)
salsicha assada Bratwurst (f.)
saltar (transporte) aussteigen
sanduíche Sandwich (n.)
santo heilig
saudável gesund
se ob
secretária Sekretärin (f.)
sede Durst (m.)
seguir folgen
seguir wenn
segunda-feira Montag (m.)
segundo zweite
segurar halten
seis sechs
selo de carta Briefmarke (f.)
sem ohne
sem pé nem cabeça sinnlos
semana Woche (f.)
sempre immer
senhora Dame (f.)
senhoria Wirtin (f.)
sentar sitzen
sentar-se sich setzen
sentir fühlen, empfinden
ser sein
ser chamado de heiβen
ser válido, ter valor gelten
servir dienen
sessenta sechzig
sete sieben
setembro September (m.)
setenta siebzig
seu dein, euer, Ihr
seu (dele) sein
sexta-feira Freitag (m.)
só allein
sobremesa Nachtisch (m.)

socar, empurrar stoβen
sofá Sofa (n.)
sopa de vegetais Gemüsesuppe (f.)
sua (dela) ihr
subir (transporte) einsteigen
sueco Schweden
suéter Pullover (m.)
sul Süden (m.)
surpreender erstaunen
também auch
tapete Teppich (m.)
tarde spät
táxi Taxi (m.)
telefonar anrufen
telegrama Telegramm (n.)
tempo Zeit (f.)
tênis de mesa Tischtennis (m.)
tentar probieren
ter haben
ter opinião, quer dizer meinen
terça-feira Dienstag (m.)
terceiro dritte
terra, Terra Erde (f.)
terrificar entsetzen
tia Tante (f.)
tigre Tiger (m.)
tio Onkel (m.)
torta de frutas Obstkuchen (m.)
tour por paisagens Besichtigung (f.), Tour (f.)
trabalhador Arbeiter (m.)
trabalhar arbeiten
trabalho Job (m.)
tráfego Verkehr (m.)
transferir (transporte) umsteigen
trazer bringen
treinador (atletas) Trainer (m.)
trem Zug (m.)
três drei
treze dreizehn
tribo Stamm (m.)
trilhão Billion (f.)
trinta dreiβig
tudo alles
tulipa Tulpe (f.)
túnel Tunnel (m.)
turista Tourist (m.)
último letzte
um, uma ein, eine
um/uma eins
universidade Universität (f.)
urso Bär (m.)
usar tragen
vaca Kuh (f.)
vagar raümen
vaso Vase (f.)
vegetais Gemüse (n.)
velho, antigo alt
vencer, ganhar gewinnen
vender verkaufen
ver sehen
verão Sommer (m.)
verde grün
vermelho rot
viagem Reise (f.)
viajar reisen
vidro/copo Glas (n.)
Viena Wien
vinho Wein (m.)
vinho espumante Sekt (m.)
vinte zwanzig
violino Geige (f.)
vir kommen
visita Gast (m.)
visitar besuchen
vizinhança Nähe (f.)
voar fliegen
você du, ihr, Sie
voltar, retroceder zurückbleiben
vontade Lust
xadrez Schach (n.)
zangado böse
zoológico Zoo (m.)

Dicionário Alemão-Português

Abend (m) à tarde
Abendessen(n) ceias
aber mas
abschleppen rebocar
absenden despachar
acht oito
achtzehn dezoito
achtzig oitenta
adoptieren adotar
Adresse (f.) endereço
alle tudo
allein só
Alpen (pl.) Alpes
als como
alt velho, antigo
Amerika América
Amerikaner (m.) americano
Ammenmärchen (n) história para boi dormir
an em
ändern mudar
anfangen começar, iniciar
ankommen chegar
anreden falar para, conversar
anrufen telefonar
ansehen olhar para
Ansichtskarte (f), cartão postal
anstatt (statt) ao invés de
antworten responder
Apotheke (f.) boticário
April (m.) abril
arabisch árabe
arbeiten trabalhar
Arbeiter (m.) trabalhador
Architekt (m.) arquiteto
arm pobre
Arm (m.) braço
arrangieren organizar
Arzt (m.) médico
attraktiv atraente
auf no/na, em
auf Wiedersehen adeus
aufmachen abrir
August (m.) agosto
aus fora
Ausflug (m.) indo para fora
ausgeben gastar
Auslander (m.) estrangeiro
aussehen parecer-se com
aussprechen pronunciar

aussteigen saltar (transporte)
Australien Austrália
auswendig de cor
Auto, Wagen (n.) carro
außer exceto
backen assar
Bäcker (m.) padeiro
Bahnhof (m.) estação de trem
bald logo
Ball (m.) bola
Bank (f.) Banco
Bär (m.) urso
Baron (m.) barão
Baronin (f.) baronesa
basteln fazer artesanato
Bauer (m.) fazendeiro
Baum (m.) árvore
Beamte (m.) funcionário público
Beere (f.) baga
bei (feito) por
bekommen receber
berichten reportar
beschreiben descrever
Besichtigung (f.) tour por paisagens
besitzen possuir, ser dono
bestellen ordenar, pedir
besuchen visitar
Bett (n.) cama
bewundern admirar
Bibliothek (f.) biblioteca
Bier (n.) cerveja
Bild(n.) pintura, quadro
billig barato
Billion (f.) trilhão
bis até, até agora (aqui)
bisschen pouquinho
bitte por favor
bitten requerer, pedir
bleiben ficar, permanecer
Bleistift (m.) lápis
blind cego
Blume (f.) flor
Blummenstrauß (m.) buquê
Bluse (f.) blusa
Boden (m.) chão
böse zangado
Bratwurst (f.) salsicha assada
brauchen precisar
braun marrom
brechen quebrar
Briefmarke (f.) selo de carta
bringen trazer
Brot (n.) pão
Brücke (f.) ponte
Bruder (m.) irmão
Buch (n.) livro
Bundestag (n.) parlamento federal
Burg (f.) castelo
Bus (m.) ônibus
Busch (m.) arbusto
Butterbrot (n.) tipo de pão
CD (f.) CD
Chef (m.) chefe
Chemiker (m.) químico
Coca (f.) Coca-cola
Cola (f.) Coca-cola
Computer (m.) computador
cool legal
da, dort lá
Dame (f.) senhora
Dänemark Dinamarca
danken agradecer
dass que
dein, euer, Ihr seu
delegieren delegar
demonstrieren demonstrar
denken pensar
denn, weil porque
derselbe mesmo
Deutsche (m./f.) alemão
Deutschland Alemanha
Dezember (m.) dezembro
Dialekt (m.) dialeto
Dichter (m.) poeta
Dieb (m.) ladrão
dienen servir
Dienstag (m.) terça-feira
dieser este/a

Diplomat (m.) diplomata
Dom (m.) catedral
Donnerstag (m.) quinta-feira
Dorf (n.) aldeia
dort lá
drei três
dreizehn treze
dreiβig trinta
dritte terceiro
Drogerie (f.) drogaria
du, ihr, Sie você
dunkel escuro
durch através
Durst (m.) sede
Ecke (f.) canto, esquina
effektiv eficaz
ein, eine um, uma
einladen convidar
eins um/uma
einsteigen subir (transporte)
Eis (n.) gelo, sorvete
Eishockey (n.) hóquei no gelo
elf onze
Eltern (pl.) pais
empfehlen recomendar
empfinden; fühlen sentir
Enkel (m.) neto
entlang junto com
entsetzen terrificar
Erbsen (pl.) ervilhas
Erde (f.) terra, Terra
Erdteil (m.) continente
erfreuen deliciar-se
Erkältung (f.); kalt frio
erstaunen surpreender
erwarten esperar, ter expectativa
erzählen relatar
Erzieher (m.) professor de maternal
es gibt há
essen comer
Essen (n.) comida
euer seu
Examen (n.) exame
fahren dirigir, viajar de carro
Fahrkarte (f.) bilhete
Fahrplan (m.) escala
Fahrrad (m.) bicicleta
fallen cair
Familie (f.) família
faszinieren fascinar
Februar (m.) fevereiro
Fenster (n.) janela
Film (m.) filme
finden encontrar
Fisch (m.) peixe
Flasche (f.) garrafa
Fleisch (n.) carne
fleiβig diligente, fluente
fliegen voar
Flügel asa
Flughafen (m.) aeroporto
Flugzeug (n.) avião
Flur (m.) pátio
Fluss (m.) rio
folgen seguir
Fotograf (m.) fotógrafo
fotografieren fotografar
fragen perguntar
Frau (f.) esposa, mulher
Freitag (m.) sexta-feira
fressen comer (animais)
Freund (m.) amigo, namorado
Freundin (f.) namorada, amiga
früh cedo
Frühling (m.) primavera
Fuchs (m.) raposa
fühlen sentir
Führer (m.) líder
fünf cinco
fünfzehn quinze
funfzig cinquenta
für para
Fuβball (m.) futebol
Fuβballspieler (m.) jogador de futebol
ganz inteiro, o todo
Gast (m.) visita
gebären carregar (bebê)
geben dar

gefallen gostar, agradar
gefärlich perigoso
gegen/wider contra
gegenüber oposto
gehen ir
gehören pertencer a
Geige (f.) violino
gelb amarelo
gelten ser válido, ter valor
Gemüse vegetais
Gemüsesuppe (f.) sopa de vegetais
germanisch germânico
gern afetuosamente
Geschäftsfrau (f.) empresária
Geschäftsmann (m.) empresário
gescheben; passieren acontecer; ocorrer
Geschenk (n.) presente
Geschichte (f.) história
Geschwister (pl.) irmãos
gestern ontem
gesund saudável
Getränk (n.) bebida
gewinnen vencer, ganhar
Glas (n.) vidro/copo
glauben acreditar
glücklich feliz, sortudo
Gott (m.) Deus
Graf (m.) conde
Gras (n.) gramado
grau cinza
groβ grande
Groβmutter (f.) avó
Groβvater (m.) avô
grün verde
grüssen cumprimentar
Gürtel (m.) cinto
gut bom
gute Nacht boa noite
guten Abend boa noite
guten Morgen boa manhã
guten Tag bom dia, alô, boa tarde
Gymnasium (n.) escola secundária
haben ter
Hafen (m.) baía
Hafenrundfahrt (f.) excursão pela baía
halb metade
halten segurar
Handschuh (m.) luva
hängen pendurar
Hase (m.) lebre
Hauptbahnhof (m.) estação de trem principal
Hauptstadt (f.) capital (cidade)
Haus (n.) casa
Haustier (n.) animal de estimação
Heft (n.) caderno
heilig santo
heiβ quente
heiβen ser chamado de
helfen ajudar
hell claro
Herbst (m.) outono
Herz (n.) coração
Herzog (m.) duque
heute hoje
heutig hoje (de) (adj.)
hier aqui
Himmel (m.) céu
hinter atrás
hoch alto
höflich polido
Hölle (f.) inferno
hören ouvir
Huhnchen, Huhn (n.) galinha
hundert cem
hungrig faminto
Hut (m.) chapéu
Igel (m.) ouriço
ihr sua (dela)
imitieren imitar
immer sempre
immigrieren imigrar
imponieren impressionar
in dentro
interessant interessante
Italien Itália
Jacke (f.) jaqueta

Jagd (f.) caçado
Jahr (n.) ano
Jahreszeit (f.) estação do ano
Januar (m.) janeiro
jeder cada
jemand alguém
jener aquele/a
jetzt agora
Job (m.) trabalho
Juli (m.) julho
jung jovem
Junge (m.) menino
Juni (m.) junho
Jura (n./pl.) direito
Kaffee (m.) café
Kaiser (m.) imperador
kalt frio
Kanada Canadá
Kaninchen (n.) coelho
Kanzler (m.) chanceler
Kapitalist (m.) capitalista
Kartoffel (f.) batata
Käse (m.) queijo
Katze (f.) gato
kaufen comprar
Kaufhaus (n.) loja de departamento
Kaufmann (m.) comerciante
kein nenhum, nada
kennen saber, estar ciente de
Kind (n.) criança
Kino (n.) cinema
Kirche (f.) igreja
Klavier (n.) piano
Kleider (pl.) roupas
klein pequeno
Klima (n.) clima
klopfen bater (na porta)
klug esperto
Kohl (m.) repolho
Köln Colônia
komisch engraçado
kommen vir
Kommunist (m.) comunista
Konflikt (m.) conflito
König (m.) rei
Königin(f.) rainha
Konstitution (f.) constituição
kontrollieren controlar
Konzert (n.) concerto
Kopf oder Zahl par ou ímpar
kopieren copiar
Korn (n.) cereal
krank doente
kranke (m.) paciente
Krankenhaus (n.) hospital
Krankenschwester (f.) enfermeira
kratzen arranhar, coçar
Kreide (f.) giz
Krieg (m.) guerra
Küche (f.) cozinha
Kuh (f.) vaca
kühl frio
Kuli (m.) caneta esferográfica
kurz curto
küssen beijo
lachen rir
Laden (m.) loja, armazém
Lampe (f.) lâmpada
lang longo
langsam devagar
lassen deixar
laufen, rennen correr
laut alto (falar)
legen deitar, colocar
Lehrer (m.) instrutor, professor
leicht fácil, leve
leider infelizmente
lernen aprender
lesen ler
letzte último
Leute (pl.) gente
Licht (n.) luz
lieben amar
Lied música
Lied (n.) canção
liegen encostar, reclinar
link esquerda
lügen mentir, omitir a verdade

Mädchen (n.) menina
Mai (m.) maio
Mais (m.) milho
man se
manifestieren manifestar
Mantel (m.) casaco
Marktplatz (m.) mercado
marschieren marchar
März (m.) março
Maurer (m.) pedreiro
Mechaniker (m.) mecânico
mehr mais
meine meu/minha
meinen ter opinião
Mensch (m.) pessoa humana
Metzger (m.) açougueiro
Milch (f.) leite
Milliarde (f.) bilhão
Million (f.) milhão
Mineralwasser (n.) água mineral
minus menos
mit com
mitgehen ir junto
mitnehmen levar junto
mitteilen informar, notificar
Mittwoch (m.) quarta-feira
Monat (m.) mês
Montag (m.) segunda-feira
morgen amanhã
Morgen (m.) manhã
Motorrad (n.) motocicleta
müde cansado
München Munique
Musik (f.) música
Mutter (f.) mãe
nach após
nach Hause para casa
Nachbar (m.) vizinho
nachdem depois
Nacht(f) noite
Nachtisch (m.) sobremesa
nah perto
Nähe (f.) vizinhança
Name (m.) nome
Nation (f.) nação
neben perto de
Nelke (f.) cravo
nennen nomear
nett bonito
neu novo/a
neun nove
neunzehn dezenove
neunzig noventa
nicht não
nichts nada
nie nunca
niemand ninguém
Nilpferd (n.) hipopótamo
noch ainda
Nordamerika América do Norte
Norden (m.) norte
notieren anotar, tomar nota
November (m.) novembro
ob se
Obst (n.) fruta
Obstkuchen (m.) torta de frutas
oder ou
Ofen (m.) forno
oft frequentemente
ohne sem(prep.)
Oktober (m.) outubro
Onkel (m.) tio
organisieren organizar
Osten (m.) leste
Österreich Áustria
Paket (n.) pacote
Park (m.) parque
Parlamento (n.) parlamento
Partei (f.) partido político
Party (f.) festa
Pass (m.) passaporte
passen ajustar
passieren acontecer
Pessimist (m.) pessimista
Pferd (n.) cavalo
Pflanze (f.) planta
pflanzen plantar
Pfleger (m.) enfermeiro

Physiker (m.) físico
Picknick (n.) piquenique
Pilot (m.) piloto
Pils (n.) cerveja clara, chope
plus mais
Politiker (m.) político
Polizei (f.) polícia
Position (f.) posição
Post (f.) correio
Poster (n.) cartaz, poster
Postkarte cartão postal
Präsident (m.) presidente
probieren tentar
Problem (n.) problema
produzieren produzir
Professor (m.) professor
programmieren programar
protestieren protestar
Pullover (m.) suéter
Rad fahren pedalar
Radio (n.) rádio
Rasen (m.) relva
rasieren barbear
Rathaus (n.) prefeitura
rauchen fumar
raümen abrir lugar, vagar
recht direita
Rechtsanwalt (m.) advogado
reden conversar
Regen (m.) chuva
Regenschirm (m.) guarda-chuva
Regierung (f.) governo
regnen chover
Reich (n.) império
Reis (m.) arroz
Reise (f.) viagem
reisen viajar
reiten passear, cavalgar
reizen aborrecer, irritar
rennen correr
Republik (f.) república
restaurieren restaurar
Rindfleisch (n.) bife
Roman (m.) novela, romance
römisch romano
rosa rosa
Rose (f.) rose
rot vermelho
ruhig calmo, quieto
rupfen arrancar
russisch russo
sagen dizer
sammeln colecionar, juntar, coletar
Samstag, Sonnabend (m.) sábado
Sänger (m.) cantor
Schach (n.) xadrez
Schaf (n.) ovelha
Schaffner (m.) motorista
schicken, senden enviar
schieben empurrar
Schiff (n.) navio
Schinken (m.) presunto
schlafen dormir
Schlange (f.) cobra
schlecht mal, mau
Schlüssel (m.) chave
Schmerz (m.) dor
Schnee (m.) neve
schneiden cortar
schneien nevar
schnell depressa
schon já
schön linda, lindo
Schrank (m.) armário
schreiben escrever
Schreibtisch (m.) escrivaninha
schrein gritar
Schriftsteller (m.) escritor
Schule (f.) escola secundária, escola
schützen proteger
schwanger grávida
schwarz preto
Schweden sueco
Schwein (n.) porco
schwer difícil, pesado
Schwester (f.) irmã
schwimmen nadar
schwören jurar

sechs seis
sechzehn dezesseis
sechzig sessenta
sehen ver
Sehenswürdigkeiten (pl.) pontos turísticos
sehr muito
sein ser
sein seu (dele)
seit desde
Sekretär (m.) secretário
Sekt (m.) champanhe alemã, vinho espumante
senden enviar, mandar
September (m.) setembro
setzen instalar
sich beeilen apressar-se
sich freuen estar feliz, alegre
sich irren estar errado
sich setzen sentar-se
sich verlieben apaixonar-se
sich vorstellen imaginar
sieben sete
siebzehn dezessete
siebzig setenta
singen cantar
sitzen sentar
Ski laufen esquiar
Sofa (n.) sofá
Sohn (m.) filho
Sommer (m.) verão
Sonnabend sábado
Sonntag (m.) domingo
spät tarde
spazieren passear, dar uma volta
spielen jogar, tocar, brincar
Sportart (f.) esporte (forma de)
Sportler (m.) atleta
sprechen falar
Sprudel (m.) água gasosa
spülen enxaguar
Stadt (f.) cidade
Stadtmauer (f.) muro da cidade
Stadtrundfahrt (f.) excursão na cidade
Stadtzentrum (n.) centro da cidade
Stamm (m.) tribo
stehen levantar
Stehlampe (f.) lâmpada de piso
stehlen roubar
stellen colocar, por
stoßen socar, empurrar
Straße (f.) rua
Straßenbahn (f.) bonde
studieren estudar
Stuhl (m.) cadeira
Stunde (f.) hora
suchen procurar
Südamerika América do Sul
Süden (m.) sul
Sweatshirt (n.) camiseta
Tag (m.) dia
Tanne (f.) abeto, pinheiro
Tante (f.) tia
tanzen dançar
Tasche (f.) bolso, bolsa
tausend mil
Taxifahrer (m.) motorista de táxi
Tee (m.) chá
Telegramm (n.) telegrama
Teppich (m.) tapete
teuer caro
Tiger (m.) tigre
Tisch (m.) mesa
Tischtennis (m.) tênis de mesa
Tochter (f.) filha
Tod (m.) morte
Tour (f.) tour por paisagens
Tourist (m.) turista
tragen usar, vestir
Trainer (m.) treinador (atletas)
treiben participar
Treppe (f.) escada, degraus
trinken beber
trotz apesar de
Tulpe (f.) tulipa
tun fazer
Tunnel (m.) túnel
Tür (f.) porta

über cima, acima
überschwemmen inundar
Uhr (f.) relógio, horário
um em torno de
umsteigen transferir (transporte)
und e
Ungeheuer (m.) monstro
Universität (f.) universidade
unser nosso
unter debaixo, sob
unterbrechen interromper
unterrichten instruir, ensinar
Vase (f.) vaso
Vater (m.) pai
verderben estragar, destruir
vergessen esquecer
verhaften prender
verheiratet casado
verkaufen vender
Verkehr (m.) tráfego
verlieren perder
versprechen prometer
verstehen entender
Verwandte (m.) parente
viel(e) muito, muitos
vier quatro
Viertel (n.) quarto (um)
vierzehn quatorze
vierzig quarenta
Volk (n.) povo, nação
von a partir de, de
vor diante, em frente de
vorstellen apresentar
wachsen crescer
Wagen carro
wahnsinnig insano / insana
während durante
wahrscheinlich provavelmente
Wand (f.) parede, muro
wandern passear, vagar
wann quando
warm quente
warten esperar
warum por que
was o que
waschen lavar
Wasser (n.) água
wegen por causa de
weglaufen ir embora
Wein (m.) vinho
weinen chorar
weit longe
weiß branco
welcher qual
Weltkrieg (m.) guerra mundial
weniger menos, pouco
wenn quando quer que, se
wer quem
werben recrutar
werden tornar-se (shall, will)
wessen de quem
Westen (m.) oeste
Wetter (n.) clima, tempo
wider contra
widerspíegeln refletir
wie como, do mesmo modo
Wiedervereinigung (f.) reunificação
Wien Viena
Winter inverno
Winter (m.) inverno
Wirtin (f.) senhoria
wissen conhecer
Wissenschaftler (m.) cientista
wo onde
Woche (f.) semana
Wochenende (n.) fim de semana
woher de onde
wohin aonde
Wohnung (f.) apartamento
Wohnzimmer (n.) sala de estar
Wolf (m.) lobo
Wort (n.) palavra
Wörterbuch (n.) dicionário
Zahnarzt (m.) dentista
zehn dez
Zeit (f.) tempo
Zeitung (f.) jornal
zerstören destruir

Zimmer (n.) sala, cômodo
Zirkus (m.) circo
Zoo (m.) zoológico
zu para, também
zu Fuβ de pé
zu Hause em casa
Zug (m.) trem
zumachen fechar
Zunge (f.) língua
zurückbleiben voltar, retroceder
zwanzig vinte
zwei dois
zweite segundo
Zwillinge (pl.) gêmeos
zwischen entre
zwölf doze

Respostas

CAPÍTULO 1

TESTE RÁPIDO

1. F 2. A 3. J 4. B 5. I 6. D 7. E 8. H 9. G 10. C

CAPÍTULO 2

Exercício Escrito 1

1. Ich heiβe Martin./ Mein Name ist Martin. 2. Ich heiβe Tina./ Mein Name ist Tina. 3. Ich heiβe Herr Schäfer./ Mein Name ist Herr Schäfer. 4. Ich heiβe Frau Kamps./ Mein Name ist Frau Kamps. 5. Ich heiβe Boris Becker./ Mein Name ist Boris Becker. 6. Ich heiβe Maria Schell./ Mein Name ist Maria Schell. 7. Ich heiβe Professor Bach./ Mein Name ist Professor Bach. 8. Ich heiβe Doktor Berg./ Mein Name ist Doktor Berg. 9. Ich heiβe Iris./ Mein Name ist Iris. 10. Ich heiβe_____./ Mein Name ist ___.

Exercício Escrito 2

1. die Diplomatin 2. die Studentin 3. die Artistin 4. die Kommunistin 5. die Mechanikerin 6. die Optimistin 7. die Pilotin 8. die Managerin

Exercício Escrito 3

1. Wie heiβen Sie?/ Ich heiβe Angela. 2. Wie heiβen Sie?/ Ich heiβe Herr Bauer. 3. Wie heiβen Sie?/ Ich heiβe Thomas. 4. Wie heiβen Sie?/ Ich heiβe Frau Kamps. 5. Wie heiβen Sie? Ich heiβe Gudrun Klein.

Exercício Escrito 4

1. Wo ist das Kind?/ Das Kind ist hier. 2. Wo ist mein Vater?/ Mein Vater ist dort. 3. Wo ist Erik?/ Erik ist in Deutschland. 4. Wo ist Thomas?/ Thomas ist da. 5. Wo ist Iris?/ Iris ist in München.

Exercício Escrito 5

1. Guten Morgen, Onkel Peter. 2. Guten Abend, Herr Schneider. 3. Guten Tag, Frau Keller. 4. Gute Nacht, Martin.

Exercício Escrito 6

1. Guten Tag, Helga./ Wie geht's? 2. Guten Morgen, Thomas./ Wie geht's? 3. Guten Abend, Tanja./ Wie geht's? 4. Guten Tag, Herr Bach./ Wie geht's? 5. Guten Morgen, Rita./ Wie geht's? 6. Guten Abend, Frau Kamps./ Wie geht's?

Teste Rápido

1. die Mechanikerin. 2. die Lehrerin. 3. Mein Name ist Werner. Ich heiβe Werner 4. Mein Name ist Tanja. Ich heiβe Tanja. 5. Wer ist das? Das ist Tina. 6. Wer ist das? Das ist Herr Keller. 7. Wo ist Frau Schneider? Frau Schneider ist in Berlin. 8. Wo ist der Lehrer? Der Lehrer ist in Deutschland. 9. C 10. D

CAPÍTULO 3

Exercício Escrito 1

1. Nein, Werner ist nicht in der Schweiz. 2. Nein, der Junge ist nicht mein Bruder. 3. Nein, das Mädchen ist nicht meine Schwester. 4. Nein, die Bibliothek ist nicht hier. 5. Nein, der Park ist nicht weit von hier.

Exercício Escrito 2

1. Ist das ein Professor oder ein Lehrer?/ Das ist ein Professor/ Lehrer. 2. Ist das der Vater oder der Groβvater?/ Das ist der Vater/ Groβvater. 3. Ist das eine Lampe oder eine Vase?/ Das ist eine Lampe/Vase. 4. Ist das Frau Bauer oder Frau Schäfer?/ Das ist Frau Bauer/ Frau Schäfer.

Exercício Escrito 3

1. Wer ist das? 2. Wer ist das? 3. Was ist das? 4. Wer ist das? 5. Wo ist München?

Exercício Escrito 4

1. Ist Ihre Schwester hier? 2. Ist Ihr Vater hier? 3. Ist Ihre Tante hier? 4. Ist Ihr Wagen hier? 5. Ist Ihre Schule hier?

Exercício Escrito 5

1. Ist das ein Museum oder eine Bibliothek? 2. Wo ist Ihr Vater? 3. Der Mann ist mein Onkel. 4. Was ist das? 5. Ist die Frau Ihre Mutter oder Ihre Tante? 6. Die Dame ist eine Lehrerin. 7. Mein Bruder ist in der Schweiz. 8. Der Park ist nicht weit von hier. 9. Der Herr heiβt Professor Schmidt. 10. Ist das Ihre Tochter?

TESTE RÁPIDO

1. ein Wagen, mein Wagen, Ihr Wagen. 2. eine Schule, meine Schule, Ihre Schule. 3. ein Heft, mein Heft, Ihr Heft. 4. Ja, die Lehrerin ist in Berlin. Nein, die Lehrerin ist nicht in Berlin. 5. Ja, mein Vater ist Amerikaner. Nein, mein Vater ist kein Amerikaner. 6. Wo ist Ihre Tante? 7. Was ist das? 8. Wer ist in Deutschland? 9. D 10.A

CAPÍTULO 4

Exercício Escrito 1

1. bin 2. sind 3. bist. 4, ist 5. seid 6. ist 7. ist 8. ist 9.ist 10. sind

Exercício Escrito 2

1. Er ist hier. 2. Ist sie da? 3. Es ist weit von hier. 4. Wo ist es? 5. Sie sind zu Hause. 6. Wo ist sie? 7. sie 8. es 9. er 10. er 11. er 12. sie *s.* 13. es 14. es 15. sie *pl.*

Exercício Escrito 3

1. Ist Ihr Vater jung?/ Ist Ihr vater krank?/ Ist Ihr Vater gesund? 2. Das Buch ist interessant./ Das Buch ist neu./ Das Buch ist schwarz. 3. Wir sind klein./ Wir sind groβ./ Wir sind krank.

Exercício Escrito 4

1. neu/ alt 2. krank/ gesund. 3. schlecht/ gut 4. kurz/ lang 5. jung/ alt 6. groβ/ klein 7. weiβ/ schwarz 8. gesund/ krank 9. lang/ kurz 10. klein/ groβ.

Exercício Escrito 5

1. Wann ist das Examen? 2. Wer ist in der Schweiz? 3. Wann ist die Party? 4. Warum sind Thomas und Helga in Bonn? 5. Warum ist Ihr Groβvater zu Hause? 6. Wer ist morgen in Deutschland? 7. Wann sind wir in Leipzig? 8. Wer ist gesund? 9. Wann ist das Examen? 10. Warum ist das Kind zu Hause?

Exercício Escrito 6

1. Tanja und Maria sind in Berlin, denn sie sind krank. 2. Das Examen ist nächste Woche. 3. Ich bin zu Hause, denn ich bin krank. 4. Das Konzert ist am Montag.

Exercício Escrito 7

1. Vier und/ plus fünf ist neun. 2. Wie viel ist acht minus/ weniger sechs? 3. Zehn minus/ weniger drei ist sieben.

TESTE RÁPIDO

1. heiβe, bin. 2. heiβt, bist 3. heiβt, ist 4. heiβen, sind 5. heiβt, seid 6. sie 7. es 8. er 9. D 10. C

CAPÍTULO 5

Exercício Escrito 1

1. haben 2. hat 3. haben 4. habt 5. hat 6. hast 7. haben 8. haben 9. hat 10. hat

Exercício Escrito 2

1. Hast du die CDs?/ Hast du das Geld?/ Hast du ein Heft? 2. Ich habe die Fahrkarten./ Ich habe den Fahrplan./ Ich habe das Brot.

Exercício Escrito 3

1. Was hast du? 2. Was hast du? 3. Was habt ihr? 4. Was haben Sie? 5. Was hast du? 6. Was haben Sie?

Exercício Escrito 4

1. Doktor Keller, ist das Ihr Schreibtisch? 2. Tanja, ist das dein Schreibtisch? 3. Tante Gerda, ist das dein Schreibtisch? 4. Albert un Tina, ist das euer Schreibtisch? 5. Frau Schäfer, ist das Ihr Schreibtisch?

Exercício Escrito 5

1. dein/ euer/ Ihr 2. deine/ eure/ Ihre 3. dein/ euer/ Ihr 4. deine/ eure/ Ihre 5. dein/ euer/ Ihr

Exercício Escrito 6

1. Wie viel Milch habt ihr?/ Wir haben viel Milch. 2. Wie viele CDs habt ihr?/ Wir haben viele CDs 3. Wie viel Geld habt ihr? / Wir haben viel Geld. 4. Wie viele Fahrkarten habt ihr?/ Wir haben viele Fahrkarten. 5. Wie viele Schlüssel habt ihr?/ Wir haben viele Schlüssel.

Exercício Escrito 7

1. Wer hat mein Geld?/ Wer hat viel Geld?/ Wer hat kein Geld? 2. Martin hat eure Schlüssel?/ Martin hat viele Schlüssel/ Martin hat keine Schlüssel 3. Wo ist deine Freundin?/ Wo is Ihre Freundin?/ Wo ist eure Freundin?

Exercício Escrito 8

1. Nein, wir haben kein Brot. 2. Nein, Frau Keller hat keine Schlüssel 3. Nein, ich habe kein Geld. 4. Nein, das Kind hat keine Milch 5. Nein, meine Schwester hat keine Bluse. 6. Nein, wir haben keine Zimmer. 7. Nein, Robert hat keine CDs 9. Nein, mein Vater hat kein Bier.

Exercício Escrito 9

1. Wo ist das Sofa?/ Wo sind der Stuhl und der Schreibtisch? 2. Die Zimmer haben ein Fenster./ Die Zimmer haben kein Fenster. 3. Der Tisch ist sehr klein./ Die Zimmer sind sehr klein.

TESTE RÁPIDO

1. haben, habe 2. hat, hast 3. dein, euer, Ihr, kein, sing 4. deine, eure, Ihre, keine, plur. 5. deine, eure, Ihre, keine, sing 6. Nein, ich habe kein Sofa. 7. Nein, Frau Benz hat keine Schwester. 8. Nein, ich habe kein Bild. 9. C 10.C

TESTE DA PARTE UM

1. E, A, D, C, B 2. heiβe, heiβt, heiβt, heiβen, heiβt 3. bin, bist, ist, seid, sind 4. Was ist das? 5. Wo ist Ihr/ dein Vater? 6. Warum ist er zu Hause? 7. Wer ist sehr alt? 8. Wann ist die Party? 9. eine, Ihre, keine 10. ein, Ihr, kein 11. Nein, das Fenster ist nicht klein. 12. Nein, Karl und Gudrun sind nicht zu Hause.

13. er 14. sie *pl.* 15. es 16. sie *s.* 17. groβ, klein 18. neu, alt 19. Nein, ich habe keine Schlüssel 20. Nein, wir haben kein Brot 21. B 22. A 23. C 24. D 25. A

CAPÍTULO 6

Exercício Escrito 1

1. Deine Tochter wird Lehrerin./ Meine Schwester wird auch Lehrerin. 2. Erik wird Zahnarzt./ Sie werden auch Zahnarzt. 3. Die Kinder werden Fuβballspieler./ Er wird auch Fuβballspieler.

Exercício Escrito 2

1. c 2. a 3. j. 4. e. 5. g. 6.i 7. f 8. d 9. b. 10. h

Exercício Escrito 3

1. Es wird wieder kalt. 2. Es word wieder kühl. 3. Es wird wieder hell. 4. Es wird wieder dunkel. 5. Es wird wieder heiβ.

Exercício Escrito 4

horen: ich höre/ du hörst/ er hört/ wir hören/ ihr hört/ sie hören/ Tina hört; **suchen**: ich suche/ du suchst/ er sucht/ wir suchen/ ihr sucht/ sie suchen/ Tina sucht/ **fragen**: ich frage/ du fragt/ er fragt/ wir fragen/ ihr fragt/ sie fragen/ Tina fragt

Exercício Escrito 5

1. Fährst du mit dem Bus oder mit dem Zug? 2. Fährt sie mit dem Bus oder mit dem Zug? 3. Fahren Sie mit dem Bus oder mit dem Zug? 4. Fährt Herr Weber mit dem Bus oder mit dem Zug? 5. Fahren sie mit dem Bus oder mit dem Zug? 6. Fährt er mit dem Bus oder mit dem Zug? 7. Fahren die Kinder mit dem Bus oder mit dem Zug?

Exercício Escrito 6

1. Ja, Herr Mann schreibt ein Buch. 2, Ja, wir hören die Musik. 3. Ja, ich trage einen Hut. 4. Ja, wir sind in Österreich./ Nein, wir sind nicht in Österreich. 5. Ja, ich fahre mit dem Bus./ Nein, ich fahre nicht mit dem Bus. 6. Ja, Onkel Peter schläft im Park./Nein, Onkel Peter schläft nich im Park. 7. Ja, die Kinder fallen ins Bett./ Nein, die Kinder fallen nicht ins Bett. 8 Ja, wir kommen nach Hause./ Nein, wir kommen nicht nach Hause.

Exercício Escrito 7

12. Die Kinder sind dreizehn Jahre alt. 2. Das Museum ist fünfzehn Jahre alt. 3. Du bist zwanzig Jahre alt.

TESTE RÁPIDO

1. ich werde, komme, lerne / du wirst, kommst, lernst/ er wird, kommt, lernt/ wir werden, kommen, lernen/ ihr werdet, kommt, lernt/ Sie werden, kommen, lernen/

Karl und Tina werden, kommen, lernen. 2. Meine Schwester wird Ärztin. Du wirdst Krankenschwester. 3. Sie werden Mechaniker. Er wird zahnarzt. 4. ich fahre, falle, schalfe/ du fährst, fällst, schläfst/ er fährt, fällt, schläft/ wir fahren, fallen, schlafen/ ihr fahrt, fallt, schlaft/ Sie fahren, fallen, schlafen/ die Kinder fahren, fallen, schlafen. 5. Ich habe sechs Schlüssel. 6. Erik hat zehn Fahrkarten. 7. Mein Sohn ist achtzehn Jahre alt. 8. Meine Tochter ist fünfzehn Jahre alt. 9. B 10. A

CAPÍTULO 7

Exercício Escrito 1

sprechen: ich spreche/ du sprichst/ er spricht/ wir sprechen/ ihr sprecht/ sie sprechen;
sehen: ich sehe/ du siehst/ er sieht/ wir sehen/ ihr seht/ sie sehen

Exercício Escrito 2

1. Er besuch meine Freundin./ Er erwartet meine Freundin/ Er versteht meine Freundin/ Er findet meine Freundin. 2. Erik sieht die Schlüssel/ Erik sucht die Schlüssel/ Erik stiehlt die Schlüssel/ Erik verkauft die Schlüssel.

Exercício Escrito 3

1. kleine 2. weiβe 3. dunkel 4. jung 5. neue 6. graue 7. deutsche

Exercício Escrito 4

1. c 2. e 3. h 4. j 5. l 6. g 7. f 8. k 9. d 10. b

Exercício Escrito 5

1. Meine Mutter liest eine Zeitung. 2. Die Kinder spielen im Park. 3. Der alte Mann spricht Englisch und Deutsch. 4. Ich habe kein Geld. Ich kann es nicht kaufen. 5. Der Dieb stiehlt meine Tasche. 6. Ist der Kaffee heiβ oder kalt? 7. Es ist dunkel. Wo ist die Lampe? 8. Siehst du die Bibliothek? 9. Guten Abend, Frau Doktor. 10. Der braune Hut ist sehr alt. 11. Ist euer Vater wierder gesund? 12. Ist der neue Wagen braun oder rot? 13. Ich finde meine Schlüssel. 14. Martin bestellt ein Butterbrot und ein Glas Milch. 15. Die Schlüssel gehören Tina.

Exercício Escrito 6

1. Wer besucht eine Freundin in Berlin? 2. Wohin fährt dein/ Ihr Vater? 3. Was finden die Kinder? 4. Warum trägt sie ein Sweatshirt? 5. Wie alt ist deine Tochter? 6. Wann gehst du in die Stadt? 7. Wo spielen zwei Jungen Tennis? 8. Wie viele Schlüssel hat der Professor? 9. Wohin fährt er mit dem Bus? 10. Was liest Karin? 11. Wer wartet im Park? 12. Wie viel Geld hat Erik? 13. Was versteht Sonja? 14. Warum liest du das Buch? 15. Was trägt Onkel Heinz?

TESTE RÁPIDO

1. ich sehe, spreche, verstehe, reise/ du siehst, sprichst, vertehst, reist/ er sieht, spricht, versteht, reist/ wir sehen, sprechen, verstehen, reisen/ ihr seht, sprecht, versteht, reist/ Sie sehen, sprechen, verstehen, reisen. 2. Er sucht einen Brief./ Er liest einen Brief./ Er sieht einen Brief./ Er hat einen Brief./ 3. Andrea kauft ein Buch./ Andrea verkauft ein Buch./ Andrea liest ein Buch./ Andrea stiehlt ein Buch. 4. Die Kinder verstehen Deutsch./ Die Kinder sprechen Deutsch./ 5. Ich nehme eine Tasse Tee/ Ich bestelle eine Tasse Tee. 6. B 7. D 8. A 9. A 10. C

CAPÍTULO 8

Exercício Escrito 1

1. Warum fährt man mit der Straβenbahn? 2. Wie kommen man vom Rathaus zum Bahnhof? 3. Weiβ man, wohin Gudrun reist? 4. Hier spricht man Deustch.

Exercício Escrito 2

kommen: ich komme/ wir kommen/ du kommst/ ihr kommt/ er kommt/ sie kommen/ man kommt/ dieser Herr kommt/ die Kinder kommen/ diese Dame kommt

Exercício Escrito 3

1. Herr Braun/ Er kommt aus London. 2. Der Amerikaner/ Er kommt aus New York. 3. Die Österreicherin/ Sie kommt aus Wien. 4. Frau Benz/ Sie kommt aus Deutschland. 5.Diese Dame/ Sie kommt aus Italien.

Exercício Escrito 4

1. Morgen reisen die Touristen nach Italien. 2. Im Park sehen wir viele Kinder. 3. Im Restaurant bestelle ich ein Glas Bier. 4. Vom Rathaus zur Schule fahren sie mit dem Auto. 5. Heute fliegt mein Vater nach Australien.

Exercício Escrito 5

1. Meine Eltern wohnen jetzt in Freiburg. 2. Lebt Ihre Groβmutter noch? 3. Wir kennen den Mann nicht. Wie heiβt er? 4. Er fährt mit dem Zug nach Rom. 5. Herr Benz wohnt in der Schillerstraβe. 6. Wohin fährst/gehst du? 7. Wissen Sie, wo Frau Schneider wohnt? 8. Ich gehe zum Rathaus. Es ist nicht weit von hier. 9.Warum geht ihr zu Fuβ? 10. Kennen Sie meine Eltern nicht?

Exercício Escrito 6

1. Wir fotografieren das Rathaus. 2. Martin verliert das Geld. 3. Ich studiere Deutsch und Russisch. 4. Die Kinder probieren den Pudding. 5. Diese Leute spazieren im Park.

Exercício Escrito 7

ankommen: ich komme an/ du kommst an/ er kommt an/ wir kommen an/ ihr kommmt an/ sie kommen an. **einsteigen**: ich steige ein/ du steigst ein/ er steigt ein/ wir steigen ein/ ihr steigt ein/ sie steigen ein. **vorstellen:** ich stelle vor/ du stellst vor/ er stellt vor/ wir stellen vor/ ihr stellt vor/ sie stellen vor.

Exercício Escrito 8

1. Kennen Sie meinen Onkel?/ Kennen Sie diese Dame?/ Kennen Sie den Professor?/ Kennen Sie das Mädchen? 2. Dieser Mann kauft einen Wagen/ Dieser Mann kauft mein Haus./ Dieser Mann kauft Ihre CDs./ Dieser Mann kauft den Teppich.

Exercício Escrito 9

1. Wer verkauft meinen Wagen?/ Wer verkauft einen Hut?/ Wer verkauft die Fahrkarten? / Wer verkauft das Auto? / Wer verkauft es? 2. Kennt ihr meine Eltern?/ Kennt ihr den Lehrer? / Kennt ihr die Leute? / Kennt ihr meinen Freund?/ Kennt ihr ihn?

TESTE RÁPIDO

1. Wo sind Ihre / deine Eltern? 2. Wohin gehen die Touristen? 3. Woher kommen Erik und Tina? 4. Der alte Mann kennt meinen Vater nicht./ Der alte Mann kennt diese Frau nicht./ Der alte Mann kennt den Lehrer nicht./ Der alte Mann kennt diese Leute nicht./ Der alte Mann kennt ihn nicht. 5. die Kinder, mich, dich, meinen Freund, ihn, sie, einen Hut, uns, euch, Sie. 6. sie, ihn, sie. 7. A 8. B 9. C 10. A

CAPÍTULO 9

Exercício Escrito 1

1. Ich finde seine Kleider. 2. Ich kenne ihre Freundin. 3. Wir kaufen euren Wagen. 4. Ich sehe mein Kind. 5. Er nimmt deine Milch. 6. Ihre Eltern wohnen in Leipzig. 7. Unser Chef weiβ nichts.

Exercício Escrito 2

1. Ich besuche Ihre Eltern in München./ Ich besuche eure Eltern in München./ Ich besuche unsere Eltern in München. 2.Wer findet meinen Bleistift? / Wer findet seinen Bleistift? / Wer findet unseren Bleistift?

Exercício Escrito 3

fragen: ich fragte/ du fragtest/ er fragte/ wir fragten/ ihr fragtet/ sie fragten/ wer fragte. **gehören:** ich gehörte/ du gehörtest/ er gehörte/ wir gehörten/ ihr gehörtet/ sie gehörten/ wer gehörte. **vorstellen:** ich stellte vor/ du stelltest vor/ er stellte vor/ wir stellten vor/ ihr stelltet vor/ sie stellten vor/ wer stellte vor.

Exercício Escrito 4

1. **fahren:** ich fuhr/ du fuhrst/ er fuhr/ wir fuhren/ ihr fuhrt/ sie fuhren/ dieser Mann fuhr; **kommen**: ich kam/ du kamst/ er kam/ wir kamen/ ihr kamt/ sie kamen/ dieser Mann kam; **fliegen**: ich flog/ du flogst/ er flog/ wir flogen/ ihr flogt/ sie flogen/ dieser Mann flog.

Exercício Escrito 5

essen: aβ; **lesen:** las; **sagen**: sagte; **sprechen:** sprach; **bleiben**: blieb; **heiβen**: hieβ; **haben**: hatte; **gehen:** ging; **sein:** war; **warten:** wartete; **arbeiten**: arbeitete; **werden:** wurde; **finden:** fand; **wissen**: wusste; **verstehen**: verstand; **ankommen**: kam an.

Exercício Escrito 6

1. Ich kam mit dem Bus. 2. Es wurde heute sehr kalt. 3. Warum aβt ihr im Wohnzimmer? 4. Meine Tochter studierte an einer Universität in Amerika. 5. Wo stiegen wir um? 6. Die Männer zerstörten das alte Haus. 7. Wen sahst du im Wohnzimmer? 8. Der Chef diskutierte die Probleme. 9. Ich war immer krank. 10. Wusstest du, wer die Bücher verkaufte?

Exercício Escrito 7

1. Ich fand eine neue Lampe für dich./ Ich fand eine neue Lampe für meinen Freund./ Ich fand eine neue Lampe für sie./ Ich fand eine neue Lampe für Ihren Chef. 2. Diese Frau hatte nichts gegen mich./ Diese Frau hatte nichts gegen uns. / Diese Frau hatte nichts gegen Ihre Chefin./ Diese Frau hatte nichts gegen Sie. 3. Robert kam ohne das Geld./ Robert kam ohne ihn./ Robert kam ohne sie./ Robert kam ohne seinen Vater. 4. Er ging ohne seinen Freund zum Park./ Er ging ohne dich zum Park./ Er ging ohne uns zum Park./ Er ging ohne ihren Onkel zum Park./ Er ging ohne euch zum Park./ Er ging ohne seine Kinder zum Park. 5. Die Amerikaner fuhren bis Hamburg./ Die Amerikaner fuhren bis München./ Die Amerikaner fuhren bis Polen./ Die Amerikaner fuhren bis gestern Abend./ Die Amerikaner fuhren bis elf Uhr.

Exercício Escrito 8

1. die Bücher 2. die Arme 3. die Väter 4. die Schwestern 5. die Böden 6. die Rathäuser 7. die Himmel 8. die Ärztinnen 9. die Kleider 10. die Tanten. 11. die Brüder 12. die Hefte 13. die Zeitungen 14. die Tische 15. die Teppiche 16. die Lampen.

TESTE RÁPIDO

1. Ich habe seine Schlüssel/ Ich habe seinen Schlüssel. 2. Erik las mein Buch. 3. Werner besuchte unsere Eltern. 4. Frau Keller verliert meinen Hut./ Frau Keller verliert deinen Hut. 5. Ich besuchte seinen Onkel. / Ich besuchte unseren Onkel. 6. ich war, gab aus, hatte/ du warst, gabst aus, hattest/ er war, gaub aus, hatte/ wir waren, gaben aus, hatten/ ihr wart, gabt aus, hattet/ sie waren, gaben aus, hatten/ die Leute warfen, gaben aus, hatten. 7. Verkaufte er seinen Wagen? / Verstanden Sie, was er sagte? 8. Frau Schneider hatte einen Brief für mich./ Frau Schneider hatte einen Brief für ihn./ Frau Schneider hatte einen Brief für meinen Onkel. / Der Mann sprach gegen Ihren Sohn./ Der Mann sprach gegen sie./ Der Mann sprach gegen uns. 9. C. 10. A

CAPÍTULO 10

Exercício Escrito 1

denken: ich denke/ du denkst/ er denkt. **anfangen:** ich fange an/ du fängst an/ er fängt an. **helfen**: ich helfe/ du hilfst/ er hilft. **brechen:** du brichst/ er bricht/ wir brechen. **fallen:** du fällst/ er fällt/ wir fallen. **vergessen**: du vergisst/ er vergisst/ wir vergessen. **fallen:** ich fiel/ er fiel/ wir fielen. **bringen:** ich brachte/ er brachte/ wir brachten. **stehen**: ich stand/ er stand/ wir standen. **rennen**: ich rannte/ du ranntest/ ihr ranntet. **anrufen:** ich rief an/ du riefst an/ ihr rieft an. **schneiden**: ich schnitt/ du schnittest/ ihr schnittet.

Exercício Escrito 2

der Metzger: ihrem Metzger/ **mei**nem Metzger/ **dies**em Metzger. **die Wohnung:** ihrer Wohnung/ **mei**ner Wohnung/ **die**ser Wohnung. **das Land**: **ihr**em Land/ **mei**nem Land/ **dies**em Land. **die Bücher: ihr**en Büchern/ **mein**en Büchern/ **dies**en Büchern. **die Uhr: ihr**er Uhr/ **mein**er Uhr/ **dies**er Uhr.

Exercício Escrito 3

1. Der Metzger gab mir ein Geschenk./ Der Metzger gab dir ein Geschenk./ Der Metzger gab ihnen ein Geschenk./ Der Metzger gab meinen Sohn ein Geschenk./ Der Metzger gab meinen Söhnen ein Geschenk./ Der Metzger gab der Ausländerin ein Geschenk. 2. Wer schreibt ihr einen Brief?/ Wer schreibt uns einen Brief?/ Wer schreibt Ihnen einen Brief?/ Wer schreibt euch einen Brief?/ We schreibt der Polizei einen Brief?/ Wer schreibt Ihren Kindern einen Brief? 3. Was sendet er uns? / Was sendet er ihnen?/ Was sendet er euch?/ Was sendet er Ihnen?/ Was sendet er mir?

Exercício Escrito 4

1. Robert schrieb ihr einen Brief./ Robert schrieb ihn ihr. 2. Ich kaufte ihm ein Auto./ Ich kaufte er ihm. 3. Senden Sie ihnen neue Bücher?/ Senden Sie sie ihnen? 4. Gudrun brachte ihr ein Heft./ Gudrun brachte es ihr. 5. Wir verkauften ihnen die Kleider./ Wir verkauften sie ihnen.

Exercício Escrito 5

1. halb 2. fünfunddreiβig 3. eins 4. Viertel 5. zwölf 6. fünfundvierzig 7. vor/ vier

Exercício Escrito 6

1. Er besuchte uns am ersten März./ Er besuchte uns am dritten März./ Er besuchte uns am neunten März./ Er besuchte uns am fünfzehnten März./ Er besuchte uns am siebenundzwanzigsten März. 2. Ihr Sohn ist am dreiβigsten Juli geboren./ Ihr Sohn ist am einunddreiβigsten Juli geboren./ Ihr Sohn ist am zweiten Juli geboren./ Ihre Sohn ist am siebten Juli geboren./ Ihr Sohn ist am zwölften Juli geboren.

Exercício Escrito 7

1. Ich spiele gern Schach. 2. Ich wandere gern. 3. Ich schwimme gern. 4. Ich spiele gern Golf. 5. Ich fahre gern Rad. 6. Ich laufe gern Ski. 7. Ich lese gern.

TESTE RÁPIDO

1. Ich aβ, sah, lief / du aβt, sahst, liefst/ er aβ, sah, lief/ ich brachte, rief an, vergass/ du brachtest, riefst an, vergasst/ er brachte, rief an, vergass. 2. unserem Rad, seinem Rad, diesem Rad/ unserem Brief, seinem Brief, diesem Brief/unserer Postkarte, seiner Postkarte, dieser Postkarte/ unseren Kindern, seinen Kindern, diesen Kindern. 3. Der Lehrer gab mir einen Kuli./ Der Lehrer gab ihr einen Kuli./ Der Lehrer gab Ihnen einen Kuli. 4. Sie brachte ihr die Kleider./ Sie bracht sie ihr./ Ich kaufte ihnen einen neuen Ball./ Ich kaufte ihn ihnen. 5. Es ist halb elf. Es ist zehn Uhr dreiβig. 6. Es ist Viertel vor fünf. Es ist vier Uhr fünfundvierzig. 7. Es ist Viertel nach acht. Es ist acht Uhr fünfzehn. 8. Mein Sohn ist am ersten März geboren./ Mein Sohn ist am dritten März geboren./ Mein Sohn ist am sechzehnten März geboren./ Mein Sohn ist am zweiundzwanzigsten März geboren./ Mein Sohn ist am dreiβigsten März geboren. 9. C 10. D

TESTE DA PARTE DOIS

1. ich werde, du wirst, er wird, wir werden. 2. ich sehe, du siehst, er sieht, ihr seht. 3. ich fahre, du fährst, er färht, Sie fahren. 4. ich gehe mit, du gehst mit, er geht mit, wir gehen mit. 5. ich besuche, besuchte/ du besuchst, besuchtest/ er besucht, besuchte/ ihr besucht, besuchtet. 6. ich helfe, half/ du hilfst, halfst/ er hilft, half/ Sie helfen, halfen. 7. ich bin, war/ du bist, warst/ er ist, war/ wir sind, waren. 8. ich habe, hatte/ du hast, hattest/ er hat, hatte/ ihr habt, hattet. 9. Wem gab meine Schwester einen Bleistift? 10. Was lesen die Kinder? 11. Wen besucht Herr Benz in Hamburg? 12. Wer ist im Park? 13. Wohin fuhr Tina mit dem Zug? 14.Wann fängt das Konzert an? 15. Wo sind die Jungen? 16. kenne, gehen, weiβ, fahren 17. einen Hut, diese Bluse, deinen Lehrer, ihn. 18. meine Mutter, meiner Mutter/ dein Auto, deinem Auto/ den Zahnarzt, dem Zahnarzt/ das Mädchen, dem Mädchen/ Sie, Ihnen 19. Wer machte das Fenster auf? / Verstanden Sie, was ich fragte? 20. mir, dir, ihm, ihr, uns, euch, ihnen 21. Die Lehrerin sandte ihnen einen Brief. / Die Lehrerin sandte ihn ihnen. 22. C 23. C 24. A 25. D

CAPÍTULO 11

Exercício Escrito 1

lachen: ich habe gelacht/ du hast gelacht/ er hat gelacht/ wir haben gelacht/ ihr habt gelacht/ sie haben gelacht. **versuchen:** ich habe versucht/ du hast versucht/ er hat versucht/ wir haben versucht/ ihr habt versucht/ sie haben versucht. **vorstellen:** ich habe vorgestellt/ du hast vorgestellt/ er hat vorgestellt/ wir haben vorgestellt/ ihr habt vorgestellt/ sie haben vorgestellt.

Exercício Escrito 2

sprechen: ich habe gesprochen/ du hast gesprochen/ er hat gesprochen/ wir haben gesprochen/ ihr habt gesprochen/ sie haben gesprochen. **versprechen:** ich habe versprochen/ du hast versprochen/ er hat versprochen/ wir haben versprochen/ ihr habt versprochen/ sie haben versprochen. **aussprechen:** ich habe ausgesprochen/ du hast ausgesprochen/ er hat ausgesprochen/ wir haben ausgesprochen/ ihr habt ausgesprochen/ sie haben ausgesprochen. **wissen:** ich habe gewusst/ du hast gewusst/ er hat gewusst/ wir haben gewusst/ ihr habt gewusst/ sie haben gewusst. **beschreiben:** ich haben beschrieben/ du hast beschrieben/ er hat beschrieben/ wir haben beschrieben/ ihr habt beschrieben/ sie haben beschrieben. **aussehen:** ich habe ausgesehen/ du hast ausgesehen/ er hat ausgesehen/ wir haben ausgesehen/ ihr habt ausgesehen/ sie haben ausgesehen.

Exercício Escrito 3

1. Was has du gesagt? 2. Wir haben Deutsch gelernt. 3. Die Kinder haben gern im Park gespielt. 4. Haben Sie meinen Sohn gesehen? 5. Wir haben drei Briefe von ihnen erhalten. 6. Robert hat in der Haupstadt gewohnt. 7. Habt ihr schöne Musik gehört? 8. Die Männer haben das alte Haus zerstört. 9. Ich habe euch ein kleines Paket gesandt. 10. Wer hat die Musik arrangiert? 11. Er hat es versprochen. 12. Was hast du gelesen? 13. Gudrun hat mein Fahrrad genommen. 14. Was hat der Dieb gestohlen? 15. Niemand hat dich verstanden.

Exercício Escrito 4

1. Der Ausländer hat mit den Kindern gesprochen. / Der Äuslander hat mit meiner Tante gesprochen./ Der Äuslander hat mit dem König gesprochen./ Der Äuslander hat mit mir gesprochen./ Der Äuslander hat mit uns gesprochen. / Der Äuslander hat mit ihnen gesprochen. 2. Gudrun wohnt seit April bei ihren Eltern./ Gudrun wohnt seit April bei meiner Schwester./ Gudrun wohnt seit April bei einem Freund./ Gudrun wohnt seit April bei ihm./ Gudrun wohnt seit April bei ihr./ Gudrun wohnt seit April bei mir. 3. Sie bekommt einen Brief von ihren Eltern. / Sie bekommt einen Brief von einem Ausländer. / Sie bekommt einen Brief von deinem Bruder. / Sie bekommt einen Brief von dir. / Sie bekommt einen Brief von euch.

Exercício Escrito 5.

1. Die Haupstadt Frankreichs ist Paris. 2. Die Haupstadt Italiens ist Rom. 3. Die Haupstadt Russlands ist Moskau. 4. Die Haupstadt Norwegens ist Oslo. 5. Die Haupstadt Polens ist Warschau. 6. Die Haupstadt Spaniens ist Madrid. 7. Die Haupstadt Tschechiens ist Prag. 8. Die Haupstadt Griechenlands ist Athen. 9. Die Haupstadt Japans ist Tokio. 10. Dier Haupstadt Österreichs ist Wien.

TESTE RÁPIDO

1. ich habe gefragt, habe versucht, habe vorgestellt/ du hast gefragt, hast versucht, hast vorgestellt / er hat gefragt, hat versucht, hat vorgestellt / wir haben gefragt,

haben versucht, haben vorgestellt / ihr habt gefragt, habt versucht, habt vorgestellt / Sie haben gefragt, haben versucht, haben vorgestellt. 2. gedient, getrunken/ arrangiert, erkannt/ gehört, gestohlen/ gegessen, getan / ausgesehen, gewusst. 3. ich finde, fand, habe gefunden / du findest, fandest, hast gefunden/ er findet, fand, hat gefunden/ wir geben aus, gaben aus, haben ausgegeben/ ihr gebt aus, gabt aus, habt ausgegeben / Sie geben aus, gaben aus, haben ausgegeben. 4. Warum folgt sie den Kindern? / Warum folgt sie meiner Tochter? / Warum folgt sie mir?/ Warum folgt sie dir? 5. Der Lehrer steht ihrem Bruder gegenüber./ Der Lehrer steht deinen Eltern gegenüber./ Der Lehrer steht ihm gegenüber./ Der Lehrer steht uns gegenüber. 6. Das ist ein Geschenk von der Königin. / Das ist ein Geschenk von unserem Kind. / Das ist ein Geschenk von euch. / Das ist ein Geschenk von ihnen. 7. B 8. A 9. D 10. A

CAPÍTULO 12

Exercício Escrito 1

spazieren: ich bin spaziert / du bist spaziert / er ist spaziert / wir sind spaziert/ ihr seid spaziert / sie sind spaziert. **kommen:** ich bin gekommen / du bist gekommen / er ist gekommen / wir sind gekommen / ihr seid gekommen / sie sind gekommen. **umsteigen**: ich bin umgestiegen / du bist umgestiegen / er ist umgestiegen / wir sind umgestiegen / ihr seid umgestiegen/ sie sind umgestiegen. **bleiben:** ich bin geblieben / du bist geblieben / er ist geblieben / wir sind geblieben/ ihr seid geblieben/ sie sind geblieben. **sterben:** ich bin gestorben / du bist gestorben / er ist gestorben / wir sind gestorben / ihr seid gestorben / sie sind gestorben. **folgen:** ich bin gefolgt / du bist gefolgt / er ist gefolgt / wir sind gefolgt / ihr seid gefolgt / sie sind gefolgt.

Exercício Escrito 2

1. Ich bin sehr müde gewesen. 2. Ist deine Schwester wieder gesund geworden? 3. Der Zug ist um elf Uhr zehn angekommen. 4. Die Kinder sind in der Stadt geblieben. 5. Die Touristen sind zum Rathaus gegangen. 6. Meine Eltern sind im Park spazieren gegangen. 7. Wir haben Hunger gehabt. 8. Wohin bist du gefahren? 9. Die Jungen sind zum Marktplatz gelaufen. 10. Sie haben kein Geld gehabt.

Exercício Escrito 3

1. Wir haben eine Stunde auf ihn gewartet./ Wir haben eine Stunde auf dich gewartet./ Wir haben eine Stunde auf diesen Ausländer gewartet. / Wir haben eine Stunde auf unsere Wirtin gewartet. / Wir haben eine Stunde auf die Diplomaten gewartet. / Wir haben eine Stunde auf euch gewartet. 2. Ich denke niemals an diese Probleme. / Ich denke niemals an meine Arbeit. / Ich denke niemals an unseren König. / Ich denke niemals an sie. / Ich denke niemals an Sie. / Ich denke niemals an sie.

Exercício Escrito 4

1. **unterbrechen:** ich unterbreche. / ich unterbrach / ich habe unterbrochen. du unterbrichst / du unterbrachst / du hast unterbrochen; ihr unterbrecht / ich unterbracht / ihr habt unterbrochen
2. **widerspiegeln**: er spiegelt wider / er spiegelte wider / er hat widergespiegelt; wir spiegeln wider / wir spiegelten wider / wir haben widergespiegelt; du spiegelt wider / du spiegeltest wider / du hast widergespiegelt.

Exercício Escrito 5

1. Sie wissen nicht, dass es wieder sehr kalt geworden ist. / Sie wissen nicht, dass Onkel Peter vor zwei Tagem gestorben ist. 2. Niemand fragt, ob sie noch in Freiburg wohnen. / Niemand fragt, ob wir ihnen glauben. 3. Sie hat ihre Tasche verloren, während sie in Schweden gewesen ist. / Sie hat ihre Tasche verloren, während sie mit den Kindern gespielt hat. 4. Die König fragt, ob der König noch in Frankreich ist. / Die König fragt, ob ihre Kinder schon nach Italien gereist sind. / Die Königin fragt, ob die alte Frau Hunger gehabt hat. / Die Königin fragt, ob der Wissenschaftler den Leuten geholfen hat.

TESTE RÁPIDO

1. ich bin gegangen, bin marschiert, bin umgestiegen / du bist gegangen, bist marschiert, bist umgestiegen / er ist gegangen, ist marschiert, ist umgestiegen / wir sind geblieben, sind gewesen, sind geflogen / ihr seid geblieben, seid gewesen, seid geflogen / sie sind geblieben, sind gewesen, sind geflogen / ich bin angekommen, bin gereist, bin spaziert / sie ist angekommen, ist gereist, ist spaziert / Sie sind angekommen, sind gereist, sind spaziert.
2. haben gesehen, haben gelernt / sein geworden, sein gestorben / haben versprochen, sein geblieben / sein mitgegangen, sein gewesen / haben gehabt, sein geblieben / haben gegessen, sein gelaufen. 3. für mich, mit mir / gegen dich, von dir / ohne ihn, bei ihm / durch sie, außer ihr / um uns, zu uns / für euch, nach euch / gegen Sie, mit Ihnen / ohne diesen Ausländer, von diesem Ausländer / um das Kind, zu dem Kind / durch die Schule, aus der Schule / ohne viele Romane, nach vielen Romanen 4. einem Tag, drei Wochen, einer Woche, einem Jahr, sehn Jahren. 5. Mein Bruder schreibt, dass seine Frau wieder krank geworden ist. / Mein Bruder schreibt, dass er in der Haupstadt gewesen ist / Der Artzt fragt, ob es Frau Meyer besser geht. / Der Artzt fragt, ob Professor Benz zu Besuch gekommen ist. / Ich habe meinen Mantel verloren, als ich in Schweden gewesen bin. / Ich habe meinen Mantel verloren, als ich vor dem Rathaus gestanden habe. 6. C 7. A 8. D 9. A 10. A

CAPÍTULO 13

Exercício Escrito 1

fahren: ich werde fahren / du wirst fahren / er wird fahren / wir werden fahren
aufmachen: ich werde aufmachen / du wirst aufmachen / er wird aufmachen / wir

werden aufmachen **beschreiben:** ich werde beschreiben / du wirst beschreiben / er wird beschreiben / wir werden beschreiben **haben:** ich werde haben / er wird haben / ihr werdet haben / sie werden haben **sein:** ich werde sein / er wird sein / ihr werdet sein / sie werden sein **werden:** ich werde werden / er wird werden / ihr werdet werden / sie werden werden.

Exercício Escrito 2

1. Morgen bestellt sie ein Glas Rotwein. 2. Morgen erhält die Familie drei Briefe. 3. Morgen weint der Vater wieder 4. Morgen steigen die Ausländer am marktplatz um. 5. Morgen fliegst du wieder mach Portugal? 6. Morgen liest er den interessanten Roman. 7. Morgen spielen die Kinder unter dem Tisch.

Exercício Escrito 3

1. Ich komme mit der Straβenbahn nach Hause./ Ich komme heute mit der Straβenbahn nach Hause. 2. Wir sind mit dem Zug in die Schweiz gereist. / Wir sind vor einer Woche mit dem Zug in die Schweiz gereist.

Exercício Escrito 4

dat: dem Fahrrad / den Leuten / meinem Schrank / seiner Nachbarin / unseren Gästen / dem Handschuh / den Handschuhen / einem Roman / einer Bratwurst / dem Turm / der Burg / den Kaufhäusern / deinen Geschwistern / dem Dom; **gen:** des Fahrrads / der Leute / meines Schranks / seiner Nachbarin / unserer Gäste / des Handschuhs / der Handschuhe / eines Romans / einer Bratwurst / des Turms / der Burg / der Kaufhäuser / deiner Geschwister / des Doms.

Exercício Escrito 5

1. Robert hatte mir ein Geschenk gegeben 2. Wir waren zum Park gegangen. 3. Hattest du mit dem kleinen Hund gespielt? 4. Warum warst du so böse gewesen? 5. Unsere Gäste waren in der Stadt geblieben.

Exercício Escrito 6

1. Ich werde mich in einer Stunde rasieren / Du wirst dich in einer Stunde rasieren. / Wir werden uns in einer Stunde rasieren. / Ihr werdet euch in einer Stunde rasieren. / Sie werden sich in einer Stunde rasieren.

Exercício Escrito 7

sich beeilen: Ich beeile mich. / Du beeilst dich./ Er beeilt sich. / Wir beeilen uns. / Wer beeilt sich? **sich rasieren schnell:** Ich rasiere mich schnell. / Du rasierst dich schnell. / Er rasiert sich schnell. / Wir rasieren uns schnell / Wer rasiert sich schnell? **Sich irren:** Ich irre mich. / Sie irren sich. / Ihr irrt euch. / Man irrt sich. **Sich freuen über das Buch:** Ich freue mich über das Buch / Sie freut sich über das Buch./ Sie freuen sich über das Buch./ Ihr freut euch über das Buch./ Man freut sich über das Buch.

Exercício Escrito 8

1. Du wirst dich waschen / Er wird sich waschen / Ich werde mich waschen. 2. Er wird hier aussteigen / Ihr werdet hier aussteigen / Sie werden hier aussteigen. 3. Ich werde in Bonn arbeiten / Du wirst in Bonn arbeiten. / Wer wird in Bonn arbeiten?

TESTE RÁPIDO

1. Du wirst mitkommen/ Wir werden mitkommen/ Sie werden mitkommen. 2. Sie wird nichts versprechen/ Ilr werdet nichts versprechen/ Man wird nichts versprechen. 3. meine Gäste, meinen Gästen, meiner Gäste / Ihre Mantel, Ihrem Mantel, Ihres Mantels / seine Tochter, seiner Tochter, seiner Tochter / das Kaufthaus, dem Kaufthaus, des Kaufthauses. 4. Hast du dich schon gewaschen? / Hat sie sich schon gewaschen?/ Haben wir uns schon gewaschen?/ Habt ihr euch schon gewaschen?/ 5. Ich weiβ nicht, wo meine Verwandten gearbeitet haben./ Ich weiβ nicht, wie diese Männer heiβen./ Er fragte Thomas, warum die Touristen vor dem Bahnhof warten./ Er fragte Thomas, woher diese Ausländer kommen. 6. ich habe mich beeilt, bin gegangen, habe bestellt/ ich hatte mich beeilt, war gegangen, hatte bestellt/ sie hat sich beeilt, ist gegangen, hat bestellt / sie hatte sich beeilt, war gegangen, hatte bestellt/ wir haben uns beeilt, sind gegangen, haben bestellt/ wir hatten uns beeilt, waren gegangen, hatten bestellt/ du hast dich beeilt, bist gegangen, hast bestellt/ du hattest dich beeilt, warst gegangen, hattest bestellt. 7. C 8. D. 9. A 10. D

CAPÍTULO 14

Exercício Escrito 1

aussteigen: pres: er steigt aus/ **pass:** er stieg aus/ **part pass:** er ist ausgestiegen/ **pass perf:** er war ausgestiegen/ **fut:** er wir aussteigen/ **fut perf:** er wird ausgestiegen sein. **versprechen: pres:** wir versprechen/ **pass:** wir versprachen/ **part pass:** wir haben versprochen/ **pass perf**: wir hatten versprochen/ **fut:** wir werden versprechen/ **fut perf:** wir werden versprochen haben. **besuchen: pres:** du besuchst/ **pass:** du besuchtest/ **part pass:** du hast besucht/ **pass perf:** du hattest besucht/ **fut:** du wirst besuchen/ **fut perf**: du wirst besucht haben. **sich rasieren: pres**: ich rasiere mich/ **pass:** ich rasierte mich/ **part pass:** ich habe mich rasiert/ **pass perf:** ich hatte mich rasiert/ **fut**: ich werde mich rasieren/ **fut perf:** ich werde mich rasiert haben. **wohnen: pres:** ich wohne/ **pass**: du wohntest/ **part pass:** er hat gewohnt/ **pass perf:** wir hatten gewohnt/ **fut:** ihr werdet wohnen/ **fut perf:** sie werden gewohnt haben. **verstehen: pres:** ich verstehe/ **pass:** du vertandest/ **part pass:** er hat verstanden/ **pass perf:** wir hatten verstanden/ **fut:** ihr werdet verstehen/ **fut perf:** sie werden verstanden haben.

Exercício Escrito 2

1. wegen des Examens / wegen dieser Besichtigung/ wegen der Touristen. 2. während eines Krieges/ während des Gerwitters/ während des Tages 3. trotz

des Schnees/ trotz seiner Geschwister/ trotz einer Nachbarin 4. anstatt der Handschuhe/ anstatt einer Küche/ anstatt dieser Flaschen

Exercício Escrito 3

1. Sie zieht sich die Jacke an./ Ich ziehe mir den Regenmantel an./ Du ziehst dir das Sweatshirt an. 2. Wir haben uns eine Flasche Wein gekauft./ Ihr habt euch die Handschuhe gekauft./ Sie haben sich einen Roman gekauft. 3. Ich habe mit den Finger gebrochen./ Sie haben sich die Finger gebrochen./ Du hast dir die Beine gebrochen.

Exercício Escrito 4

1. Er hat sich die Hände gewaschen./ Ihr habt euch die Hände gewaschen./ Die Männer haben sich die Hände gewaschen./ Wir haben uns die Hände gewaschen./ Du hast dir die Hände gewaschen.

Exercício Escrito 5

1. **acus:** den Helden / den Jungen / den Soldaten. **dat:** dem Helden / dem Jungen/ dem Soldaten. **gen:** des Helden / des Jungen / des Soldaten. 2. **acus:** den Affen / den Prinzen / den Diplomaten. **dat:** dem Affen/ dem Prinzen / dem Diplomaten. **gen:** des Affen / des Prinzen / des Diplomaten.

Exercício Escrito 6

1. Ich will einen Roman lesen./ Ich wollte einen Roman lesen./ Wir haben einen Roman lesen wollen./ Wir werden einen Roman lesen wollen. 2. Du kannst sehr gut Schach spielen./ Du konntest sehr gut Schach spielen./ Ihr habt sehr gut Schach spielen können./ Ihr werdet sehr gut Schach spielen können. 3. Sie muss ein bisschen warten./ Sie musste ein bisschen warten./ Sie haben ein bisschen warten müssen./ Sie werden ein bisschen warten müssen. 4. Ich soll fleiβig arbeiten./ Er sollte fleiβig arbeiten./ Wir haben fleiβig arbeiten sollen./ Man wird fleiβig arbeiten sollen.

Exercício Escrito 7

1. Die Kinder konnten gut Klavier spielen./ Die Kinder haben gut Klavier spielen können. 2. Ich musste jeden Tag fleiβig arbeiten./ Ich habe jeden Tag fleiβig arbeiten müssen. 3. Du solltest dir die Hände waschen./ Du hast dir die Hände waschen sollen. 4. Sie mochte kein Eis./ Sie hat kein Eis gemocht. 5. Hier konnte man umsteigen./ Hier hat man umsteigen können. 6. Ihr musstet den Nachbarn helfen./ Ihr habt den Nachbarn helfen müssen.

TESTE RÁPIDO

1. ich schicke, wasche, steige aus, bekomme/ du schicktest, wuschst, stiegst aus, bekamst/ er hat geschickt, hat gewaschen, ist ausgestiegen, hat bekommen/ wir hatten geschickt, hatten gewaschen, waren ausgestiegen, hatten beckommen/ ihr werdet schicken, werdet waschen, werdet aussteigen, werdet bekommen/ Sie werden geschickt haben, werden gewaschen haben, werden ausgestiegen sein,

werden bekommen haben. 2. mit d, von d/ wegen g, trotz g/ in a-d, anstatt g/ während g, durch a/ für a, neben a-d/ statt g, zu d. 3. Statt meiner Schwester wird Herr Keller ihm helfen./ Statt dieses Matrosen wir Herr Keller ihm helfen./ Statt seiner Geschwister wird Herr Keller ihm helfen. 4. Wegen ihrer Mutter musste Frau Benz in der Stadt bleiben./ Wegen des Gewitters musste Frau Benz in der Stadt bleiben./ .....
Wegen des Regens musste Frau Benz in der Stadt bleiben. 5. Man putzt sich die Zähne / Die Kinder putzen sich die Zähne/ Niemand putzt sich die Zähne/ Wir putzen uns die Zähne/ Ihr putzt euch die Zahne./ Du putz dir die Zähne./ Sie putzen sich die Zähne./ Mein Sohn putzt sich die Zähne. 6. die Kirsche, ein Held, Ihre Eltern/ die Kirche, einen Helden, Ihre Eltern/ der Kirsche, einem Helden, Ihren Eltern/ der Kirche, eines Helden, Ihrer Eltern. 7. ich darf, kann, mag/ Sie durften, konnten, mochten/ er will, soll, muss / ihr wolltet, solltet, musstet. 8. C 9. A 10. B

CAPÍTULO 15

Exercício Escrito 1

1.Ich habe das Heft, das du verloren hast./ Ich habe einen Regenschirm, den du verloren hast./ Ich habe die Flasche, die du verloren hast./ Ich habe den Artikel, den du verloren hast. 2. Robert besucht den Matrosen, dessen Vater Diplomat gewesen ist./ Robert besucht die Ausländer, deren Vater Diplomat gewesen ist./ Robert besucht eine Dame, deren Vater Diplomat gewesen ist./ Robert besucht das Mädchen, dessen Vater Diplomat gewesen ist. 3. Wo fandest du die Schlüssel, nach denen der Polizist fragte? / Wo fandest du den Wagen, nach dem der Polizist fragte? / Wo fandest du den Ausländer, nach dem der Polizist fragte? / Wo fandest du das Mädchen, nach dem der Polizist fragte?/ Wo fandest du die Tasche, nach der der Polizist fragte? 4. Der Soldat, den ich in Freiburg traf, wohnt jetzt in Wien./ Die Touristen, die ich in Freiburg traf, wohnen jetzt in Wien./ Die Tänzerin, die ich in Freiburg traf, wohnt jetzt in Wien./ Das Kind, das ich in Freiburg traf, wohnt jetzt in Wien./ Der Polizist, den ich in Freiburg traf, wohnt jetzt in Wien. 5. Die Kinder deren Schwester gestorben ist, wollen nicht mitgehen / Der Junge, dessen Schwester gestorben ist, will nicht mitgehen./ Die Tänzerin, deren Schwester gestorben ist, will nicht mitgehen./ Das Mädchen, dessen Schwester gestorben ist, will nicht mitgehen./ Der Student, dessen Schwester gestorben ist, will nicht mitgehen.

Exercício Escrito 2

1. Die Mutter sagt, dass sie die Kinder gut hat erziehen wollen./ Die Mutter sagt, dass ihr Sohn Soldat wird werden müssen./ Die Mutter sagt, dass die Kinder kein Bier trinken dürfen. 2. Ich weiβ nicht, warum Tina das Klavier nicht hat spielen können./ Ich weiβ nicht, warum du nach Belgien wirst reisen sollen./ Ich weiβ nicht, warum die Tänzerin in Bremen wird tanzen wollen.

Exercício Escrito 3

können es reparieren: pres: ich kann es reparieren / **pass:** ich konnte es reparieren/ **part pass:** wir haben es reparieren können/ **fut:** wir werden es reparieren können/ **hören sie sprechen: pres:** ich höre sie sprechen / **pass:** ich hörte sie sprechen / **part pass:** wir haben sie sprechen hören/ **fut:** wir werden sie sprechen hören. **lassen ein Hemd machen: pres:** Sie lassen ein Hemd machen/ **pass:** Sie ließen ein Hemd machen/ **part pass:** er hat ein Hemd machen lassen/ **fut:** er wird ein Hemd machen lassen **wollen ihn interviewen: pres:** Sie wollen ihn interviewen/ **pass:** Sie wollten ihn interviewen/ **part pass:** er hat ihn interviewen wollen/ **fut:** er wird ihn interviewen wollen.

Exercício Escrito 4

1. mit ihm/ mit wem 2. damit/ womit 3.davon/ wovon 4. in sie/ in wen 5. darin/ worin 6.daran/ woran 7. gegen sie/ gegen wen 8. dagegen/ wogegen 9. daraus/ woraus 10. nach ihr / nach wem.

Exercício Escrito 5

1. c 2. b, d, f, l 3. i 4. d, l 5. j 6. b, d, m 7. d, k 8. g 9. b, d, l 10. d, l

Exercício Escrito 6

1. Ihre Tochter ist sehr intelligent./ Ihre Tochter ist außerordentlich intelligent. / Ihre Tochter ist relativ intelligent./ Ihre Tochter ist ziemlich intelligent./ Ihre Tochter ist erstaunlicherweise intelligent. 2. Überall sehen wir viele Probleme./ Hier sehen wir viele Probleme./ Dort sehen wir viele Probleme./ In dieser Stadt sehen wir viele Probleme./ In Europa sehen wir viele Probleme. 3. Unsere Familie ist oft in Griechenland gewesen./ Unsere Familie ist selten in Griechenland gewesen./ Unsere Familie ist manchmal in Griechenland gewesen./ Unsere Familie ist nie in Griechenland gewesen./ Unsere Familie ist ziemlich oft in Griechenland gewesen.

TESTE RÁPIDO

1. nom: der, die, das, die / acus:den, die, das, die/ dat: dem, der, dem, denen/ gen: dessen, deren, dessen, deren. 2. Der Wagen, den ich kaufen will, ist ziemlich alt./ Die Lampe, die ich kaufen will, ist ziemlich alt./ Die Wörterbücher, die ich kaufen will, sind ziemlich alt./ Das Kleid, das ich kaufen will, ist ziemlich alt. 3. er hört sie lachen, lässt das Auto reparieren/ wir hörten sie lachen, ließen das Auto reparieren/ ihr habt sie lachen hören, habt das Auto reparieren lassen/ Sie werden sie lachen hören, werden das Auto reparieren lassen / ich lerne schwimmen, sehe sie tanzen / du lerntest schwimmen, sahst sie tanzen / wir hatten schwimmen lernen, hatten sie tanzen sehen / man wird schwimmen lernen, wird sie tanzen sehen. 4. Die Frauen sagen, dass der Reporter den Chef hat interviewen wollen. / Die Frauen sagen, dass Werner das Auto wird waschen lassen./ Die Frauen sagen, dass sie sich nicht für Sport interessieren. 5. Der Student fragt, ob wir den Krieg verlieren werden/ Der Student fragt, ob die Touristen dorthin haben reisen dürfen / Der Student fragt, ob wir ihm ein Paket geschickt haben. 6. B 7. A 8. A 9. A 10. C

TESTE DA PARTE TRÊS

1. ich habe geholfen, hatte geholfen/ er hat geholfen, hatte geholfen/ wir haben geholfen, hatten geholfen 2. ich habe versprochen, hatte versprochen/ sie hat versprochen, hatte versprochen / ihr habt versprochen, hattet versprochen 3. du bist geflogen, warst geflogen/ er ist geflogen, war geflogen/ Sie sind geflogen, waren geflogen 4. ich bin gewesen, war gewesen/ du bist gewesen, warst gewesen/ wir sind gewesen, waren gewesen 5. haben gefragt, sein spaziert/ haben gegessen, sein geworden/ haben gehabt, sein mitgegangen. 6. meinem Bruder, dieser Dame, deinen Kindern. 7. ihm, ihr, ihnen. 8. dem Ausländer, dir, uns. 9. zwei Tagen, einer Woche, einem Jahr. 10. mich, ihn, euch. 11. mich, mir, mein 12. dich, dir, dein 13. Sie, Ihnen, Ihr 14. meine Brüder, meinen Brüdern, meiner Brüder 15. das Kind, dem Kind, des Kindes 16. Wir haben ein Butterbrot bestellt./ Wir werden ein Butterbrot bestellen. 17. Ihr habt euch gewaschen / Ihr werdet euch waschen. 18. Wir sind hier umgestiegen./ Wir werden hier umsteigen. 19. Hast du Schach spielen können?/ Wirst du Schach spielen können? 20. Die Kinder, deren Vater Zahnarzt ist, wohnen in diesem groβen Haus./ Das Mädchen, dessen Vater Zahnart ist, wohnt in diesem groβen Haus / Der Schüler, dessen Vater Zahnart ist, wohnt in diesem groβen Haus. 21. Der Reporter fragt, ob der Diplomat nicht gut hat fahren können./ Der Reporter fragt, ob er den Helden wird interviewen wollen. 22. C 23. A 24. B 25. C

CAPÍTULO 16

Exercício Escrito 1

1. Das Brief, welchen sie gelesen hat ist interessant./ Die Zeitung, welche sie gelesen hat, ist interessant./ Der Roman, welchen sie gelesen hat, ist interessant./ Die Romane, welche sie gelesen hat, sind interessant. 2. Die Touristen, mit welchen Karl sprechen will, kommen aus Polen./ Der Matrose mit welchem Karl sprechen will, kommt aus Polen./ Die Tänzerin mit welcher Karl sprechen will, kommt aus Polen./ Das Kind, mit welchem Karl sprechen will, kommt aus Polen.

Exercício Escrito 2

1. Ich habe etwas, was ich im Park gefunden habe./ Ich habe etwas, was meine Mutter mir gegeben hat./ Ich habe etwas, worüber du dich freuen wirst./ Ich habe etwas, womit die Kinder, spielen können. 2. Ist das alles, was du sagen kannst? / Ist das alles, was Tina kaufen wollte?/ Ist das alles, wofür er sich interessiert? / Ist das alles, worüber Sie sprechen wollen? 3. Ich lerne viel, was nicht in Büchern steht./ Ich lerne viel, worüber Goethe geschrieben hatte./ Ich lerne viel, was interessant ist. 4. Ich verstehe nichts, was die alte Frau sagt./ Ich verstehe nichts, was du in diesem Buch geschrieben hast./ Ich verstehe nichts, was man in dieser Klasse lernt.

Exercício Escrito 3

1. Wilhelm II wurde 1859 geboren. / Er ist 1941 gestorben. 2. Otto von Bismarck wurde 1815 geboren./ Er ist 1898 gestorben. 3. Mein Bruder wurde 1995 geboren./

Er ist 2005 gestorben. 4. Karl der Groβe wurde 742 geboren. Er ist 814 gestorben. 5. Mein Mutter wurde 1966 geboren./ Sie ist 1998 gestorben.

Exercício Escrito 4

1. kälter / am kälstesten 2. interessanter/ am interessantesten. 3. besser/ am besten 4. länger/ am längsten 5. dunkler/ am dunkelsten 6. wärmer/ am wärmsten 7. schwärzer/ am schwärzesten 8. ruhiger/ am ruhigsten 9.weiβer/ am weiβesten 10. ärmer/ am ärmsten.

Exercício Escrito 5

1. b 2. d 3. a 4. a 5. b. 6. c 7. b 8. a 9. a 10. b 11. d 12. c 13. d 14. a 15. b 16. c 17. b 18. d 19. a 20. b

TESTE RÁPIDO

1. welcher, welche, welches, welche 2. welchen, welche, welches, welche 3. welchem, welcher, welchem, welchen 4. dessen, deren, dessen, deren. 5. Er hat ein Auto, das er wird reparieren lassen./ Er hat ein Auto, welches er wird reparieren lassen. 6. Martin hat etwas, worüber du dich freuen wirst./ Ich verstehe nichts, was er gesagt hat. 7. Goethe wurde im Jahre 1749 geboren./ Er ist im Jahre 1832 gestorben. 8. älter, am ältesten/ kleiner, am kleinsten/ jüngert, am jüngsten/ besser, am besten/ mehr, am meisten/ gröβer, am gröbten/ interessanter, am interessantesten 9.Warum gibt es keinen Wein? / Warum gibt es nur eine Flasche Milch? / Warum gibt es kein Bier?/ Warum gibt es keinen Sekt? 10. Hast du ihn gern? / Hast du den Soldaten gern?/ Hast du sie gern?/ Hast du die Kinder gern?/ Hast du das Kind gern?

CAPÍTULO 17

Exercício Escrito 1

1. Zwei Bücher werden von dem Lehrer gekauft. 2. Der Roman wird von ihr gelesen. 3. Das Brot wird von dem Bäcker gebacken. 4. Ich werde von meinem Vater gerufen. 5. Viele Lieder werden von den Soldaten gesungen. 6. Das Haus wurde von Herr Bauer verkauft. 7. Tante Gerda wurde von meiner Mutter angerufen. 8. Zwei Tasse Kaffee wurden von ihnen getrunken. 9. Diese Gedichte wurden von ihm gelernt. 10. Der Morgenkaffee wurde von der Wirtin gebracht. 11. Der Roman ist von ihm geschrieben worden. 12. Ein Hut ist von den Kindern gefunden worden. 13. Das Eis ist von meiner Schwester gegessen worden. 14. Der Artikel wird von dem Reporter geschrieben werden. 15.Das Museum wird von den Ausländern besucht werden.

Exercício Escrito 2

acus: jenen netten Wirt/ diese kleine Bluse/ welches rote Auto. **dat:** jenen netten Wirt/ dieser kleinen Bluse/ welchen roten Auto **gen:** jenes netten Wirts/ dieser kleinen Bluse/ welches roten Autos **acus:** denselben alten Wagen/ jenes neue Haus/ alle fremden Leute **dat:** demselben alten Wagen/ jenem neuen Haus/ allen fremden Leuten **gen:** desselben alten Wagens/ jenes neuen Hauses/ aller fremden Leute.

Exercício Escrito 3

1. Die Kinder dieses jungen Mannes lernen gut./ Die Kinder dieses kranken Mannes lernen gut. 2. Sie hat mit demselben neuen Diplomaten gesprochen./ Sie hat mit demselben schlauen Diplomaten gesprochen. 3. Jede grüne Tanne is mehr als zwanzig Jahre alt./ Jede große Tanne is mehr als zwanzig Jahre alt.

Exercício Escrito 4

verkaufen: Verkaufe!/ Verkauft!/ Verkaufen Sie! **versprechen:** Versprich!/ Versprecht!/ Versprechen Sie! **trinken:** Trinke!/ Trinkt!/ Trinken Sie! **vorstellen:** Stelle vor! / Stellt vor!/ Stellen Sie vor! **tun:** Tue!/ Tut!/ Tun Sie! **zumachen:** Mache zu!/ Macht zu!/ Machen Sie zu! **lesen**: Lies!/ Lest!/ Lesen Sie! **laufen**: Laufe!/ Lauft!/ Laufen Sie! **sein:** Sei!/ Seid!/ Seien Sie!

Exercício Escrito 5

sprechen: Sprich!/ Sprechen wir! **sagen:** Sage!/ Sagen wir! **reisen:** Reise!/ Reisen wir! **aufmachen**: Mache auf!/ Machen wir auf! **zerstören:** Zerstöre!/ Zerstören wir! **warten:** Warte!/ Warten wir! **essen:** Iss!/ Essen wir! **erhalten:** Erhalte!/ Erhalten wir! **ausgeben:** Gib aus!/ Geben wir aus!

Exercício Escrito 6

1. b 2. c 3. c 4. b 5. a 6. a 7. b 8. a 9. a 10. a 11. c 12. a 13. d 14. a 15. b

TESTE RÁPIDO

1. wird gespielt, wird gearbeitet, werde zugemacht, wird versprochen, werde mitgenommen 2. ich werde gesehen, werde besucht, werde genannt/ du wurdest gesehen, wurdest besucht, wurdest gennannt/ er ist gesehen worden, ist besucht worden, ist genannt worden/ Sie werden gesehen werden, werden besucht werden, werden genannte werden/ es wird gelernt, wird gefüttert, wird aufgemacht/ er wurde gelernt, wurde gefüttert, wurde aufgemacht/
sie war gelernt worden, war gefürttert worden, war aufgemacht worden/ sie werden gelernt werden gefüttert werden, werden aufgemacht werden 3. Die neue Kanzlerin ist von dem Präsidenten vorgestellt worden. 4. Die alte Kirsche war von ihnen abgerissen worden. 5. Der Busch wurde von mir neben dem Haus gepflanzt. 6. Haben Sie jenen großen Bären gesehen?/ Haben Sie jenen braunen Bären gesehen? 7. Diese jungen Männer werden uns helfen/ Diese alten Männer werden uns helfen. 8. Wann kommt der nächste Zug?/ Wann kommt der letzte Zug? 9. C 10. Triff! Trefft! Treffen Sie! / Pflanze! Pflanzt! Pflanzen Sie!/ Schlafe! Schlaft! Schlafen Sie!/ Werde! Werdet! Werden Sie!/ Sei! Seid! Seien Sie!/ Komme mit! Kommt mit! Kommen Sie mit!/ Besuche! Besucht! Besuchen Sie!/ Gib! Gebt! Geben Sie!/ Sieh! Seht! Sehen Sie/ Sprich! Sprecht! Sprechen Sie!

CAPÍTULO 18

Exercício Escrito 1

1. Mir wurde von ihm geholfen./ Mir ist von ihm geholfen worden / Mir wird von ihm geholfen werden. 2. Der Lehrerin wurde nicht geglaubt./ Der Lehrerin ist nicht geglaubt worden./ Der Lehrerin wird nicht geglaubt werden. 3. Ihm wurde dafür gedankt / Ihm ist dafür gedankt worden./ Ihm wird dafür gedankt werden. 4. Wurde dem Professor imponiert?/ Ist dem Professor imponiert worden?/ Wird dem Professor imponiert werden?

Exercício Escrito 2

1. Frau Schäfer wird nach Hannover fahren sollen./ Frau Schäfer wird nach Hannover fahren wollen./ Frau Schäfer wird nach Hannover fahren müssen. 2. Haben Sie Ihre Nachbarn einladen können?/ Haben Sie Ihre Nachbarn einladen müssen?/ Haben Sie Ihre Nachbarn einladen dürfen? 3. Hans wird von seiner Schwester geküsst werden wollen./ Hans wird von seiner Schwester geküsst werden müssen;/ Hans wird von seiner Schwester geküsst werden sollen. 4. Hat der Wagen repariert werden können?/ Hat der Wagen repariert werder müssen? Hat der Wagen repariert werden sollen? 5. Ihm soll sofort geholfen werden./ Ihm kann sofort geholfen werden./ Ihm muss sofort geholfen werden.

Exercício Escrito 3

1. Das Haus kann geräumt werden./ Das Haus muss geräumt werden. 2. Es durfte nicht repariert werden./ Es musste nicht repariert werden. 3. Das Kind wird fotografiert werden wollen./ Das Kind wird fotografiert werden können.

Exercício Escrito 4

1. Ist es abgeschleppt worden?/ Sind sie abgeschleppt worden?/ Ist der Wagen abgeschleppt worden?/ Sid die Autos abgeschleppt worden?/Ist der Bus abgeschleppt worden? 2. Sein Freund konnte nicht verstanden werden./ Die Kinder konnten nicht verstanden werden./ Ich konnte nicht verstanden werden./ Du konntest nicht verstanden werden./ Wir konnten nicht verstanden werden. 3. Ihnen wird niemals geglaubt werden./ Ihr wird niemals geglaubt werden./ Ihm wird niemals geglaubt werden./ Meiner Frau wird niemals geglaubt werden./ Dem Physiker wird niemals geglaubt werden.

Exercício Escrito 5

1. Der Fernsehapparat ließ sich nicht reparieren. 2. Diese Romane haben sich schnell lesen lassen. 3. Die Bären ließen sich nicht fotografieren. 4. Das Lässt sich sehr leicht ändern.

Exercício Escrito 6

1. **pres:** Das Lässt sich nicht verstehen / **part pass:** Das hat sich nicht verstehen lassen./ **fut:** Das wird sich nicht verstehen lassen. 2. **pass:** Wurde dem Gast gut gedient?/ **part pass:** Ist dem Gast gut gedient worden?/ **fut:** Wird dem Gast gut gedient werden? 3. **pres:** Du wirst gesehen/ **pass:** Du wurdest gesehen / **part**

pass: Du bist gesehen worden. 4. **pres:** Der kranken Katze kann nicht geholfen werden./ **part pass:** Der kranken Katze hat nicht geholfen werden können/ **fut:** Der kranken Katze wird nicht geholfen werden können. 5. **pass:** Nichts konnte getan werde./ **part pass:** Nichts hat getan werden können/ **fut:** Nichts wird getan werden können.

Exercício Escrito 7

nom: mein junger Freund/ unsere alte Tante/ ihr neues Fahrrad. **acus:** meinen jungen Freund/ unsere alte Tante/ ihr neues Fahrrad. **dat:** meinen jungen Freund/ unserer alten Tante/ ihrem neuen Fahrrad. **gen:** meines jungen Freundes/ unserer alten Tante/ihres neuen Fahrrads. **nom:** dein kleines Haus/ jeder große Stuhl / dieser grauen Katze: **acus;** dein kleines Haus/ jeden groβen Stuhl / diese graue Katze; **dat:** deinen kleinen Haus / jeden groβen Stuhl / diese grauen Katze; **gen:** deines kleinen Hauses/ jedes groβen Stuhls/ dieser grauen Katze. **nom:** ihr kleinen Sohn/ deine junge Schwester. **acus:** deine junge Schwester. **dat:** ihrem kleiner Sohn. **gen:** ihres kleinen Sohns/ deiner jungen Schwester. **nom:** eine kranke Dame/ unser letzter Brief. **acus:** eine kranke Dame/ unseren letzten Brief. **gen:** einer kranken Dame/ unsere letzten Briefs.

Exercício Escrito 8

1. Ist das der Bruder deines amerikanischen Gasts?/ Ist das der Bruder Ihrer netten Kusine?/ Ist das der Bruder eurer jungen Freunde? 2. Kennen Sie meine neue Freundin?/ Kennen Sie seinen alten Onkel?/ Kennen Sie ihren intelligenten Sohn? 3. Hans wollte mit unserem kleinen Hund spielen. / Hans wollte mit jenen netten Kindern spielen./ Hans wollte mit seinem neuen Fuβball spielen.

Exercício Escrito 9

1. alte 2.neue 3.jüngeren 4. hübschen 5.neue 6.kaputtes 7. deutschen 8. brauner 9. reinen 10. kleines

Exercício Escrito 10

1. d 2. a 3. a 4. b 5. d 6. a 7. d 8. b 9. c 10. b

TESTE RÁPIDO

1. Der Wagen muss abgeschleppt werden./ Der Wagen hat abgeschleppt werden müssen./ Der Wagen wird abgeschleppt werden müssen. 2. Ihnen wurde dafür gedankt./ Ihnen war dafür gedankt worden;/ Ihnen wird dafür gedankt werden. 3. Es lässt sich nicht leicht ändern./ Es lieβ sich nicht leicht ändern./ Es hat sich nicht leicht ändern lassen. 4. Ihm wurde von ihnen geholfen./ Uns wurde von ihnen geholfen./ Dem Beamten wurde von ihnen geholfen./ Der Dichterin wurde von ihnen geholfen./ Dir wurde von ihnen geholfen. 5. seine neue Freundin/ einen netten Mann, seine neue Freundin/ einem netten Mann/ eines netten Mannes, seiner neuen Freundin. 6. kein interessantes Buch/ Ihre alten Stühle/ keinem interessanten Buch, Ihren alten Stühlen/ keines interessanten Buches, Ihrer alten Stühle. 7. B 8. A 9. C 10. A

CAPÍTULO 19

Exercício Escrito 1

schlafen: ich schlafe X/ du schlafest/ er schlafe/ wir schlafen X/ ihr schlafet/ sie schlafen X.
vergessen: ich vergesse X/ du vergessest/ er vergesse/ wir vergessen X/ ihr vergesset/ sie vergessen X **mitnehmen:** ich nehme mit X/ du nehmest mit/ er nehme mit/ wir nehmen mit X/ ihr nehmet mit/ sie nehmen mit X: **fragen:** ich frage X/ du fragest/er frage/wir fragen X/ ihr fraget/ sie fragen X. **aussehen:** ich sehen aus X/ du sehest aus/ er sehe aus/ wir sehen aus X/ ihr sehet aus/ sie sehen aus X. **sein:** ich sei/ du seiest/ er sei/ wir seien/ ihr seiet/ sie seien.

Exercício Escrito 2

1. Er sagte, dass zwei Autos abgeschleppt worden seien./ Er sagte, dass die Regierung den armen Menschen helfen werde./ Er sagte, dass er nur selten ins Theater gehe. 2. Ein Freund schrieb uns, dass er nächste Woche kommen könne./ Ein Freund schrieb uns, dass sein Bruder in Gudrun verliebt sei./ Ein Freund schrieb uns, dass seine Familie das Geld noch nicht erhalten habe.

Exercício Escrito 3

1. Sie berichtete, die Regierung habe dem alten König geholfen./ Sie berichtete, der Kanzler werde morgen ankommen./ Sie berichtete, es gebe nichts Schöneres als Wien. 2. Martin schrieb mir, dass seine Freundin in Russland gewesen sei./ Martin schrieb mir, dass der Fluss das Land überschwemmt habe./ Martin schrieb mir, dass die warme Sonne jeden Menschen gesund machen müsse.

Exercício Escrito 4

1. Mein Mann fragte, wo sein neuer Pullover sei./ Mein Mann fragte, ob Erik den Wagen reparieren könne./ Mein Mann fragte, wessen Tasche der Dieb gestohlen habe./ Mein Mann fragte, ob sie schon in der Haupstadt gewesen seien./ Mein Mann fragte, wie viel Herr Bauer dafür ausgeben werde.

TESTE RÁPIDO

1. ich versuche, versuchte, komm, käme / du versuchest, versuchtest, kommest, kämest/ wir versuchen, versuchten, kommen, kämen 2. du fahrest, führest, gehest, gingest/ er fahre, führe, gehe, ginge/ ihr fahret, führet, gehet, ginget 3. ich brauche, brauchte, sehe aus, sähe aus/ sie brauche, brauchte, sehe aus, sähe aus/ Sie brauchen, brauchten, sehen aus, sähen aus. 4. ich werde, würde, sei, wäre/ du werdest, würdest, seiest, wärest/ sie werden, würden, seien, wären. 5. Erik sagte, dass seine Freundin in Darmstadt arbeiten wolle./ Erik sagte, dass niemand ihm etwas über den Film erzählt habe./ Erik sagte, dass Martin ein Buch für seine Frau kaufen werde./ Erik sagte, dass unsere Freunde einen neuen VW kaufen wollten./ Die Lehrerin fragte, ob Herr Schneider bei euch zu Gast sei./ Die Lehrerin fragte, ob Felix einen Bleistift gefunden habe./ Die Lehrerin fragte, ob Herr Schneider bei euch zu Gast sei./ Die Lehrerin fragte, ob Felix einen Bleistift gefunden habe./ Die

Lehrerin fragte, ob die Schüler lesen und schreiben lernten./ Die Lehrerin fragte, ob die warme Sonne den Kranken gesund machen werde. 6. A 7. C. 8. D 9. A 10. B

CAPÍTULO 20

Exercício Escrito 1

1.Erik tat so, als ob er sehr klug wäre./ Erik tat so, als ob er plötzlich reich geworden wäre./ Erik tat so, als ob er diese Probleme lösen könnte./ Erik tat so, als ob er den Kanzler schon kennen gelernt hätte. 2. Sie schrie, als ob sie ein Ungeheuer gesehen hätte/ Sie schrie, als ob sie sterben müsste./ Sie schrie, als ob sie wahsinnig wäre/ Sie schrie, als ob sie nicht schwimmen könnte.

Exercício Escrito 2

1. Wenn ich Deutsch verstünde, würde ich diese Bücher lesen. 2. Wenn wir ihm helfen könnten, würde er glücklich sein. 3. Wenn sie ihm mehr Geld gegeben hätten, hätte er das neue Haus gekauft. 4. Wenn ich im Lotto gewonnen hätte, wäre ich nach Amerika geflogen. 5. Wenn der Schüller fleiβiger gewesen wäre, hätte er das Gedicht auswendig gelernt.

Exercício Escrito 3

1. Es ist sehr wichtig genug Milch zu trinken/ Es ist sehr wichtig fleiβig zu arbeiten./ Es ist sehr wichtig pünktlich anzukommen./ Es ist sehr wichtig alten Menschen zu helfen./ Es ist sehr wichtig gute Freunde zu haben./ Es ist sehr wichtig höflich zu sein.

Exercício Escrito 4

1. Er kam in die Küche, ohne seine Mutter zu grüssen/ Er kam in die Küche, ohne seiner Mutter zu helfen./ Er kam in die Küche, ohne die Tür zuzumachen. 2. Karin arbeitet in Berlin, um mehr Geld zu verdienen./ Karin arbeitet in Berlin, um bei einer Tante zu wohnen./ Karin arbeitet in Berlin, um die groβen Museen zu besuchen. 3. Die Kinder stehen an der Ecke, anstatt zur Schule zu gehen./ Die Kinder stehen an der Ecke, anstatt ihren kranken Onkel zu besuchen./ Die Kinder stehen an der Ecke, anstatt sich zu beeilen nach Hause zu kommen.

Exercício Escrito 5

1. arbeiten zu müssen 2. vergessen zu sollen 3. sprechen zu wollen 4. gelernt zu haben 5. verstanden zu haben 6. gewesen zu sein 7. mitgegangen zu sein 8. zerstört zu werden 9. aufgemacht zu werden 10. bewundert worden zu sein.

Exercício Escrito 6

1. d 2. a 3. c 4. b 5. a 6. c 7. a 8. d 9. a 10. b 11. a 12. c 13. a 14. d 15. c

TESTE RÁPIDO

1. trüge, würde tragen/ brächte, würde bringen/ versuchte, würde versuchen/ würde, würde werden/ wäre, würde sein/ ließe, würde lassen/ sähe aus, würde aussehen/ hülfe, würde helfen/ verstünde, würde verstehen/ wüsste, würde wissen. 2. Wenn er hier wäre, würde er mit Onkel Peter sprechen./ Wenn er hier wäre, würde ich ihm ein Geschenk geben./ Wenn er hier wäre, müsste er auf dem Sofa schlafen. 3. Wenn das Wetter besser gewesen wäre, hätten die Kinder im Garten gespielt./ Wenn das Wetter besser gewesen wäre der Wagen repariert worden./ Wenn das Wetter besser gewesen wäre, wäre ich früher nach Hause gegangen. 4. Wenn sie mehr Geld hätte, würde sie uns Eis kaufen./ Wenn die jüngeren Kinder hier wären, würde sie uns Eis kaufen./ Wenn er sehr heiß würde, würde sie uns Eis kaufen. 5. Sie tat so, als ob sie alles verstehen könnte/ Sie tat so, als ob sie so klug wäre./ Sie tat so, als ob wir ihr damit helfen würden. 6. Es ist oft schwer einem Dieb zu glauben./ Es ist oft schwer interessante Bücher zu finden./ Es ist oft schwer im Hotel zu bleiben, wenn das Wetter schön ist./ 7. Er ist nach Wien gereist, um Arbeit zu suchen./ Er ist nach Wien gereist, um an der Universität studieren zu können./ Er ist nach Wien gereist, um in die Oper zu gehen. 8. Er hat immer behauptet ein Freund von mir zu sein./ Er hat immer behauptet vier Sprachen sprechen zu können./ Er hat immer behauptet die Kanzlerin kennen gelernt zu haben.
9. Die Kinder kamen nach Hause, ohne sich die Hände zu waschen./ Die Kinder kamen nach Hause, ohne Brot und Milch gekauft zu haben./ Die Kinder kamen nach Hause, ohne ihre Freunde mitgebracht zu haben. 10. Martin wollte bis zehn Uhr schlafen, anstatt in die Stadt zu fahren./ Martin wollte bis zehn Uhr schlafen, anstatt, den alten Wagen reparieren zu lassen./ Martin wollte bis zehn Uhr schlafen, anstatt seinem Vater zu helfen.

TESTE DA PARTE QUATRO

1. Die Männer, mit denen ich in einer Fabrik arbeite, haben wenig Freizeit./ Die Männer, mit welchen ich in einer Fabrik arbeite, haben wenig Freizeit. 2. Sie haben das Dorf, in dem meine Tante geboren ist, besichtigt./ Sie haben das Dorf, in welchem meine Tante geboren ist, besichtigt. 3. Die Kinder finden alles, was ihre Eltern versteckt haben. 4. ich werde vorgestellt/ du wurdest vorgestellt/ er ist vorgestellt worden/ wir werden vorgestellt werden. 5. ich muss verhaftet werden/ du musstest verhaftet werden/ ihr hattet verhaftet werden müssen/ Sie werden verhaftet werden müssen. 6. Das Examen ist von den Lehrern diskutiert worden. 7. Ein neues Haus wird von uns gekauft werden. 8. Der neue Mieter wird von der Wirtin vorgestellt. 9. Habt ihr einen großen Bären gesehen? 10. Die Töchter diese alten Frau arbeiten in Kiel. 11. Alle jüngeren Kinder müssen an der Ecke warten. 12. triff! trefft! treffen Sie!/ mach auf!, macht auf! machen Sie auf!/ sieh!, seht!, sehen Sie!/ sei! seid! seien Sie!/ werde!, werdet!, werden Sie! 13. seine letzte Frage/ einen gutten Mann/ einem guten Mann, seiner letzten Frage/ meine alten Handschuhe/ diesem kleinen Haus, meinen alten Handschuhen/ dieses kleinen Hauses. 14. ich stelle vor, stellte vor/ du stellest vor, stelltest vor/ er stelle vor,

stellte vor. 15. wir werden, würden/ ihr werdet, würdet/ Sie werden, würden. 16. ich sei, wäre/ sie sei, wäre/ sie seien, wären. 17. Frau Schneider sagte, dass ihr Bruder in der Haupstadt wohnen wolle./ Frau Schneider sagte, dass niemand ihr darüber erzählen werde./ Frau Schneider sagte, dass die Touristen sich morgen mit der Kanzlerin treffen würden./ Der Beamte fragte, ob das ihr Koffer sei/ Der Beamte fragt, ob der Wagen repariert worden sei./ Der Beamte fragte, ob die Ausländer ihre Fahrkarten bekommen hätten. 18. Wenn er hier wäre, könnte Tina mit ihm sprechen./ Wenn er hier wäre, würden wir mit ihm in die Stadt fahren. 19. Wenn das Wetter besser gewesen wäre, wäre ich in die Berge gefahren/ Wenn das Wetter besser gewesen wäre, hätten sie zum Stadtpark gehen können. 20. Er tat so, als ob er alles verstanden hätte/ Er tat so, als ob er sein Geld nicht finden könnte/ Er tat so, als ob er mich gar nicht gesehen hätte./ Der Student spricht, als ob er sehr klug wäre./ Der Student spricht, als ob wir ihm nicht helfen wollten./ Des Student spricht, als ob er mich nicht kennte. 21. Sie fahren in die Schweiz, um Freunde zu besuchen./ Sie fahren in die Schweiz, um ein kleines Haus in den Bergen zu kaufen./ Sie fahren in die Schweiz, um die alten Dörfer zu fotografieren. 22. C 23. A 24. B 25. D

TESTE FINAL

1. C 2. A 3. A 4. A 5. C 6. B 7. A 8. D 9. A 10. B 11. D 12. B 13. B 14. A 15. C 16. B 17. A 18. A 19. C 20. C 21. B 22. D 23. B 24. A 25. A 26. A 27. A 28. B 29. A 30. D 31. D 32. A 33. B 34. A 35. C 36. A 37. B 38. C 39. B 40. B 41. A 42. C 43. B 44. C 45. A 46. D 47. B 48. A 49. C 50. D

Índice